Hrsg. Petra Neuhold, Andrea Pühringer, Christian Rudloff, Stefanie Pichler, Astrid Schartner

Lernräume

Journal für Elementar- und Primarbildung

© Pädagogische Hochschule Wien, Institut für Elementar- und Primarbildung, 2023
Impressum: Pädagogische Hochschule Wien, Institut für Elementar- und Primarbildung

Herausgeber*innen: Andrea Pühringer, Petra Neuhold, Christian Rudloff, Stefanie Pichler, Astrid Schartner

Layout und Reinzeichnung: Stefanie Pichler, Astrid Schartner
Produktion: Christian Rudloff

Für die Inhalte und Bildrechte zeichnen die jeweiligen Autor*innen.

Verlag & Druck: Tredition GmbH, Halenreie 40-44, 22359 Hamburg

ISBN:
Softcover: 978-3-347-96232-3
Hardcover:978-3-347-96233-0
E-Book: 978-3-347-96234-7

Pädagogische Hochschule Wien,
Grenzackerstrasse 18, 1100 Wien
https://phwien.ac.at

 **JOURNAL FÜR ELEMENTAR- UND PRIMARBILDUNG**
https://jep.phwien.ac.at/
Open Online Journal for Research and Education

Inhaltsverzeichnis

Vorwort

Die vorliegende 2. Ausgabe des Journals für Elementar- und Primarbildung beschäftigt sich mit dem Thema Lernräume, also jenen Umgebungen, in denen Lernen in unterschiedlichen Kontexten stattfindet. Diese können den jeweiligen Tätigkeitsschwerpunkten entsprechend über eine Vielzahl von pädagogischen Arbeits- und Veranstaltungsformen, Methoden und Medien realisiert werden, für deren Umsetzung wiederum verschiedene Lernräume geschaffen werden müssen. Die Beiträge zeigen, wie unterschiedlich diese, je nach Bildungsstufe und Zweck, gestaltet sein können.

Durch die Digitalisierung haben sich die Möglichkeiten der Lernräume erweitert, vor allem in der Kombination von realen und virtuellen Settings. Damit verbunden sind Transformationsprozesse in den Bildungsinstitutionen, die in den Beiträgen dieses Journals beleuchtet werden, spezifisch für die Elementarbildung, die Primarbildung und für die Hochschulbildung.

Die Pädagogische Hochschule Wien zeigt mit der Umsetzung von Pilotprojekten und Neukonzeptionen Wege und Lösungsansätze auf, wie mit der aktuellen Dynamik und der zunehmenden Komplexität im Bildungsbereich umgegangen werden kann. Der vorliegende Band macht einige dieser Ansätze sichtbar.

Ich wünsche allen Leser*innen dieser Publikation neue Einsichten und Blickwinkel auf ihre pädagogische Arbeit.

Norbert Kraker

Editorial

Lernräume (in der Elementar- und Primarbildung) – so lautet das Rahmenthema der zweiten Ausgabe des Journals für Elementar- und Primarbildung (JEP). Der Begriff des Lernraums wird dabei weit gefasst. So steht er in manchen Beiträgen allgemein als Bild für die innovative Gestaltung von Lehre und Lernen. In anderen Texten wird Lernraum in traditioneller architekturpädagogischer Perspektive als „dritter Pädagoge" konzipiert. Darüber hinaus finden Zugänge Berücksichtigung, die sich mit Proxemik, also räumlichem Sozialverhalten, befassen oder sich der Thematik vor dem Hintergrund zunehmender Digitalisierung nähern. Neben physischen Lernräumen kommen dadurch auch virtuelle und hybride Lernräume und Lernraumkonzepte in den Blick.

Die zweite Ausgabe versammelt 21 Beiträge, die sich jedoch nicht nur inhaltlich, sondern auch formell durch unterschiedliche Zugänge und Schwerpunktsetzungen auszeichnen. Forschungsbeiträge stehen neben kleineren und größeren Projektbeschreibungen, experimentellen Texten und Praxisberichten. Gemeinsam bilden sie einen kleinen Ausschnitt der regen inhaltlichen Auseinandersetzung mit der Frage von Lernräumen am Institut für Elementar- und Primarbildung und darüber hinaus ab. Wie bereits in der letzten Journalausgabe sind die Beiträge entlang der Bildungsbereiche Elementar-, Primar- und Hochschulbildung gegliedert.

1 Elementarbildung

Im Fokus des Beitrags von *Ruth Schleicher* und *Stefan Pointner* steht eine konstruktivistische Auseinandersetzung mit einem im Kindergarten vermittelten Märchen von Hans Christian Andersen. Exemplarisch zeigen sie, wie ein Lernraum für alternative Denk- und Handlungsmöglichkeiten eröffnet werden kann.

Monika Ude befasst sich mit der Frage, wie erfolgreiches Ekelmanagement in elementarpädagogischen Einrichtungen gestaltet werden kann. Damit ein sicherer Lernraum für kindliche Entwicklung möglich wird, braucht es – so ihre Argumentation – eine diesbezügliche pädagogische Professionalisierung.

Karoline Dworschak präsentiert die Ergebnisse ihrer quantitativen Untersuchung zur Nutzung einer von den Wiener Kinderfreunden entwickelten App, die der Kommunikation zwischen Pädagog*innen und Eltern (mit besonderem Blick auf Eltern mit Migrationshintergrund) wie auch der digitalen Elternbildung dienen soll.

Thomas Raber stellt in seinem Beitrag das an der PH Wien entwickelte Projekt der Liederfundkiste als Chance vor, den musikalisch aktiven Lernraum von der Schulklasse in die Familien der Kinder zu erweitern.

Elisabeth Bräuer und *Ruth Klicpera* beschäftigen sich in ihrem Artikel mit dem identitätsstiftenden Zusammenwirken von Motorik und Sprache und thematisieren die dafür notwendigen Professionalisierungsschritte.

2 Primarbildung

Aus einer migrationspädagogischen Perspektive skizzieren *Lena Lanschützer und Peter Riegler* die Bedeutung von Sprache als Differenzmerkmal in der Schule und fragen nach den Prämissen, die es für einen migrationsgesellschaftlich-mehrsprachigen Lernraum braucht.

Um die Steigerung der Effektivität und Innovation von Lehrenden-Teams als Grundlage für neue Lernräume in den Schulen geht es in dem Beitrag von *Anja Vogl und Peter Vogl*.

Sabrina Loiskandl und Sonja Schiebl befassen sich mit der Rolle von Distanzzonen sowie Nähe- und Distanzempfindungen im Schulalltag. Die Berücksichtigung von Proxemik ist für die Gestaltung lernförderlicher Räume in der Primarstufe zentral – so ihr Argument.

Ausgehend von einer teilnehmenden Beobachtung im Sachunterricht der Primarstufe analysiert *Anja Vogl*, nach welchen Vorstellungen Schüler*innen Pflanzenteile ordnen und konzipiert, dem Modell der Didaktischen Rekonstruktion folgend, eine Lernumgebung.

Die Bedeutung von physikalisch-chemischen Inhalten im Lehrplan der Volksschule beleuchtet *Alexander Lengauer*. In seinem Artikel stellt er Beispiele vor, wodurch der Physik und Chemie mehr Raum an Schulen gegeben werden kann.

Marlene Obermayr thematisiert den Mehrwert von Bilderbüchern und Rollenspielen für das Soziale Lernen im Sachunterricht.

Die Werkstatt als einen Lernraum zu begreifen, dafür plädiert *Susanne Frantal* in ihrem Beitrag. Ausgehend von Werkstätten im Mittelalter spannt sie den Bogen bis in die Gegenwart der Aus-, Fort- und Weiterbildungen an der PH Wien.

Alrun Pacher präsentiert in ihrem Artikel das Projekt Die Farben von Salzburg, das sich an der Schnittstelle zwischen Pädagogik, Kunst und Wissenschaft befindet und die vielschichtigen pädagogisch-künstlerischen Prozesse reflektiert.

3 Hochschulbildung

Textile Reparaturkompetenz und nachhaltige Entwicklung stehen im Zentrum des Textes von *Katharina Kugler*, in dem über das didaktische Konzept eines 2022 initiierten Unterrichtsprojekts und dessen Umsetzung berichtet wird.

Claudia Ovrutcki, Sandra Puddu und Kornelia Lehner-Simonis stellen Lernwerkstattarbeit an der Schnittstelle von Hochschullehre und inklusiver Schulpraxis vor und zeigen auf, wie (Forschungs-)Fragen von Studierenden durch den Lernraum inspiriert werden können.

Linda Wöhrer, Susanne Martich und Christian Aspalter beschreiben, wie der Lernraum literacyLAB an der PH Wien in Kooperation mit Architekturstudierenden der TU Wien und unter Berücksichtigung zukünftiger Nutzer*innen neu gestaltet wurde.

Einen Einblick in das Mathematikatelier der Pädagogischen Hochschule Wien (mAThELIER) geben *Monika Musilek und David Stadler*. Neben der Erweiterung von mathematischem Handlungswissen sollen dort auch Beliefs und Einstellungen zum Mathematiklernen positiv verändert werden.

Jasmin Wallner und Helmut Pecher präsentieren das Webprojekt Schooltools-Pool – eine Sammlung digitaler Anwendungen und (didaktischer) Impulsgeber zur Gestaltung von digitalen Lernräumen.

Ausgehend von Überlegungen zu bildender Erfahrung befasst sich *Gordan Varelija* mit Möglichkeiten und Grenzen einer pädagogisch-reflexiven Haltung von Studierenden unter Berücksichtigung phänomenologisch-pädagogischer Perspektiven.

Im Fokus des Textes von *Christian Rudloff* steht der Design-Based-Research-Ansatz. Mit diesem anwendungsorientierten Forschungszugang zeigt er auf, wie die im Beitrag problematisierte Diskrepanz zwischen Bildungsforschung und Unterrichtspraxis überwunden werden kann.

Den Abschluss bildet der Beitrag von *Natascha J. Taslimi*, in dem der neue Hochschullehrgang (HLG) Elementarpädagogik und der HLG Quereinstieg Elementarpädagogik beschrieben und ihre Bedeutung für die notwendige Akademisierung des Berufsfeldes hervorgehoben werden.

Wien, im Mai 2023
Andrea Pühringer, Petra Neuhold, Christian Rudloff, Stefanie Pichler, Astrid Schartner

Andersen und Anderssein – kann es nicht anders(s)e(i)n?

Neudenken eines Märchens für das Entdecken divergenter Handlungsmöglichkeiten

Ruth Schleicher, Stefan Pointner

Abstract

Dieser Text ist in seiner Konzeption und Machart als experimentell zu verstehen. Es handelt sich dabei um ein Gedankenexperiment, dessen Anliegen es ist, konstruktivistische Zugänge in der Auseinandersetzung mit im Kindergarten vermittelten Geschichten/Märchen zu gestalten. Grundlegende Fragen sind: Wie können Handlungsstränge einer Erzählart auch anders gelesen oder weitergedacht werden? Welche Geschichten sind innerhalb einer Geschichte noch möglich? Wie erschaffen wir uns selbst eine Erzählart/Geschichte? Kurz zusammengefasst geht es um das Entdecken divergenter Handlungsmöglichkeiten.

Einleitung

Es war einmal und was wäre, wenn ...? – Das folgende Gedankenexperiment handelt vom Entschwimmen aus der schweigenden Furchtblase, oder konkreter ausgedrückt: Wie kann der Körper als Sprache eingesetzt werden, der eine universelle Kommunikation ermöglicht? Barrierefrei. Welche Wege können mit Kindern unterschiedlicher (Sprach-)Herkunft und Bewegungserfahrungen gegangen werden, ohne gleich die Differenz in eine normative Realität einpassen zu müssen? Wie muss ein Text sich verzweigend gestalten, dass eine Flucht aus dem engmaschigen Netz der Erwartungen denk- und sichtbar wird?

Aber zuerst von Beginn an. „Es war einmal ...“

1 Die kleine Meerjungfrau (Determinanten/Fluchtpunkte)

Die Geschichte geht[1] bei Hans Christian Andersen[2] so[3] [i]:
Die kleine Meerjungfrau[4] [ii] lebt mit ihren fünf älteren Schwestern in einer wunderschönen[5] Unterwasserwelt[iii],

---

1   Also Schichten in Bewegung, eine Wa/underung, wir folgen dem roten Faden vs. wir halten Ausschau nach Fluchtpunkten [...], Abkürzungen, Wendemöglichkeiten, Weggabelungen. Dazu „Auch spannend: Die Gedanken wandern lassen", in: https://science.orf. at/stories/3214354/

2   Alternativen: *Dvořák, Rusalka*; de la Motte Fouqué, *Undine*; Disney, *Arielle*; Bachmann, „Undine geht" ... Was wäre, wenn Arielle „black" wäre? Dazu: https://www.derstandard.at/story/2000139015102/neuverfilmung-von-arielle-schau-sie-ist-auch-schwarz

3   Oder: https://www.youtube.com/watch?v=Zk1nBYh0L3g (Sommers Weltliteratur to go).

4   „Sie war ein wunderbares Kind, still und nachdenkend" Wie still ist sie? Kann es sein, dass sie ohne Muttersprache/L1 aufwächst?

5   „Nun muß man aber nicht glauben, daß da nur der weiße Sandboden sei; nein, da wachsen die sonderbarsten Bäume und Pflanzen, die so geschmeidig im Stiel und in den Blättern sind, daß sie sich bei der geringsten Bewegung des Wassers rühren, gerade als ob sie lebten." Der Blick der Anderen, von außen, auf die Welt unter Wasser, jenseits der Grenze. Natürlich leben die Menschen Wesen unter Wasser auch [...]; das Andere als das exotisch Schöne, Sonder-/Wunderbare – warum bleiben die dann nicht dort?

die von ihrem Vater, dem König[6], regiert wird.

Die Mutter ist tot[7],

im Hintergrund agieren die Königsmutter[iv] und eine Hexe.

Im Alter von 15 dürfen die Meerjungfrauen[8]

an die Oberfläche, dort singen sie und bestaunen[9] die Menschenwelt.

Die kleine Meerjungfrau wird also 15[10],

darf nach oben [v], sieht einen Prinzen, der auf einem Schiff[11][vi]

ebenfalls seinen 15. Geburtstag feiert; ein Sturm kommt auf, das Schiff sinkt [vii], der Prinz ertrinkt[12][viii] (beinahe).

Sie rettet ihn. Um bei ihm sein zu können, geht sie einen Handel mit der Hexe ein: Sie verwandelt sich [ix] mithilfe eines Zaubertranks[13]

in einen Menschen, bekommt Beine[14][x],

verliert aber ihre Sprache[15][xi].

Wenn der Prinz eine andere heiratet[16][xii],

wird die kleine Meerjungfrau zu Schaum; Rückkehr und Rückverwandlung sind ausgeschlossen[17].

---

6   Disney, Triton: Der Dreizack als Weggabelung – Stürzt die Monarchie, stürzt das Patriachat!

7   Sagt die(se) Geschichte …

8   Hybride Mischwesen aus weiblichem Menschenoberkörper und Fischschwanz, also eher m/w/d? Und wenn sie kopfüber wieder ins Wasser zurücktauchen, dann als „divers divers" (engl.; diverse Taucher*innen)? Und divers von lat. „diverto", auseinandergehen, sich abwenden, abbiegen; verschieden sein, sich trennen; also kopfüber in neue Gedankenräume eintauchen, andere Wege gehen, woanders abbiegen; und lesen/gehen als filosoFISCHes Experiment, als „Was wäre, wenn …?". Dazu: Hildebrandt, Frauke/Dreier Anette (2014). Was wäre, wenn …? Fragen, nachdenken und spekulieren im Kita-Alltag. Kiliansroda: Verlag das netz.

9   Sie bestaunen uns. Eine Frage der Blickrichtung, „Othering" …

10   Die Zahl 11 steht als Binärzahl für 15, symbolisiert aber auch einen non-trivialen, palindromen Möglichkeitsweg.

11   Schiff als Anagramm zu Fisch, s. auch Anm. 22.

12   Sie/wir/die Leser*innen von oben wissen, „daß die Menschen nicht im Wasser leben können". Möglichkeiten einer Gegenbewegung: sich Kiemen wachsen lassen, die Sprache der Fische lernen …

13   trinken / ertrinken.

14   „aber das thut wehe, es ist, als ob ein scharfes Schwert Dich durchdränge. Alle, die Dich sehen, werden sagen, Du seiest das schönste Menschenkind, was sie gesehen haben! Du behältst Deinen schwebenden Gang, keine Tänzerin kann schweben wie Du, aber bei jedem Schritt, den Du machst, ist Dir, als ob Du auf scharfe Messer trätest, als ob Dein Blut fließen müßte. Willst Du alles dies leiden, so werde ich Dir helfen!" Sie verliert ihre Flosse (sprachlich-soziale Beweglichkeit, ihren Handlungsspielraum).

15   Gedankenspiel/Überlegung/Frage: Lässt sie ihre (ohnehin stille Mutter-)Sprache bei der Schlepperin (als ausbeutende Ermöglicherin) zurück, um in das andere Land, in die „bessere" Welt zu kommen, wo sie hofft, sprachlos geliebt zu werden? „Aber Du mußt mich auch bezahlen!" sagte die Hexe, „und es ist nicht wenig, was ich verlange. Du hast die schönste Stimme von allen hier auf dem Grunde des Meeres, damit glaubst Du wohl, ihn bezaubern zu können, aber diese Stimme mußt Du mir geben. Das Beste, was Du besitzest, will ich für meinen köstlichen Trank haben!"

16   Das wird er. Die kleine Meerjungfrau darf ihm fast hündisch folgen, darf sein „Haustier"/Freundeswesen werden, aber nicht seine Frau. Sie bleibt die Andere/das Andere, exotisch, schön anzuschauen, aber …

17   Fast. Hier findet das Kunstmärchen selbst eine versteckte Abzweigung. Zum Tierwerden als Fluchtmöglichkeit, als Deterritorialisierung (vgl. Deleuze, Gilles / Guattari, Félix (1976). Kafka. Für eine kleine Literatur. Frankfurt am Main: Suhrkamp, 15 ff.

Der Prinz heiratet eine Nachbarin[18], die er für seine Retterin hält. Die Schwestern organisieren[19] einen Ausweg für die Meerjungfrau: Sie soll den Prinzen mit dem Meerhexenmesser [xiii] töten [xiv], um sich rück-verwandeln und nachhause [xv] zurückkehren zu können – macht sie aber nicht. [xvi] [xvii]
Sie wird zu Schaum und dann zu Luft[20],
wo sie 300 Jahre die Chance erhält, Gutes zu tun, um vielleicht doch noch eine Seele[21] [xviii] zu bekommen. Unhappy End[22].

2 Das Gedankenspiel als Lernraum

Anhand des Märchens „Die kleine Meerjungfrau" haben wir mit Studierenden des Kollegs der BAfEP8 Inhalte dieser Geschichte in Bezug auf neue bewegende Möglichkeiten des Geschichtenerzählens überprüft, gestaltet und über ihre Umsetzbarkeit im Kindergarten reflektiert. Prinzipiell ging es bei diesem Gedankenspiel, das in einer bewegten Konstruktion seinen Ausgang hatte, um Dekonstruktion. Somit ging es um das Entdecken divergenter Handlungsmöglichkeiten bei Menschen im Allgemeinen (Märchen) und anhand der eigenen Biographie im Speziellen. Wir begingen das Märchen von oben bis unten, mit Aufstellung, wer sich wie stark mit dem Märchen bzw. den Handlungssträngen der Hauptfiguren identifiziert und wer sich wie stark in einer Rolle im Märchen wiederfindet.
Des Weiteren haben wir mit selbst angefertigten biographischen Landkarten gearbeitet und im Gehen eruiert, wer welche Entscheidungen in Bezug auf „normal" oder „anders" sein in seinem/ihrem Leben bis jetzt bewusst getroffen hat. Diese Landkarten waren offen angelegt, damit neue (Entscheidungs-)Möglichkeiten immer auch illustrierbar waren und damit immer das Ich als Ausgangspunkt sicht- sowie spürbar war.

Der Weg von der De- zur Neukonstruktion eines Textes – in unserem Fall des Märchens „Die kleine Meerjungfrau" – ermöglicht, eine komplett neue Geschichte zu schreiben, um damit wieder handlungs- sowie bewegungsfähig zu werden. Jede Geschichte hat wie jede Handlung auch mehrere Möglichkeiten bzw. Perspektiven. Wohin wir gehen, entscheidet nicht nur Vorgeschriebenes (Genetik, soziale Herkunft, Hautfarbe etc.), sondern vor allem Erarbeitetes (sei es das Repertoire an Erfahrungen, Wissen, soziales Umfeld etc.).

Die kleine Meerjungfrau entscheidet sich bei Andersen für die zwei Beine, die ihr eigentlich (verursacht durch den extremen Schmerz) die Bewegungsmöglichkeit nehmen, außerdem kommt der Verlust der Sprachfähigkeit (Opfern der Stimme) hinzu. So ergibt sich schon der Zusammenhang zwischen Bewegungs- und Sprachfähigkeit. Die Meerjungfrau entschwimmt ihrem Umfeld und wird somit anders, gehört dem neuen Umfeld nicht an. Ohne Ausdruck ihrer selbst kann sie sich nicht verständlich machen und bleibt in der Geschichte somit ein exotischer Teil. Was wären nun andere Entscheidungsmöglichkeiten? Wohin könnte ihr Weg noch führen?

---

18   Die Fremde bleibt fremd; sie bleibt sprachlos – der Erwerb der neuen Sprache funktioniert hier nicht (verhext; die neue Grammatik bleibt unerreichbar; als Ausweg bleibt nur das Gedankenexperiment, die Verwandlung der Erzählung, dazu: Rodari, Gianni (2008). Grammatik der Phantasie. Die Kunst, Geschichten zu erfinden. Stuttgart: Reclam). Es scheint auch seitens des Prinzen kein Interesse daran zu geben, wirklich mit ihr zu kommunizieren. Ihre Unterwassersprache ist überhaupt kein Thema ... Was es hier über Meh/ersprachigkeit zu lernen gäbe ...

19   Deal mit der Meerhexe: Haare (Schönheit, Weiblichkeit?) für eine Option.

20   „Zu den Töchtern der Luft!", Luft als Anagramm von Flut; das Anagramm als Möglichkeit, als anderer Weg, als alternativer Leseweg.

21   Die „Anderen", die Nichtmenschen, die von der anderen Seite, haben keine Seele (Anagramm von lese) wie wir ...

22   Ist das der Preis für Migration[xi], für die mühsame, schmerzhafte Überfahrt in die idealisierte Welt jenseits der Wassergrenze: Opfer bringen, Opfer sein; fremd sein, fremd bleiben; die Sprache (s. Anm. 17) verlieren, sprachlos bleiben? Wie müsste das Märchen der kleinen Meerjungfrau geändert werden, damit (mehr-)sprachliche und bewegliche/beWEGende/bewegbare Integration gelingen kann?

Sie kann den Prinzen nicht retten, sie kann ihn an ihrem 15. Geburtstag von der Ferne betrachten, sie kann sich von den Schwestern „retten" lassen, sie kann den Prinzen töten, sie kann, ... sie kann im Prinzip alles und darin liegt die Kraft: Sich selbst als Entscheidungsträger*in zu betrachten, erhöht die eigene Resilienzfähigkeit ungemein.

3 Das Dekonstruieren von begrenzten Lebenswegen/starren Plänen zur Erschaffung neuer Möglichkeiten

Lernen durch Erfahrung: Der Schmerz ist es nicht wert, die eigene Lebensqualität oder Wertigkeit zu mindern, ganz nach dem Motto: „Mit mir nicht!" Eine Erfahrung gesammelt zu haben, bedeutet auch zu lernen und hier auch die Abgrenzung als eine (Überlebens-)Möglichkeit zu erleben.

Dekonstruktion, die im Wiederkonstruieren einer Realität ihre Form findet, ist eine Facette des Experimentierens, und experimentieren bedeutet nichts anderes als Unterschiedliches auszuprobieren und damit zu spielen! Spielen ist ein Ausdruck von Lebendigkeit, ohne das keine Vielfalt entfaltbar ist. Wenn wir uns also diesem Spiel der Möglichkeiten hingeben, dann entstehen Perspektiven und somit neue Wege. Die Summe der Möglichkeiten ergibt wieder Vielfalt. Das Ergebnis dieser Diversität ist – wie oben schon erwähnt – die Grundlage für Resilienz. In der bewegten Sprache (Körper und Stimme) finden sich diese Komponenten als Erfahrungsgrundlage. Wie kann das Eigene im Fremden erfahrbar werden, ohne dass sich dadurch jemand bedroht oder geringgeschätzt fühlt? Ein vielfältiges Miteinander also?! Ja, wir sehen in Vielfalt die Chance zur physisch-sprachlichen Identitätsbildung! Bunt gemischt und durcheinander erleben wir Diversität als Ganzheitlichkeit auf höchstem Niveau, alle lernen von- und miteinander. Amen!

Was gut klingt, kann tatsächlich gelingen, indem die Geschichten und Ursprünge von Entscheidungen verstanden werden. Jede Handlung hat einen Grund und folgt einem zu diesem Moment zugrundeliegenden Bedürfnis, dazu gilt es, hinzuschauen und Verständnis aufzubauen, damit ein offener Raum der Begegnung stattfinden kann. Verschiedene Perspektiven zu erschaffen, erhöht die eigene Wahl- und somit auch Bewegungsmöglichkeit sehr. Wie begegnen wir Geschichte und wie begehen wir sie? Unser Vorschlag: *Begegnung durch Bewegung, damit dieser Impuls zur Inspiration werden kann.* Oder wie Studierende zu uns unlängst meinten: „Bei euch ist alles anders, aber trotzdem lernen wir etwas."

Im Dreiklang „Gedanke, Wort und Tat" erschaffen wir unser Leben. Nichts bleibt auf Dauer. Werte sowie Visionen können sich auf dem Weg verändern. Eine innere Forschungsreise verändert und bringt immer neues Wissen mit sich. Flexibel sein, bedeutet gleichzeitig frei sein – jeder Moment ist eine neue Gelegenheit, mich für eine Geschichte und deren Gedankenfreiräume zu entscheiden. [23]

---

23   Wir hoffen, ihr habt diesen Text nicht flüssig durch- und überlesen, sondern seid gestolpert, habt eure Augen mäandern lassen im querverweisenden Netz aus Buchstabentropfen, die ebenso aus den Wörtern quellen wie aus euren Poren, eurer Haut, eurer Grenze zwischen innen und außen, Fisch und Fleisch.

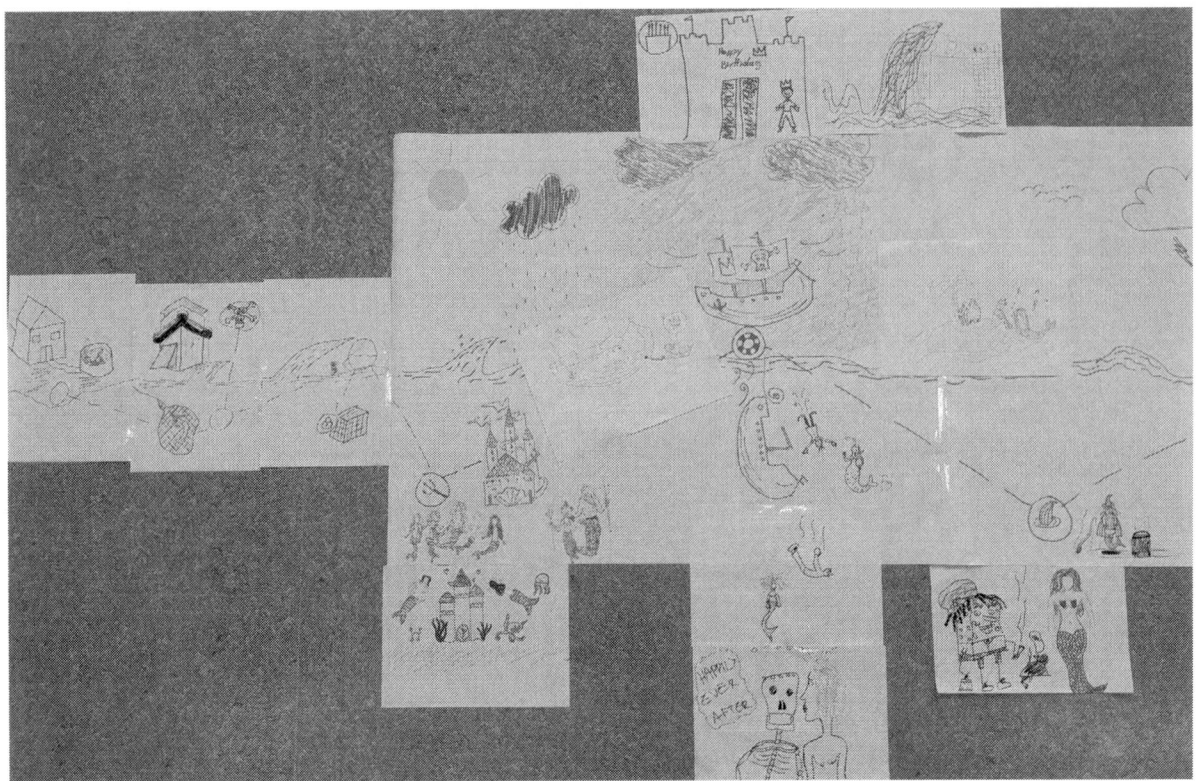

i

ii Wo findest du dich im Text wieder?

„Ich bin nachdenklich, fröhlich und mutig und hebe mich von vielen meiner Verwandten ab."
„Ich bin auch eine schüchterne Person."
„Ich bin ein impulsiver Mensch, der oft Entscheidungen trifft, die andere manchmal nicht so gut finden."

iii „Im Wasser, besonders nackt, herrscht Freiheit und Leichtigkeit."

iv „Die Verbindung zu der alten Großmutter, die einem alles erzählt."
v „Endlich bin ich erwachsen."
„Ich bin für die Ausbildung nach Wien gezogen."
„Das Streben, eine neue Welt zu entdecken, und darauf zu warten, sie bald zu finden."

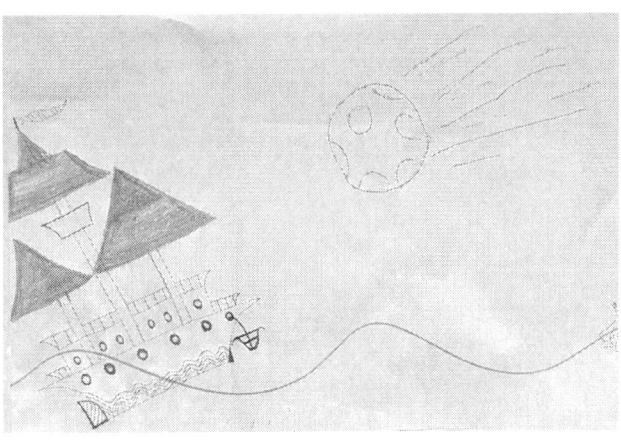

vi

vii

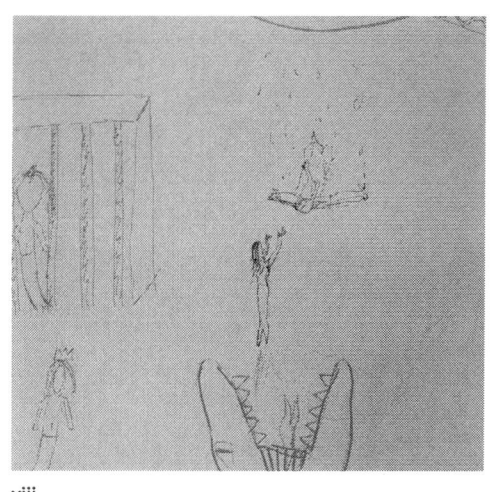 

viii   ix

x „Manchmal gehe ich auf Scherben und halte den Mund, um ein Ziel zu erreichen."
xi „Für meine Liebe habe ich meine Sprache hergegeben."

xii   xiii

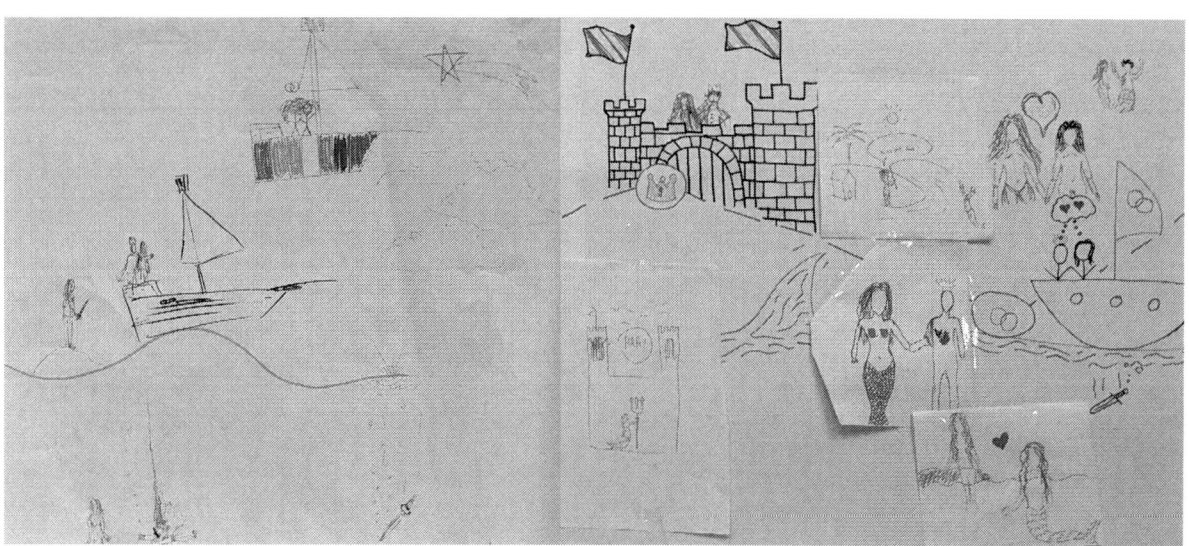

xiv

xv „Zuhause ist es noch immer am schönsten." „Ich fühle mich zuhause am wohlsten."
xvi „Ich habe vieles für andere Leute gemacht und sie wussten nicht, dass ich dahinterstecke."
„Auch ich opfere mich für meine Liebsten, Hauptsache sie sind glücklich." „Ich bin selbstlos."

„Ich bin sehr hilfsbereit und kümmere mich meist zuerst um andere, bevor ich auf mich selbst schaue (Meerjungfrau rettet den Prinzen)."

xvii „Damit man andere lieben kann, muss man sich selbst erst lieben."
xviii „Für mich wandert unsere Seele in den Himmel und zu den Sternen. Daran glaube ich und es den Menschen auch eine große Hoffnung."
„Der Gedanke, dass wir uns alle im Himmel wiedersehen, gibt Hoffnung und Zuversicht."
„Der Gedanke, dass die Seele unsterblich ist, gibt mir Kraft und Hoffnung."

xix

xx

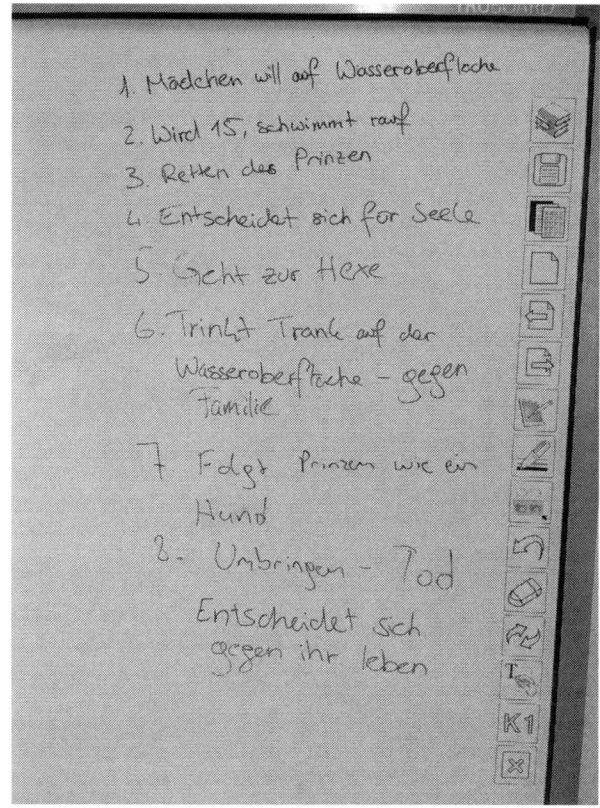

xxi xxii

xxiii

Autor*innen

Mag.ᵃ Ruth Schleicher

Bewegungs- und Zirkuspädagogin, unterrichtet am Kolleg der BAfEP8 (Bewegungserziehung, Pädagogik und TEKOP), der PH Wien (HLG Elementarpädagogik) und der FH Campus Wien (Bachelorlehrgang Sozialmanagement in der Elementarpädagogik) sowie an Bewegungskongressen der Fit Sport Austria

ruth.schleicher@phwien.ac.at

Mag. Stefan Pointner

Studium Germanistik, Spanisch und Sprachkunst, unterrichtet am Kolleg der BAfEP8 (Deutsch, Kinderliteratur, Deutsch als Zweitsprache, OMR, TEKOP) und an der PH Wien (HLG Elementarpädagogik, Modul Sprachliche Bildung)

poi@bafep8.at

Professioneller Umgang mit Ekel in Bildungs- und Pflegesituationen in elementaren Bildungseinrichtungen

Monika Ude

Abstract

Pädagogische Fachkräfte sind in ihrem beruflichen Alltag häufig mit Ekelsituationen konfrontiert und durch multiple Belastungen bergen diese ein potenzielles Risiko für den Kinderschutz. Wie kann erfolgreiches Ekelmanagement in elementarpädagogischen Einrichtungen gestaltet und implementiert werden, sodass es einerseits zu einer Professionalisierung der pädagogischen Fachkräfte kommen kann und andererseits die Eröffnung eines sicheren Lernraumes für kindliche Entwicklung ermöglicht wird?

Einleitung

Durch die Zunahme der Heterogenität der Gesellschaft ist auch in elementaren Bildungseinrichtungen ein umfangreicheres Aufgabenspektrum für die pädagogischen Fachkräfte bemerkbar. Der sich zuspitzende Fachkräftemangel verstärkt die Aufgabenbelastung der einzelnen pädagogischen Fachkräfte. Hinzu kommen die schlechten Arbeitsbedingungen, wie zu wenig mittelbare Arbeitszeit, ein viel zu hoher Fachkraft-Kind-Schlüssel sowie fehlende Supervisionsmöglichkeiten. All dies bewirkt, dass Fachkräfte in stark belastenden Situationen unter Umständen mit Überlastungshandlungen reagieren und auf die Ressource des responsiven Handelns kaum noch zurückgreifen können. Ekelsituationen sind ein Beispiel solcher Belastungen und stellen daher ein Risiko für den Kinderschutz dar. Hier ist es wichtig, Bewusstsein und gute Arbeitsbedingungen zu schaffen, um die Belastungen so gering wie möglich zu halten, damit übergriffigem Verhalten durch pädagogische Fachkräfte präventiv entgegengewirkt werden kann. Gefühle und körperliche Reaktionen des Ekels bei pädagogischen Fachkräften können in elementarpädagogischen Alltagssituationen nachvollziehbar erklärt werden, z. B. bei unangenehmen Gerüchen von Körperausscheidungen. Grundlegend ist es, ein Bewusstsein dafür zu schaffen, dass Ekelreaktionen pädagogischer Fachkräfte (Spät-)Folgen für die kindliche Entwicklung haben kann.

1 Die Emotion Ekel

Der Mensch verfügt über sieben Basisemotionen: Freude, Wut, Angst, Trauer, Überraschung, Verachtung und Ekel. Diese Emotionen sind angeboren und in jeder Kultur vertreten, d.h. universell (vgl. Pernlochner-Kügler 2010, 6). Emotionen sind komplexe Prozesse, welche in verschiedenen Systemen unseres Körpers ablaufen. Neben der Regulation haben Emotionen noch weitere wichtige Funktionen, u.a.:

- *Selektionsfunktion*: Filtern und Selektieren der Wahrnehmung
- *Motivationsfunktion*: Aktivierung und Steuerung des Verhaltens
- *Ausdrucksfunktion*: Die Reaktionsweisen drücken die Gefühlslage aus, d.h. Gefühle haben eine Mitteilungsfunktion.
- *Wertungsfunktion*: Sie zeigt an, was eine Person mag oder ablehnt (vgl. Hobmair 2008, 173 f.).

Ekel ist ein intensives Gefühl des Widerwillens und der Aversion gegen bestimmte Objekte, Handlungen oder Wahrnehmungseindrücke. Oftmals gehen mit dieser Emotion körperliche Reaktionen, wie Würgereflex, Übelkeit, Erbrechen und Gänsehaut, einher. Ekelgefühle können sehr plötzlich und reflexartig auftreten, die Intensität und auch die ekelauslösenden Reize können unterschiedlich sein (vgl. Jettenberger 2017, 7). Bereits Neugeborene zeigen eine typische Ekelmimik, wie Ausspucken, Naserümpfen, Anheben der Oberlippe, Zurückweichen mit dem Kopf, wenn sie beispielsweise etwas Bitteres essen. Am Lebensbeginn kommen Ekelemotionen hauptsächlich in Form von sensorischer Abneigung vor. Im Entwicklungsprozess zur Ausscheidungsautonomie zeigen Kinder oftmals keinen Ekel vor ihren Körperprodukten. Diese werden als Teile des eigenen Körpers betrachtet und stellen daher für Kinder keinen Grund dar, sich zu ekeln (vgl. Gutknecht 2020 a, 10). Erst mit der Zeit wird Ekel zu einer erfahrungs- und kulturabhängigen Emotion. Ab etwa dem 3. Lebensjahr wird die Ekelemotion zunehmend komplexer, da die Kinder lernen, welche Lebewesen, Gegenstände, Nahrungsmittel oder auch menschliche Verhaltensweisen in der jeweiligen Kultur nicht akzeptiert und als eklig bewertet werden (vgl. Haug-Schnabel & Bensel 2020, 17).

Ekel hat neben den zuvor genannten Emotionsfunktionen eine zusätzliche, überlebenswichtige Funktion: Ekel zeigt an, dass eine Substanz toxisch, infektiös oder ungenießbar ist. Die Körperlichkeit von Ekel begründet sich in der physischen Steuerung. Für die typischen körperlichen Reaktionen von Ekel, wie Speichelfluss, Würgereiz und Erbrechen, ist das sog. „Brechzentrum" zuständig. Es sitzt im verlängerten Rückenmark (Hirnstamm) und ist Teil des vegetativen Nervensystems, welches willentlich nicht steuerbar ist. Dies begründet auch die Schwierigkeit, starken Ekel zu regulieren (vgl. Pernlochner-Kügler 2010, 6).

1.1 Wovor ekeln sich Menschen?

Grundlegend lassen sich sog. „Ekelobjekte" (ebd., 7) in mehrere Kategorien einteilen. Christine Pernlochner-Kügler nennt drei Gruppen: „universelle Ekelobjekte", „individuelle oder kulturell sozialisierte Ekelobjekte" und „Ekel oder Abneigung aufgrund körperlicher Disposition". Zur ersten Gruppe gehören Objekte, welche bei Menschen aller Kulturen Ekel als Schutzmechanismus auslösen, wie Ausscheidungen, Sekrete, Verfaulendes, Verwesendes oder allgemein beschrieben „[...] Substanzen, die keine Funktion mehr für uns haben [...]". (ebd., 6) Die zweite Gruppe umfasst Ekel aufgrund von Konditionierung und kulturellen Erwerbs oder Erziehung. Beispielsweise wird von einer Person Ekel vor einer Speise empfunden, aufgrund derer sie sich zu einem früheren Zeitpunkt erbrechen musste. Kulturell bedingter Ekel ist z.B. der in Europa empfundene Ekel vor der Insektenküche, da diese Tiere bei uns mit Schmutz und Krankheiten assoziiert werden. Die dritte Gruppe umfasst Ekel als Schutzreaktion, da der Körper bestimmte Substanzen nicht verträgt. Hierzu zählen beispielsweise Schwangere, welche Ekel vor Kaffee- oder Zigarettengeruch empfinden (vgl. ebd.).

Eine weitere Einteilung von Ekelobjekten kann anhand von Eigenschaften und Kontexten getroffen werden. Je klebriger und schleimiger die Konsistenz sowie farblich unreiner und trüber, desto ekliger wird eine Substanz empfunden. Einen weiteren Ekelfaktor bildet der Anschein von Krankheit oder Gefährlichkeit. Tränen und Nasensekret sind beides Körpersekrete, jedoch wird letzteres als Krankheitssymptom assoziiert und daher ekliger bewertet und empfunden. Auch der Ort, an dem sich ein Ekelobjekt befindet, ist entscheidend. Beispielsweise löst der Anblick von Kot im Bett mehr Ekelgefühle aus als jener in der Toilette. Geräusche, wie z. B. bei Erbrechen, Rülpsen, Schnäuzen, können ebenso Ekelempfindungen auslösen. Auch die Wahrnehmbarkeit oder eher die Nicht-Wahrnehmbarkeit, wie bei Bakterien und Viren, werden oft als besonders bedrohlich empfunden (vgl. ebd., 10 f.) Ekel wird nicht immer in gleicher Intensität wahrgenommen und empfunden. Tagesverfassung sowie unerwartete Situationen oder Kontrollverlust können Ekel noch verstärken und den Umgang damit erschweren oder unmöglich machen (vgl. ebd., 12).

1.2 Ekel im Umgang mit Menschen als Tabuthema

Gesellschaftliche Konventionen bestimmen, ob ein Thema als gewagt oder ekelerregend gilt. Tabuthemen werden selten öffentlich diskutiert und wenn, dann werden Euphemismen verwendet, um das Gesagte zu beschönigen, zu verschleiern oder abzuschwächen (vgl. Pernlochner-Kügler 2003, 10). Damit werden diese Themen jedoch als abnorm eingeordnet und negativ konnotiert. Werden Abneigung, Scham oder Ekel gegenüber einem Thema empfunden, so wird dieses gemieden und kaum öffentlich besprochen. Zu solchen Tabuthemen gibt es zumeist auch wenig Literatur sowie empirische Forschung und folglich wenig fundierte Handlungsempfehlungen. Daraus resultiert wiederum Verdrängung, Totschweigen und Tabuisierung. Bei Ekel im Umgang mit Menschen ist genau dieser Effekt beobachtbar: Kaum jemand spricht öffentlich über ekelbesetzte Themen, ist peinlich berührt, vermeidet die Thematik oder leugnet gar deren Existenz („Kinder sind nicht eklig!"). Sind Menschen dennoch dauerhaft ekelbesetzten Themen oder Tätigkeiten ausgesetzt, wie beispielsweise in ihrem Beruf, kann es zu Stress, Frustration, Angst und Aggression gegen sich und andere kommen. Mit Tabuisierung ist ein professioneller Umgang mit Ekel nicht möglich und birgt auch Risiken für den Kinderschutz durch Impuls-

und/oder Überlastungsreaktionen. Hinzu kommt, dass das Ekelgefühl der Fachkraft, zumeist auch Scham für das Kind bedeutet.

1.3 Spannungsfeld Ekel-Scham

Scham zählt zu den sekundären Emotionen, da sie sich entwicklungspsychologisch erst im zweiten bis dritten Lebensjahr entwickelt. Scham entsteht im präfrontalen Cortex und ist ein Reifeprozess, auf welchen Anlage, soziale Umgebung, Kultur, Konventionen und Werte erheblichen Einfluss haben (vgl. Pernlochner-Kügler 2010, 23 f.). Die Emotion ist ähnlich wie Ekel, universell, d.h. interkulturell beobachtbar, die Ausprägung ist jedoch abhängig von der jeweiligen Sozialisation. Scham ist das Gefühl des Bloßgestelltseins oder -werdens (vgl. Jettenberger 2017, 26). Dabei können die Selbstachtung und Integrität bedroht werden, da Körper, Person oder Status betroffen sind (vgl. Paetzholdt-Hofner 2021, 10). Auslösende Faktoren können das eigene oder auch fremdes Verhalten sein. Wie auch Ekel dient Scham der Informationen über Schutzbedürfnisse. Sie sichert persönliche und intime Bereiche, schützt die Würde eines Menschen und bewahrt vor auffälligem oder blamablem Verhalten (vgl. Jettenberger 2017, 26).

> „Eine positive Scham vor dem Hintergrund verinnerlichter Werte ist ein Schutz von Würde, von Grenzen und somit von Identität, gewachsen durch ein achtsames Gesehen- und Behandeltwerden." (Paetzholdt-Hofner 2021, 10)

Stefan Paetzholdt-Hofner beschreibt Scham als eine Grundbedingung für die Ausbildung des Gewissens und der Empathiefähigkeit und somit von moralischen Werten. Diesen positiven Aspekt von Scham bezeichnet der Autor als „innerer Maßstab für unsere Grenzen und Integrität". (Paetzholdt-Hofner 2021, 10) Scham drückt sich durch ein unangenehmes, peinlich-berührtes Gefühl, Erröten, Herzklopfen, Stottern oder starken Blutdruckveränderungen aus (Jettenberger 2017, 26). Wird Scham sichtbar, beginnt ein zirkulärer Prozess und die Person „schämt sich für die Scham" (vgl. Pernlochner-Kügler 2010, 23). Wird Schamgefühl nicht beachtet, wird die Situation durch das verstärkte Erleben von Unsicherheit, Kontrollverlust und Angst noch verschlimmert. Dies bedeutet auch, dass das Bedürfnis nach Schutz und Sicherheit unbefriedigt bleibt, wodurch Frustration und Aggression entstehen und die Bereitschaft der betroffenen Person zur aktiven Mitwirkung bei Pflegehandlungen an und mit ihrem Körper massiv sinkt (vgl. ebd., 25).

2 Umgang mit Ekel in elementaren Bildungseinrichtungen

An Orten, wo Menschen mit Menschen arbeiten, kann es zu Ekelsituationen kommen. Je körperbetonter der Arbeitsbereich ist, desto häufiger treten ekel- und schambehaftete Situationen auf. Werden Ekelgefühle (auf persönlicher wie auf institutioneller Ebene) verdrängt, geleugnet oder tabuisiert, so kann dies Stress auslösen, woraus wiederum Frustration und Gewalt gegen die eigene Person oder andere resultieren können. Ein bewusster und reflektierter Umgang mit Ekelgefühlen bringt Erleichterung und Schutz für alle Beteiligten und trägt zur Qualitätssteigerung des Bildungsgeschehens bei. Pflegesituationen sollten ebenso selbstverständlich in den pädagogischen Tagesablauf integriert sein wie Essensituationen oder der Erzählkreis. Sie brauchen eine besonders gut vorbereitete Umgebung sowie Planung und Absprachen im Team. Wickeln, Schnäuzen, Essenssondierung und andere Pflegesituationen können intensive Momente der Beziehung zwischen Fachkraft und Kind darstellen und sollten nicht als „lästiges Übel" abgetan werden. Im inklusiven Setting erhält Ekelmanagement einen besonderen Stellenwert, da pädagogische Fachkräfte hier aufgrund der heterogenen Erscheinungsformen von Behinderung vermehrt mit potenziell ekelauslösenden Situationen konfrontiert sind. Folgende Aspekte des Ekelmanagements können im Umgang mit Ekelsituationen unterstützen und die Möglichkeit geben, ekelbehaftete Pflegesituationen bestmöglich zu begleiten und zu Lern- und Entwicklungsfeldern von Fachkräften und Kindern gleichermaßen werden zu lassen.

Enttabuisierung: Die Verantwortung der Enttabuisierung liegt bei der Führungskraft. Es gilt, eine offene und transparente Teamatmosphäre und -kultur als Basis für einen gesunden und professionellen Umgang mit Ekelgefühlen und -situationen zu schaffen. Gemeinsam können standort- und teamspezifische Lösungen gefunden, evaluiert und reflektiert werden. Daraus folgt auch eine konzeptionelle Verankerung. Wichtig ist, eine professionelle Sprachkultur zu entwickeln und Ekelgefühle wie auch Ekelobjekte bei einem „allgemein verträglichen" Namen zu nennen. Zur Enttabuisierung zählt zudem das Bewusstsein der eigenen Gefühle, obwohl es in manchen Situationen nötig ist, diese auszuschalten bzw. auszublenden, um in Akutsituationen handlungsfähig zu bleiben. Im Anschluss sollte jedoch eine Erholungs- und Reflexionsphase möglich sein (vgl. Pernlochner-Kügler 2010, 16 ff.; Jettenberger 2017, 71 ff.).

Prävention von Ekelsituationen: Eine Etablierung eines pädagogischen Konzeptes für Pflegesituationen kann Ekelsituationen präventiv vorbeugen, da es in der Tätigkeit Sicherheit durch Wissen und Handlungspläne gibt. Ausreichende zeitliche und personelle Ressourcen sind ebenfalls ein Schlüssel, um Ekelsituationen vorzubeugen (vgl. Pernlochner-Kügler 2010, 17 f.; Jettenberger 2017, 71 ff.).

Schutzvorkehrungen: Ausreichend Schutzvorkehrungen, wie Handschuhe, Schürzen, Desinfektionsmittel, Wickelunterlagen etc., können Ekelsituationen hygienischer und erträglicher machen (vgl. Pernlochner-Kügler 2010, 16 f.; Jettenberger 2017, 71 ff.). Die Verwendung von Handschuhen wird in der Elementarpädagogik als eine Art „Glaubensfrage" diskutiert (vgl. Gutknecht 2020a, 12).

> „Hier kommt es sehr darauf an, wie die Fachkraft das Kind durch die Situation begleitet, denn auch mit Handschuhen lässt sich ein spielerischer, zugewandter Aktionsstil umsetzen. [...] Der Verzicht auf Handschuhe ist kein Garant für eine partizipative und responsive Begegnung in der Wickelsituation."
> (Gutknecht & Haug-Schnabel 2019, 71)

Kinder zeigen teilweise eine taktile Abwehr gegenüber Handschuhen. Hier kann versucht werden, spielerisch zu desensibilisieren, waschbare Baumwollhandschuhe zu verwenden oder, falls die Möglichkeit besteht, das Kind ohne oder mit nur einem Handschuh zu berühren. Eine Desensibilisierung bzw. Gewöhnung kann auch für etwaige medizinisch notwendige Behandlungen sinnvoll sein. In Bezug auf Behelfsmittel ist es wichtig, dass darüber im Team, mit den Bildungspartner*innen und Kindern offen kommuniziert wird und Handschuhe, Schürzen etc. selbstverständlich verwendet werden (vgl. Gutknecht 2021, 32).

Bauliche Maßnahmen und Ausstattung: Gemeinsam mit der Führungskraft sollte reflektiert werden, welche baulichen Elemente Ekelsituationen abmildern könnten. Beispiele wären: ein klares Farbkonzept, Belüftungsmöglichkeiten oder Lüftungsanlage, Anordnung und gute Erreichbarkeit von Behelfsmitteln zum Körperschutz (Handschuhe, Schürzen, Mundschutz, u.a.), ergonomische Waschraumausstattung (Stehwickeltische, hydraulische Wickeltische), Personaldusche (vgl. Gutknecht 2020a, 10 ff.; Gutknecht 2020b, 14 f.; Jettenberger 2017, 71 ff.). Düfte können das Raumklima stark beeinflussen – positiv wie negativ, denn durch den Einsatz von Düften, beispielsweise mittels Aromadiffusor, kann es zu unangenehmen Geruchsmischungen kommen. Absprachen im Team und genaue Beobachtung der Reaktionen der Kinder helfen bei der richtigen Auswahl (vgl. Pernlochner-Kügler 2010, 21 f.).

Ruhepausen und Entspannungsmöglichkeiten: Nach einer sehr belastenden Ekelsituation sollte die Möglichkeit einer kurzen Auszeit oder dem vorübergehenden Wechsel zu einer körperfernen Tätigkeit gegeben sein (vgl. ebd., 18). Viele negative Gefühle können starke, vegetativ gesteuerte physische Reaktionen verursachen. Reaktionen wie Würgereiz zu unterdrücken oder nach außen unsichtbar zu machen (um das Kind nicht zu beschämen), bedürfen enormer physischer und psychischer Anstrengung (vgl. ebd., 13).

Austausch und Offenheit im Team: Für einen professionellen Umgang mit Ekelsituationen braucht es eine offene Teamatmosphäre, denn so können sich die einzelnen Teammitglieder mit ihren persönlichen Ekelempfindungen und -intensitäten kennen lernen. Es ist entlastend, sich mit Kollegen*innen über Erlebnisse, Eindrücke und subjektive Empfindungen auszutauschen. Hierfür eignen sich Gespräche in lockerer Atmosphäre oder der professionelle und fallbezogene Austausch im Sinne einer Intervision oder kollegialen Beratung. Beide Gesprächsformen sind Elemente der Psychohygiene und können zur Professionalisierung beitragen. Gespräche im Team können auch neue Perspektiven eröffnen, indem Informationen und Blickwinkel ausgetauscht werden (vgl. Pernlochner-Kügler 2010, 16 f.; Jettenberger 2017, 71 ff.). Auch Absprachen bezüglich gegenseitiger Unterstützung, Ablösung oder Übernahme von Tätigkeiten können helfen, die Belastung zu reduzieren (vgl. Gutknecht 2020a, 10 ff.; Gutknecht 2020b, 14 f.). Eine Delegierung an „rangniedrigere" Teammitglieder ist damit nicht gemeint und generell abzulehnen (vgl. Pernlochner-Kügler 2010, 16 f.; Jettenberger 2017, 71 ff.).

Sensibilisierung durch Wissen: Wissen zum Thema Ekel und einen professionellen Umgang damit helfen, Ekelsituationen besser zu bewältigen. Neben der Wissensvermittlung im Rahmen von Fortbildungen sollten auch Supervisionen Teil der Teamkultur werden. Eine Sensibilisierung für den professionellen Umgang mit Ekel braucht zudem Raum und Platz in der elementarpädagogischen Grundausbildung (vgl. Pernlochner-Kügler 2010, 16 ff.; Jettenberger 2017, 71 ff.), da Pflegeaufgaben durch den „[...] Anspruch auf Inklusion, die vermehrte Ganztagsbetreuung und dem massiven Krippenausbau [...]" (Gutknecht 2020a, 11) zunehmen.

Auseinandersetzung mit eigenen Ekelgefühlen: Eine Bewusstmachung, was am gefühlt Ekligen eklig ist, kann den Umgang mit Ekel unterstützen. Sich selbst die Fragen stellen: Was sind meine persönlichen Top-3-Ekelobjekte oder-tätigkeiten? War das als Kind auch schon so? Gibt es Erlebnisse, die dafür verantwortlich sind? Was hilft mir in Ekelsituationen und was hilft mir nicht? Was brauche ich nach Ekelsituationen, um meinen erregten Gefühlszustand wieder zu harmonisieren? Diese Reflexionsfragen können dabei helfen, sich der eigenen Ekelgefühle und deren Auslösern bewusst zu werden. Das Zurechtlegen von Bewältigungsstrategien hilft in Akutsituationen (vgl. Gutknecht 2020a, 10 ff.; Gutknecht 2020b, 14 f.).

Achtsamkeit während der Pflegesituation: Das pädagogische Konzept für Pflegesituationen der Einrichtung sollte betonen, dass diese keine Fließbandtätigkeiten sind und großer Achtsamkeit und Wertschätzung bedürfen. Dies reduziert den „Ekelfaktor" der Tätigkeit, da sie als Möglichkeit zur Beziehungsgestaltung genutzt werden kann. Zusätzlich kann die Konzentration auf klare Abläufe und die Handhabung der Pflegetätigkeit unterstützend wirken, jedoch darf eine responsive Begegnung nicht wegfallen (vgl. Gutknecht 2020a, 10 ff.; Gutknecht 2020b, 14 f.).

Erhöhung der kindlichen Kooperation durch Partizipation: Wird das Kind in der Pflegesituation nicht nur auf die bevorstehende Handlung vorbereitet („Wir gehen nun deine Nase putzen!"), sondern kann auch seine Fähigkeiten dabei einbringen, so wird die Kooperationsbereitschaft steigen und ein Muster positiver Compliance verfestigt sich. Beim Wickeln fühlen sich viele Kinder kompetent, wenn sie nicht in die passive Haltung des Liegens gezwungen werden und ein Spielzeug halten sollen, sondern zum Mitmachen eingeladen oder auch zum Stehen motiviert werden, Dinge halten und zureichen und sich aktiv an ihrer Pflegesituation beteiligen können (vgl. Gutknecht 2021, 33 f.).

Schnelle Maßnahmen in Ekelsituationen:

- Fokussierung auf klare Abläufe und einen Handlungsplan zurechtlegen.
- Größtmögliche Distanz zu den Stressoren herstellen, beispielsweise durch ein zweites Paar Handschuhe.
- Sich die Gefühle von Stress, Ekel, Angst, Überwältigung eingestehen, bei Bedarf einem Teammitglied mitteilen und zumindest für einen kurzen Moment die Situation verlassen und so dem Fluchtbedürfnis nachkommen.
- Reflektieren: Was ist gerade besonders schlimm für mich und was kann mir helfen?
  (vgl. Pernlochner-Kügler 2010, 21 f.).
- Die Ekelantworten des Körpers, wie Abwenden etc., sollten positiv bewertet werden.
  Ein kurzes Wegdrehen des Kopfes kann auch als „Mikro-Auszeit" gedeutet werden.
- Extreme Ekelsituationen sollten nicht allein bewältigt werden. Unterstützung holen oder sich ablösen lassen ist keine Schande – im Gegenteil (vgl. Gutknecht 2020a, 10 ff.; Gutknecht 2020b, 14 f.).
- Nach Abschließen der Ekelsituation die Kleidung wechseln und nach Möglichkeit duschen.
- Der Duft von Kaffee oder Tee hat neutralisierende Wirkung.
- Eine kurze Auszeit an der frischen Luft oder eine körperferne Tätigkeit können bei der Bewältigung unterstützen (vgl. Pernlochner-Kügler 2010, 21 f.).

Wird in der elementaren Bildungseinrichtung bewusst versucht, Erleichterungen zu schaffen, so kann dies dazu beitragen, dass hier Lernräume für Fachkräfte und Kinder gleichermaßen eröffnet werden.

3 Ekel als Lernraum für pädagogische Fachkräfte und Kinder

Reflektieren Fachkräfte Abläufe pädagogischer Alltagssituationen und ihr Handeln oder setzen sich mit ihrer (beruflichen) Biografie auseinander, so findet Professionalisierung statt. Die Etablierung von Ekelmanagement bietet neben der Professionalisierung einzelner Fachkräfte auch die Möglichkeit der Qualitätssteigerung auf struktureller Ebene einer elementaren Bildungseinrichtung und kann Teil eines Kinderschutzkonzeptes sein. Für die Kinder dieser Einrichtungen bedeutet dies mehr Selbstbestimmung sowie Möglichkeiten der Partizipation und die Entwicklung eines positiven Körperbildes, da ihnen in Pflegesituationen nicht mit Wut und Ablehnung begegnet wird und der Schutzraum „über den Wickeltischrand hinausgeht".

3.1. Ekel mit Kindern thematisieren und erforschen – „Mut zur Zu-Mutung"

Die Auseinandersetzung mit Ekel kann für Kinder einen Lernraum eröffnen. So können Kinder erfahren und reflektieren: Wovor ekelt es mich? Was ist daran so ekelig? Kann ich meinen Ekel überwinden? Was unterstützt mich dabei? Johanna Pareigis schreibt in diesem Zusammenhang von „geplanten Zu-Mutungen" (Pareigis 2008). Die Autorin meint damit, bewusst ungewöhnliche Themen mit den Kindern auszuwählen oder aufzugreifen. Dies geschieht zu einem gemeinsam gesetzten Zeitpunkt, damit alle Beteiligten sich darauf vorbereiten können. Pareigis ist der Meinung, dass Unbekanntes wachrüttelt, Mut braucht und als Übung für das reale Leben werden kann (vgl. ebd., 38). Der pädagogische Wert in der Auseinandersetzung mit herausfordernden Thematiken begründet die Autorin damit, dass das kindliche Hirn die neuen Erfahrungen aufnimmt, einordnet und diese Informationen neu strukturiert. „Dabei sucht sich das menschliche Gehirn genau die Reize, den Input heraus, die seinem Reifezustand entsprechen und die es verarbeiten kann." (ebd., 40)
Die Umstrukturierung von Wissenskonzepten baut dabei hauptsächlich auf neuen Verknüpfungen auf, welche durch Bewegung, unterschiedliche Sinneseindrücke, taktile Reize, Selbsttätigkeit, menschliche Nähe und Anerkennung sowie verschiedene Formen sprachlichen Umgangs gebildet werden (vgl. ebd.). Beispiele für pädagogische „Zu-Mutungen" in elementaren Bildungseinrichtungen wären das Sezieren eines Tintenfischs, die Untersuchung von (ausgekochten) Hühnerknochen, das Erforschen von Spinnen und Schlangen etc. Die Autorin empfiehlt hier, sowohl die Bildungspartner*innen als auch die Kolleg*innen ausführlich zu informieren, um so Ablehnung vorzubeugen und den Kindern das Lernerlebnis ermöglichen zu können. Hier lohnt es sich zu thematisieren, dass Ekel ein zum Teil erlerntes, soziales Konstrukt ist und es viel Mut braucht, um solche Tabuthemen aufzubrechen und den Kindern zugänglich zu machen (vgl. ebd., 43).

4 Fazit

Ekelgefühle sind derzeit noch ein Tabuthema in der Elementarpädagogik und finden daher wenig Beachtung in der Literatur oder Ausbildung von elementarpädagogischen Fachkräften. Dies hat zur Folge, dass Ekel und in weiterer Folge auch ekelbasierte Schamgefühle in Pflegesituationen aufgrund der asynchronen Beziehung zwischen den handelnden Personen ein Risiko für den Kinderschutz darstellen. In diesem Zusammenhang sind insbesondere Überforderungshandlungen in den Blick zu nehmen, welche aufgrund der durch Ekel ausgelösten Stressreaktionen im unmittelbaren Interaktionsgeschehen durch die Fachkraft gesetzt werden. Diese können auf verbaler Ebene (z.B. „Du bist grauslich!", „Du stinkst!", „Ich will dich und deine Rotznase nicht mehr sehen!"), auf psychischer Ebene (z.B. Ignorieren des Kindes, Entzug von Aufmerksamkeit, Bloßstellen vor anderen Personen) sowie auf durch direkte körperliche Übergriffe (z.B. Kind absichtlich unsanft säubern, sehr fester Druck durch Hände) stattfinden. Neben einem finanziellen und zeitlichen Ressourcenausbau in elementaren Bildungseinrichtungen braucht es daher eine Veränderung auf institutioneller Ebene, wie beispielsweise durch die konzeptionelle Verankerung responsiver Pflegehandlungen. Dafür notwendig ist die Berücksichtigung von Handlungsmaßnahmen im Sinne eines professionellen Ekelmanagements im Rahmen des Kinderschutzkonzeptes in der Institution. Dies soll elementarpädagogische Fachkräfte im Umgang mit individuellen Ekelgefühlen unterstützen, damit diese nicht weiterhin tabuisiert und in weiterer Folge direkt und unmittelbar durch Überforderungshandlungen auf die Kinder übertragen werden. Erste Schritte können hierbei zum Beispiel eine offene Gesprächskultur im Team sein, wenn offen über Ekelgefühle und -reaktionen im pädagogischen Alltag gesprochen werden kann, wie auch Möglichkeiten für rasche Unterstützung in akuten Situationen. Grundlegend wichtig ist außerdem die Sensibilisierung für diese Themen auf professioneller Ebene, sowohl in der elementar-pädagogischen Ausbildung als auch bei entsprechenden Fort- und Weiterbildungen.

Literaturverzeichnis

Gutknecht, D. (2020 a). „Herausforderung Ekel in der Kita". *Kindergarten heute*. Heft 11/12, S. 10-13.

Gutknecht, D. (2020 b). „5 Strategien, um besser mit Ekelgefühlen umgehen zu können. Eine Arbeitshilfe fürs Team". *Kindergarten heute*. Heft 11/12, S. 14-15.

Gutknecht, D. & Haug-Schnabel, G. (2019). Windel adé. Kinder in Krippe und Kita achtsam begleiten. Freiburg: Herder.

Gutknecht, D. (2021). „Ekelmanagement. Professioneller Umgang mit Ekel in der Kita". *Gyermeknevelés Tudományos Folyóirat* 2, S. 26-38.

Haug-Schnabel, G. & Bensel, J. (2020). „Eklig oder faszinierend?". *Kindergarten heute*. Heft 11/12, S. 16-20.

Hobmair, H. (Hrsg.) (2008). Psychologie. 4. Auflage. Troisdorf: Bildungsverlag Eins.

Jettenberger, M. (2017). Ekel. Professioneller Umgang mit Ekelgefühlen in Gesundheitsfachberufen. München: Springer Verlag.

Paetzholdt-Hofner, S. (2021). „Kinder stärken – Beschämungen vermeiden. Hintergründe von positiver und negativer Scham". *Unsere Kinder. Das Fachjournal für Bildung und Betreuung in der frühen Kindheit*. Heft 1, S. 9-11.

Pareigis, J. (2008). Anleitung zum Forschersein. Naturwissenschaft und Weltwissen für Kinder und Erwachsene. Weimar/Berlin: Verlag das Netz.

Pernlochner-Kügler, C. (2003). Körperscham und Ekel. Wesentlich menschliche Gefühle und ihre Schutzfunktion. München: Grin Verlag.

Pernlochner-Kügler, C. (2010). Ekel und Scham bei der Arbeit mit Körpern. Skript. 1. Aufl. München: Grin Verlag.

Autorin

Monika Ude, BEd

Elementarpädagogin in Wien, dzt. Masterstudium „Begleitung im System der elementaren Bildung" (PH Niederösterreich), Lehrende HLG Elementarpädagogik (PH Wien)

monika.ude@phwien.ac.at

Innovative digitale Ansätze zur Kommunikation und Elternbildung im elementarpädagogischen Bereich

Eine Untersuchung der App zur Elternkommunikation und -bildung der Wiener Kinderfreunde

Karoline Dworschak

Abstract

Die Wiener Kinderfreunde entwickelten eine App, die der Kommunikation zwischen Pädagog*innen und Eltern (mit besonderem Schwerpunkt auf Eltern mit Migrationshintergrund) wie auch der digitalen Elternbildung dienen soll. Anhand einer quantitativen Erhebung (Auswertung der Nutzungsdaten) wurde untersucht, in welchem Ausmaß die App und welche ihrer Angebote von den Eltern angenommen wurden. Die Auswertung der Nutzungsdaten zeigt, ob bzw. welche Angebote von welchen Zielgruppen und in welchem Ausmaß angenommen wurden.

Einleitung

Bildung wird in Österreich immer noch überproportional oft vererbt. Im Jahr 2020 wurde vom Momentum Institut eine Berechnung veröffentlicht, die zeigt, wie hoch die Wahrscheinlichkeit für Kinder aus Arbeiter*innen- bzw. Akademiker*innenfamilien ist, eine akademische Laufbahn zu absolvieren.

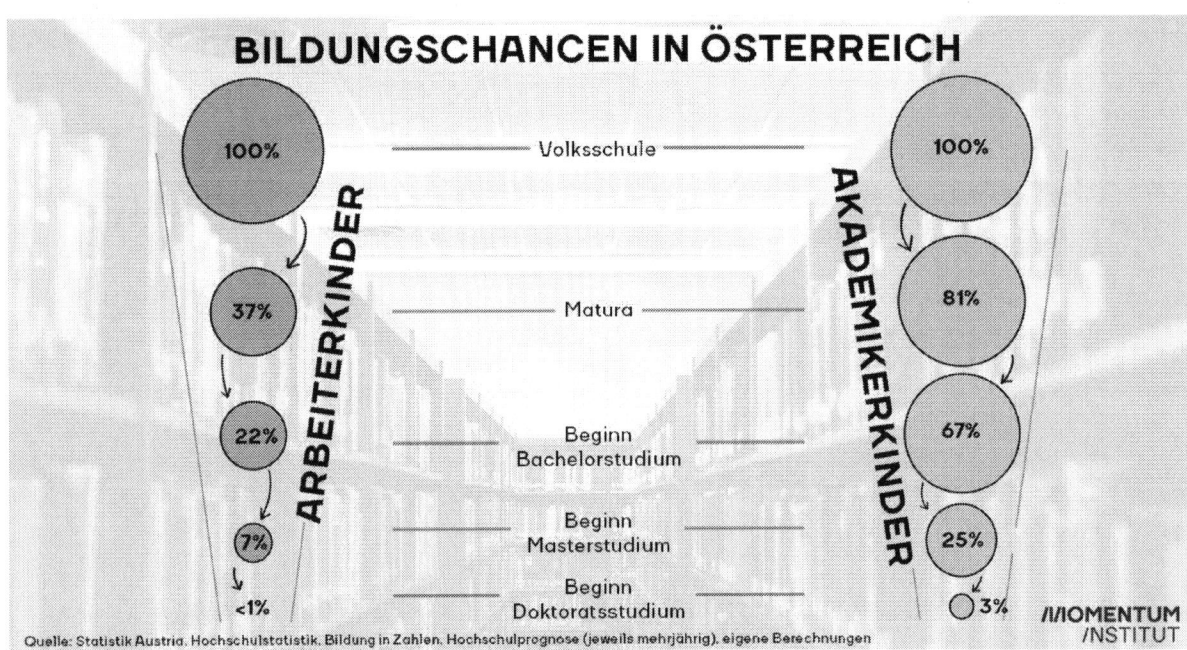

Abb. 1: Bildungschancen in Österreich, Quelle: Momentum Institut, 2020

Abb. 1 illustriert, dass Kinder und Jugendliche in Österreich ungleiche Bildungschancen haben (vgl. Momentum Institut 2022; BMBWF (Hrsg.) 2021). Eine von unzähligen Maßnahmen, um gleiche Bildungschancen zu ermöglichen, ist die Elternbildung. Bei neuen Ansätzen der Elternbildung sollte vor allem der Schwerpunkt auf jene Eltern gelegt werden, die bis jetzt mit Formen der klassischen Elternbildung nicht ausreichend erreicht werden konnte. Dies trifft besonders auf Erziehungsberechtigte aus niedrigen sozioökonomischen Verhältnissen, auf Eltern mit Migrationshintergrund und der damit oftmals verbundenen Mehrsprachigkeit sowie auch auf männliche Erziehungsberechtigte zu. Die Wiener Kinderfreunde versuchen, durch die Etablierung einer App zur Elternbildung und -kommunikation eine digitale Ergänzung zu den bereits bestehenden Angeboten zu etablieren.

1 Migration, Integration und Bildung in Wien

Wien nimmt, unter der Berücksichtigung der besonders großen Diversität im urbanen Raum, eine besondere Rolle innerhalb Österreichs ein. Im Bericht „Wiener Bevölkerung: Daten und Fakten zu Migration und Integration 2022" (vgl. Stadt Wien 2022) findet sich bereits in der Einleitung eine klare Haltung der Stadt Wien zur Diversität der Wiener Bevölkerung:

> „Alle Wiener*innen, darunter versteht die Stadt Wien Integration und Diversität aller Menschen, die in Wien leben und hier ihren Hauptwohnsitz haben, sollen gleichen Zugang zu hochwertiger Bildung, guter Arbeit, existenzsicherndem Einkommen, leistbarem Wohnraum und Aufenthaltssicherheit haben und an der Gestaltung der Stadt politisch und gesellschaftlich mitwirken können. Davon lebt eine Demokratie. Ausgrenzung und Benachteiligung hingegen schwächen Demokratie und gutes Zusammenleben." (ebd., 3)

Zu Beginn des Jahres 2022 lebten in Wien 1.931.593 Personen. Davon besitzen 67,8 % die Österreichische Staatsbürgerschaft. Folglich hat ein Drittel (32,2 %) der Personen mit Hauptwohnsitz in Wien eine ausländische Staatsangehörigkeit. Sieht man sich diese Zahlen aufgeteilt nach den Bezirken Wiens an, so zeigt sich, dass in allen Bezirken mehr als 30 % der Personen aus dem Ausland kommen. In vier Bezirken liegt die Prozentanzahl sogar über 50 %. Diese Bezirke sind Margareten (50,1 %), Favoriten (51,5 %), Brigittenau (52,4 %) und Rudolfsheim-Fünfhaus (54,5 %). Zudem zeigt sich, dass diese Bezirke bis auf Margareten auch jene Bezirke sind, in denen die Menschen mit dem geringsten Einkommen leben. Das Thema Integration steht in direktem Zusammenhang mit sozioökonomischer Benachteiligung (vgl. ebd., 5 ff.).

Im „Integrations-& Diversitätsmonitor der Stadt Wien 2020" (vgl. Stadt Wien 2020) findet sich eine klare Haltung der Stadt Wien zu der Benachteiligung im Bildungssystem mit einem expliziten Verweis auf den sozioökonomischen Status von Personen mit Migrationshintergrund:

> „Menschen mit Migrationshintergrund sind in Wien ebenso wie in ganz Österreich beim Bildungserwerb benachteiligt. Sie sind in niedrigen Bildungsstufen überrepräsentiert und erreichen seltener höhere Ausbildungen ab der Matura. Dafür ist allerdings nicht die Herkunft entscheidend, sondern Faktoren wie die sozioökonomische Ausgangssituation der in die Schule eintretenden Kinder oder der Bildungsstand ihrer Eltern." (ebd., 67)

Betrachtet man dabei die Tatsache, dass die institutionelle Bildung von Kindern in Österreich bereits im elementarpädagogischen Bereich beginnt, so lässt sich bereits in diesem Alterssegment Bildungsungerechtigkeit auf Grund der Herkunft der Eltern erkennen. Bezugnehmend auf die Statistik zum Thema Mehrsprachigkeit von Schüler*innen im Bericht „Wiener Bevölkerung – Daten und Fakten zu Migration und Integration 2021" (vgl. Stadt Wien 2021), zeigt sich, dass im Schuljahr 2019/20 52,7 % aller Schüler*innen in Wien mehrsprachig aufwachsen. In neun Bezirken liegt der Schnitt hier teilweise weit über dem Durchschnitt. In Favoriten wachsen beispielsweise 74 % aller Schüler*innen mehrsprachig auf (vgl. ebd., 27 f.).

2 Elternbildung

Nach der Definition des österreichischen Bundeskanzleramtes (vgl. Bundeskanzleramt 2022) bedeutet Elternbildung, dass durch Workshops, Seminare, Vorträge, Eltern-Kind-Gruppen sowie durch den Austausch mit anderen Eltern zum einen die Erziehungskompetenz der Eltern gestärkt werden soll und sie zum anderen ein Repertoire an praxisbezogenen Anregungen für ihren Erziehungsalltag erwerben sollen. Zudem ist es das Ziel der Elternbildung, durch all diese Maßnahmen potenziellen Problemen in der Beziehung zwischen den Kindern und

Eltern zuvorzukommen. 2020 wurde eine Studie zum Thema „Elternbildung in Wien" (vgl. Schweifer-Ruff & Weber 2020) durchgeführt, anhand deren Hürden und Probleme der Elternbildung in der Schule erörtert werden:

> „Unpassende Aufbereitung bzw. Weitergabe von Informationen
> - sprachliche Hürden: Informationen nur in Deutsch oder nicht in einfacher Sprache
> - Ängste der Eltern
> - Hemmungen, sich mit dem Verhalten der Kinder auseinanderzusetzen
>   und Veränderungen herbeiführen zu müssen
> Missverständnisse
> - über Informationen und Abläufe
> - aufgrund sprachlicher Hürden
> Kulturelle bzw. milieubedingte Unterschiede
> - unterschiedliche Wertschätzung von Bildung
> Sozio-ökonomische Hürden
> - geringe Vertrautheit mit dem Bildungssystem
> - beschränkter Wohnraum
> - beschränkte finanzielle und zeitliche Ressourcen
> Strukturelle Faktoren
> - zeitlicher und organisatorischer Rahmen sind so gestaltet, dass Veranstaltungen als
>   zusätzliche Belastung wahrgenommen werden
> - Elternabende und Kurszeiten sind so gestaltet, dass sie nicht mit den Arbeitszeiten bzw.
>   Betreuungsverpflichtungen vereinbar sind." (ebd., 16)

3 Die Kinderfreunde

Da die in diesem Artikel beschriebene Forschung bei den Kinderfreunden durchgeführt wurde, erfolgt eine Beschreibung der Geschichte der Kinderfreunde sowie ein Überblick über ihre Grundwerte und ihr aktuelles Betätigungsfeld. Der Arbeiterverein Kinderfreunde wurde am 26. Februar 1908 von Alfred Afritsch und ca. 50 anderen Eltern in Graz gegründet. Ausgangspunkt ihrer Gründung war die große Armut Anfang des 20. Jahrhunderts. Oftmals hatten Familien kaum Geld und konnten ihren Kindern somit oftmals lediglich die lebensnotwendigen Dinge für die Bestreitung des Alltags zur Verfügung stellen. Für Spielsachen oder Geld für Ausflüge gab es in den meisten Fällen keine finanziellen Ressourcen. Um den Kindern trotz der widrigen Umstände Aktionen wie Ausflüge, Vorleseabende oder kostenloses Spielzeug bereitzustellen, kam es zur Gründung des Arbeitervereins Kinderfreunde (vgl. Ackerl 2008, 7). 1934 wurden die Kinderfreunde aufgrund ihrer Zugehörigkeit zur Sozialdemokratischen Partei aufgelöst. Bereits im Jahr 1945 kam es jedoch zu ihrer Wiedergründung (vgl. ebd., 29 ff.).

Der wirtschaftliche Aufschwung der 1960er Jahre wirkte sich auch positiv auf die Arbeit der Kinderfreunde aus. Besuchten in diesem Jahrzehnt nur 25 % der Kinder im Alter zwischen drei und sechs Jahren eine elementarpädagogische Einrichtung, so stieg diese Anzahl in den 1970er Jahren auf mehr als 60 % (vgl. ebd., 49). Die große Nachfrage im Bereich der elementarpädagogischen Einrichtungen führte gemeinsam mit den politischen Veränderungen der 1980er Jahre, wie dem Ende der Kreisky-Ära, dem Aufkommen des Neoliberalismus oder Ereignissen wie jenen in der Hainburger Au zu einer Weiterentwicklung der Arbeit der Kinderfreunde. So ist beispielsweise die Umsetzung der UN-Kinderrechtskonvention seit Österreichs Unterzeichnung 1989 fixer Bestandteil ihrer Arbeit (vgl. ebd., 63). Die Visionen und Ziele der Arbeit der Kinderfreunde sind in ihrem Leitbild wie folgt zusammengefasst:

- „Wir wollen eine wirklich kinderfreundliche Gesellschaft, in der Kinder mitbestimmen können.
  Eltern sollen bei ihren Aufgaben unterstützt und wertgeschätzt werden.
- Alle Kinder sollen für ihre Entwicklung und bei der Bildung die gleichen Chancen bekommen.
- Wir wollen ein Bildungssystem, bei dem die Bedürfnisse des Kindes im Mittelpunkt stehen.
  Kinder sollen Wissen und Können auf eine partnerschaftliche Art vermittelt bekommen
  – und das schon ab dem Kindergarten. Denn Bildung beginnt im Kindergarten.

- In unserer Gesellschaft soll ein Kind ein Kind sein dürfen.
  Jedes Kind soll eine gute und ungezwungene Kindheit erleben können." (Kinderfreunde Wien 2022, 3)

Die Grundpfeiler der Arbeit der Kinderfreunde stellen ihre sechs Grundwerte Freiheit, Gleichheit, Gerechtigkeit, Solidarität, Frieden und Vielfalt dar (vgl. Kinderfreunde 2015). Zusammengefasst kann die Arbeit der Kinderfreunde wie folgt beschrieben werden:

> „Jeden Tag arbeiten wir Kinderfreunde daran, ein gutes Leben für Kinder, Jugendliche und Familien zu ermöglichen. Und das gilt wie 1908 auch heute nicht nur für einige wenige, sondern für alle Kinder." (Kinderfreunde 2023, o. S.)

Die Kinderfreunde Wien sind die größte Organisation für Familien sowie der größte private Träger an elementarpädagogischen Einrichtungen in der Bundeshauptstadt Wien. Sie haben in etwa 2500 hauptamtliche und viele ehrenamtliche Mitarbeiter*innen. Der Großteil der Angestellten ist in einem der rund 155 Kindergärten oder Horte tätig. Dort werden rund 12 000 Kinder betreut und gebildet. Weitere Tätigkeitsbereiche der Wiener Kinderfreunde sind Computer-Clubhäuser, verschiedene Abenteuerspielplätze, Freizeitgruppen, Spielbusse, Sommer City Camps, Park-Betreuung sowie die Betreuung für Kinder mit besonderen Bedürfnissen (vgl. ebd., 3 ff.).

4 Projekt „ELA" der Wiener Kinderfreunde

Die Abkürzung „ELA" steht für die Elternbildungsapp der Wiener Kinderfreunde, die im Folgenden genauer beschrieben wird. Ausgangspunkt für die vorliegende Forschung war ein Fördercall der MA 17 aus dem Jahr 2021 mit dem Titel „Elternbildung und Elternarbeit im interkulturellen Kontext" (vgl. Magistratsabteilung 17, 2021). Die konkrete Erörterung des Fördercalls lautet wie folgt:

> „Die Stadt Wien ist daran interessiert, Elternbildung und Elternarbeit im interkulturellen Kontext auszubauen. Damit sollen die Bildungschancen von Kindern und Jugendlichen erhöht, die Kompetenz der Eltern in ihren Erziehungsaufgaben gestärkt und die Kommunikation zwischen PädagogInnen, Eltern und SchülerInnen verbessert werden." (ebd., 1)

Nach der Einreichung des Projektes, das die Entwicklung und Implementierung der App zur digitalen Elternbildung und -kommunikation in den Kindergärten und Horten der Wiener Kinderfreunde beinhaltet, wurde der Projektantrag im Frühling 2021 durch den Wiener Gemeinderat beschlossen. Im Zeitraum von Mai bis Dezember 2021 kam es zur Umsetzung und Realisierung des Projektes.
Auf Grund der jahrzehntelangen Erfahrung der Kinderfreunde in der Begleitung und Beratung von tausenden Familien im elementarpädagogischen Bereich (Elternbildung und Elternberatung) sowie der 2020 erschienenen Forschungsberichte „Elternbildung im digitalen Zeitalter" (vgl. Buchebner-Ferstl, Geserick & Kaindl 2020) und „Elternbildung in Wien" (vgl. Schweifer-Ruff & Weber 2020) sahen die Kinderfreunde in diesem Fördercall eine große Chance zur Weiterentwicklung im Bereich der Elternkommunikation und -arbeit. Bei der Umsetzung des Projektes war es besonders wichtig, einen Schwerpunkt auf jene Eltern zu legen, die mit der „klassischen" Elternbildung oftmals gar nicht oder nicht ausreichend erreicht werden können. Durch die Aktivitäten der Wiener Kinderfreunde in den Elterncafés, Eltern-Kind-Cafés und Elternseminaren wurde sichtbar, dass Eltern trotz niederschwelligen Angeboten diese oft nicht in Anspruch nahmen. Wie bereits beschrieben, ist der Bedarf an Projekten, die Personen und in diesem Fall Eltern mit Migrationshintergrund erreichen sollen, in Wien von besonders großer Bedeutung.
Ziel des Projektes der Wiener Kinderfreunde war es, unter Berücksichtigung der in der Studie zum Thema „Elternbildung in Wien" (vgl. ebd.) bereits beschriebenen Hürden und Probleme in der Elternbildung, eine App zu gestalten, die den Eltern und Pädagog*innen in den Kindergärten und Horten eine Unterstützung bieten soll. Dies bezieht sich auf den Bereich der digitalen Kommunikation und auf die digitale Elternbildung. Neben der Implementierung eines mehrsprachigen, von den Kinderfreunden entwickelten und vom Familienministerium zertifizierten Lehrgangs für Elternbegleiter*innen ist die App ein weiterer Schritt, um Eltern mit Migrationshintergrund anzusprechen. Dazu bietet die App die Möglichkeit, Nachrichten in über 100 Sprachen zu übersetzen.

Zudem gibt es digitale, mehrsprachige Elternbildungsangebote, durch die die Eltern in ihren Erziehungskompetenzen gestärkt werden sollen. Beispiel dafür sind etwa kurze Videos zum verantwortungsbewussten Umgang mit digitalen Medien oder wie Eltern mit ihren Kindern über Sexualität sprechen. So sollen sie ihrer Rolle als Bildungspartner*innen noch besser nachkommen können und ihren Kindern dadurch langfristig bessere Bildungschancen ermöglichen. Des Weiteren entwickelten die Wiener Kinderfreunde vier eigene digitale Elternbildungsangebote mit dem Schwerpunkt „Mehrsprachigkeit", um nochmals explizit auf dieses wichtige Thema einzugehen.

Für die Installation der App benötigen die Eltern ein Smartphone. Dies könnte bereits als erste Herausforderung für Eltern aus sozioökonomisch schwachen Familien gesehen werden. Im ersten Schritt muss die App „KigaWeb" heruntergeladen und installiert werden. Anschließend müssen die Eltern den für ihr Kind personalisierten QR-Code einscannen und sich einen vierstelligen PIN-Code aussuchen, den sie bei jeder Anmeldung eingeben müssen. Danach können sie alle Funktionen der App nutzen. Diese umfassen beispielsweise die Möglichkeit, Termine im Kalender des Kindergartens bzw. Hortes einzusehen oder Abwesenheiten ihres Kindes einzutragen, das Erhalten von Neuigkeiten, den Austausch von Nachrichten zwischen den Eltern und/oder den Pädagog*innen sowie die Einsicht in den Speiseplan. Ebenso findet sich auch ein Button, der zu dem Bereich der Elternbildung führt. Um auch Eltern mit einer anderen Erstsprache als Deutsch die optimale Nutzung dieser digitalen Kommunikationsmöglichkeit zu ermöglichen, übersetzt die App statische Texte, wie den Speiseplan oder fix eingetragene Termine im Kalender, in die zwölf Sprachen Deutsch, Englisch, Spanisch, Slowenisch, Türkisch, Tschechisch, Russisch, Ukrainisch, Italienisch, Kroatisch, Serbisch und Bosnisch. Eine Übersetzung in 102 Sprachen ist bei dynamischen Inhalten, wie zum Beispiel im Rahmen der Chatfunktion zwischen Eltern und Pädagog*innen, möglich.

5 Evaluation des Nutzungsverhaltens der App

Um sichtbar zu machen, ob und wie gut die App mit ihren Funktionen der digitalen Kommunikation und Elternbildung von den Eltern angenommen wird, werden die Nutzungsdaten der Eltern im Rahmen einer quantitativen Erhebung dargestellt und interpretiert. Dabei wird das Nutzungsverhalten von allen Eltern der fast 12 000 Kinder in den Kindergärten und Horten der Kinderfreunde untersucht. Somit handelt es sich um eine Vollerhebung aller zur Verfügung stehenden Daten. Die Darstellung und Interpretation der Nutzungsdaten findet auf Grundlage der folgenden Forschungsfrage statt: Welche digitalen Elternbildungsangebote, die in der Elternbildungsapp ELA angeboten werden, werden von welchen Eltern genutzt?

Die Elternbildungsapp ELA ist seit Beginn des Jahres 2022 flächendeckend in allen Kindergärten und Horten der Wiener Kinderfreunde für die Pädagog*innen und Eltern verfügbar. Die erhobenen Daten wurden mit Stichtag 27.06.2022 ausgehoben. Die zu Grunde liegenden Daten werden mit Hilfe einer deskriptiven Statistik dargestellt und als Diagramme grafisch aufbereitet. Durch deskriptive Statistiken sollen Zusammenhänge und Häufigkeiten in einer übersichtlichen Form gezeigt werden (vgl. Burzan 2015, 144). Um dies zu ermöglichen, werden die Daten zusammengefasst und in Form einer Tabelle, Grafik oder durch verdichtete relevante Maßzahlen dargestellt (vgl. Baur & Blasius 2014, 998).

Nach der Darstellung und Auswertung der empirischen Daten werden die Ergebnisse beschrieben, interpretiert und mit der Literatur verglichen. Hierbei sind besonders Abweichungen von den Vorannahmen von großer Bedeutung. Zudem wird basierend auf den Ergebnissen der Forschung ein Ausblick auf weitere mögliche Forschungsfelder gegeben.

6 Darstellung und Diskussion der Ergebnisse

Die im folgenden beschriebenen Ergebnisse beziehen sich auf die Datenaushebung am 27.06.2022. Wie in Abb. 2 zu sehen ist, besuchten zu diesem Stichtag 11 138 Kinder einen Kindergarten oder Hort der Wiener Kinderfreunde. An 9250 Eltern wurden QR-Codes ausgeteilt. Hier ist ergänzend zu erwähnen, dass dabei nicht von 9250 Kindern gesprochen werden kann, da es sein kann, dass bei einem Kind mehrere Elternteile bzw. erziehungsberechtigte Personen einen Code bekommen haben. Von den 9250 ausgegebenen QR-Codes wurden 3490 nicht genutzt. Dies bedeutet, dass wienweit gesehen 62,1 % aller ausgegebenen QR-Codes eingelöst wurden.

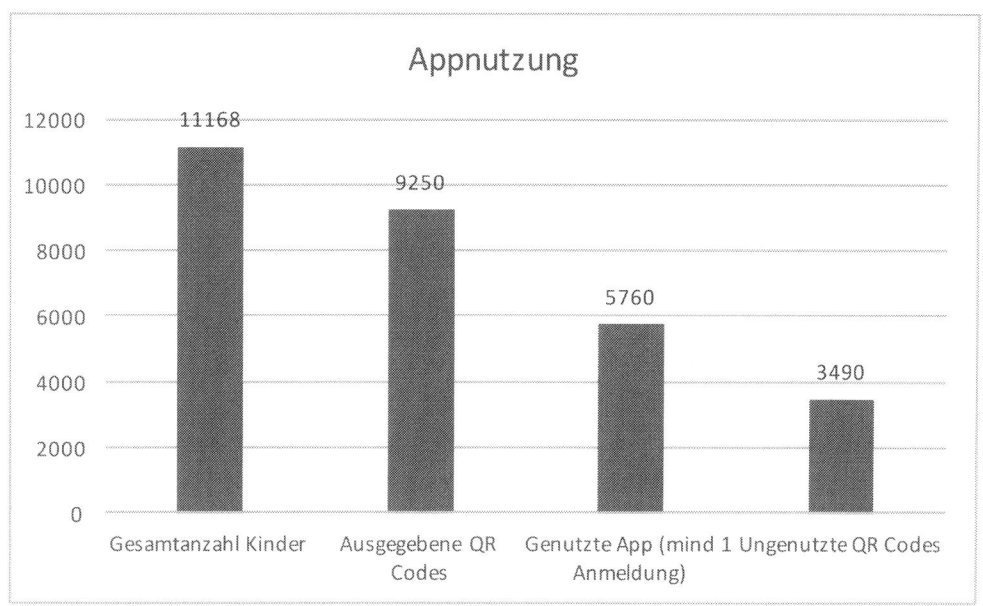

Abb. 2: Appnutzung, Quelle: eigene Darstellung, 2022

In Abb. 3 zeigt sich, dass es zu der Zustellung von 57 292 Nachrichten und 511 168 News sowie der Eintragung von 38 231 Terminen und 19 410 Abwesenheiten durch Eltern gekommen ist.

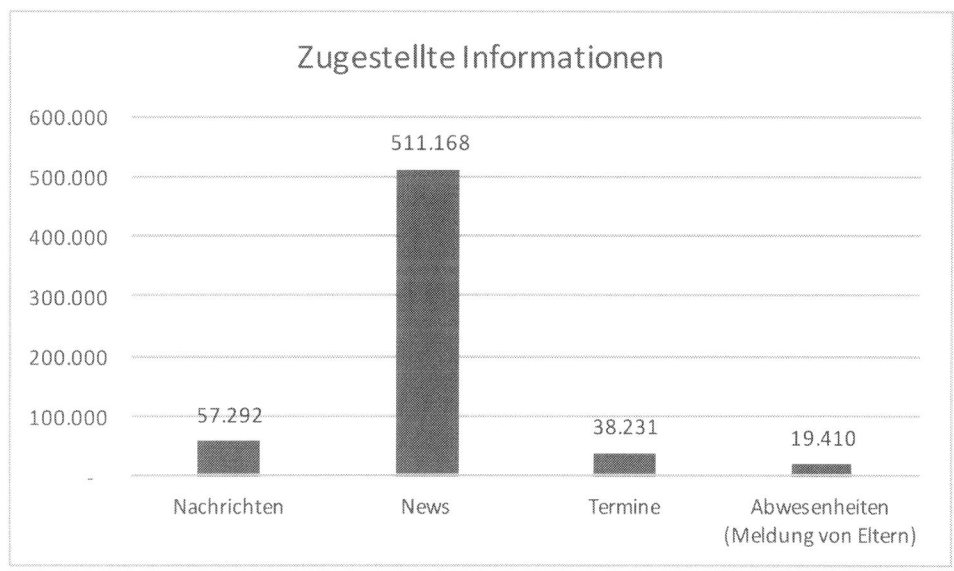

Abb. 3: Zugestellte Informationen, Quelle: eigene Grafik, 2022

Am Tag der Erhebung lag die wienweite Nutzung der App im Durchschnitt bei 62 %. Sieht man sich nun die Nutzung der App bzw. die eingelösten QR-Codes in den einzelnen Bezirken Wiens an, lassen sich teilweise große Unterschiede erkennen (vgl. Abb. 4). Bei genauerer Betrachtung zeigt sich jedoch, dass es hierbei nicht relevant ist, ob es sich um einen Kindergarten oder Hort mit vielen oder wenigen Gruppen handelt oder in welchem Bezirk er sich befindet, da es teilweise innerhalb der einzelnen Bezirke ebenfalls große Unterschiede in der Verteilung und Aktivierung der QR-Codes gibt.
Sieht man sich beispielsweise den 5. Bezirk an, in dem nach Prozent die meisten QR-Codes aktiviert wurden, so erklärt sich die Quote von 94 % damit, dass in diesem Bezirk von drei möglichen teilnehmenden Häusern nur ein Kindergarten überhaupt QR-Codes erstellt hat und von den 32 nur 30 aktiviert wurden. Im 9. Bezirk wurden hingegen nur 27 % der QR-Codes benutzt. Hier zeigt sich innerhalb des Bezirks ein sehr kontroverses Bild. Von sechs teilnehmenden Kindergärten wurden beispielsweise in drei Häusern QR-Codes erstellt, aber kein einziger aktiviert. Auf der anderen Seite gibt es auch einen Kindergarten, in dem 96 % der erstellten QR-Codes benutzt wurden.

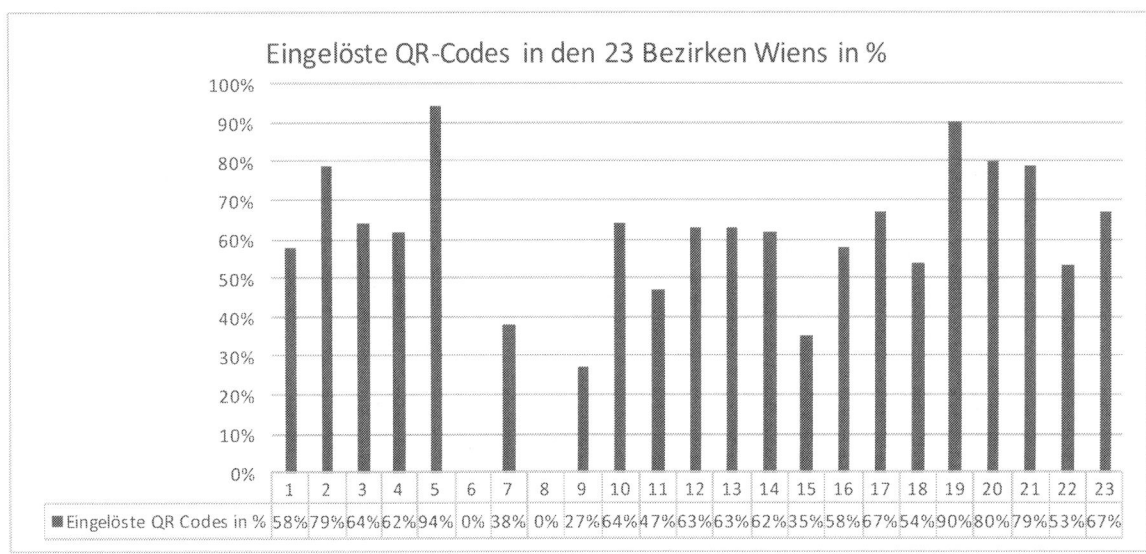

Abb. 4: QR-Codes in %, Quelle: eigene Darstellung, 2022

Neben der Nutzung der digitalen Elternkommunikation bietet die App auch die Möglichkeit der digitalen Eltern-bildung. Um das zielgruppenspezifische Steuern von Angeboten zu ermöglichen, sollten die Eltern ihr Profil ausfüllen. Beim Anlegen des Profils können das Alter, die Geschlechtszugehörigkeit, die Familienform, die Größe der Familie, das Alter der Kinder, die Familiensprache(n), die bevorzugte(n) Sprache(n), die Schulbildung sowie das im Moment für die Eltern interessanteste Thema ausgewählt werden.

Sieht man sich beispielsweise anhand von Abb. 5 die Profile der Eltern bezogen auf die Kategorien Geschlecht, Sprache und Bildungsabschluss an, zeigt sich ein größtenteils wenig überraschendes Bild. Die erste Angabe bezieht sich auf das Geschlecht. Hier können Eltern zwischen weiblich (W), männlich (M), divers (D) und n.a. (nicht ausgefüllt) auswählen. Die zweite Angabe betrifft die ausgewählte Sprache. In dieser Abbildung scheinen nur Personen mit der gewählten Sprache Deutsch (de) oder Personen, die ihre Sprache nicht ausgewählt haben (n.a.), auf. Die dritte Angabe bezieht sich auf den höchsten Bildungsabschluss der Eltern.

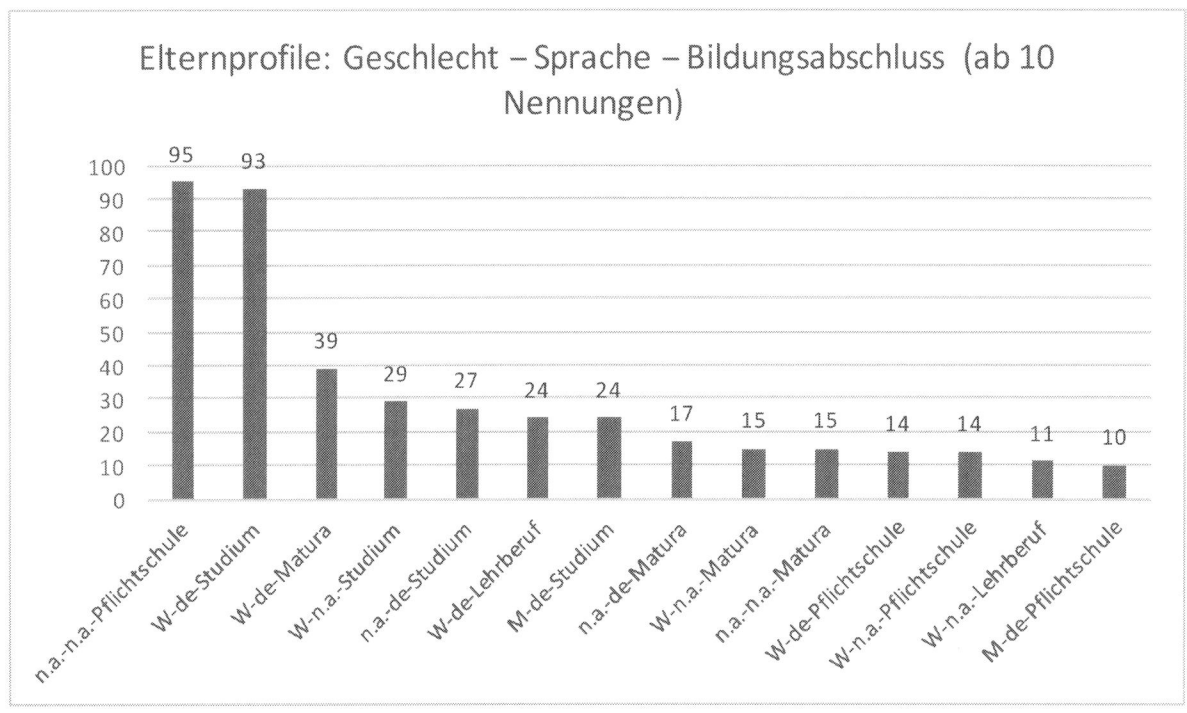

Abb. 5: Elternprofile, Quelle: eigene Darstellung, 2022

14,7 % der Profile wurden von Eltern mit Pflichtschulabschluss angelegt, diese haben in ihrem Profil jedoch weder ihre Sprache noch ihr Geschlecht angegeben. Knapp dahinter folgen mit 14,4 % Frauen, die eine abgeschlossene tertiäre Ausbildung haben und Deutsch sprechen.

Zum Stichtag gab es 37 Angebote zur Elternbildung aus den Bereichen Familienalltag, Vielfalt, besondere Situationen, Gesundheit und Angebote allgemein. Die Angebote wurden teilweise von den Kinderfreunden selbst erstellt oder von Kooperationspartner*innen zur Verfügung gestellt. Es werden verschiedene Elternbildungsangebote auf Deutsch, in einfacher Sprache und in einigen Fremdsprachen angeboten. Insgesamt gab es 471 Abrufe der Angebote, wobei jedes zumindest zweimal aufgerufen wurde.

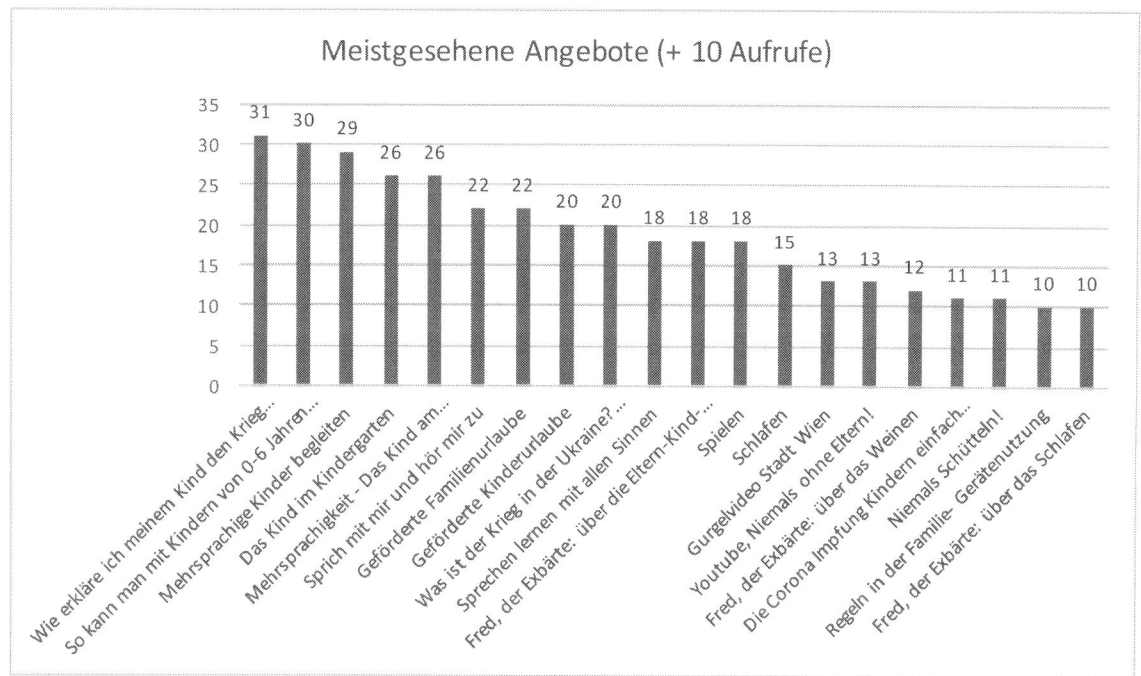

Abb. 6: Elternbildungsangebote, Quelle: eigene Darstellung, 2022

In Abb. 6 zeigt sich, dass das Elternbildungsangebot der Österreichischen Kinderfreunde mit dem Titel „Wie erkläre ich meinem Kind den Krieg in der Ukraine" mit 6,5 % aller Aufrufe am öftesten angesehen wurde. An zweiter Stelle findet sich mit 6,3 % das Angebot von *RAT auf Draht* zum Thema „So kann man mit Kindern von 0–6 Jahren über Sexualität sprechen". An dritter bis sechster Stelle finden sich die selbst erstellten Angebote der Wiener Kinderfreunde zum Thema „Mehrsprachigkeit" mit insgesamt 21,8 % aller Aufrufe.

7 Reflexion und Ausblick

Zusammenfassend zeigt sich, dass die meisten Aufrufe entweder von Frauen getätigt werden, die Deutsch sprechen und einen tertiären Bildungsabschluss haben, oder von Personen mit Pflichtschulabschluss, die keine Angaben zu ihrer Sprache und ihrem Geschlecht gemacht haben.
Besonders interessante und relevante Erkenntnisse der Forschung waren, dass bei 5760 aktivierten QR-Codes nur 8,1 % der User*innen die Angebote zur Elternbildung in Anspruch genommen haben. Von den 471 Aufrufen wurden zudem nur 2,5 % mit einer anderen präferierten Sprache als Deutsch getätigt. Des Weiteren zeigt sich, dass bei den Elternbildungsangeboten aus dem Bereich „Vielfalt – Mehrsprachigkeit", die als Zielgruppe eindeutig Menschen mit Migrationshintergrund haben, nur 3,4 % der Aufrufe von Personen aus dieser Zielgruppe getätigt wurden.
Abschließend kann gesagt werden, dass die zu Beginn beschriebenen Hürden und Probleme in der Elternbildung nicht bzw. kaum überwunden werden konnten. Ausgehend von den Ergebnissen der Literaturrecherche sowie der quantitativen Erhebung können folgende weitere Forschungsfelder benannt werden:

Wie kann es zu einer besseren Verteilung und Nutzung der QR-Codes in den Kindergärten und Horten der Wiener Kinderfreunden kommen?

- Welche Ursachen kann eine geringes Nutzungsverhalten haben?
- Finden sich immer wiederkehrende Erklärungen dafür, wie etwa schwierige Rahmenbedingungen oder liegen dem Problem individuelle Themen zu Grunde?

Wie verhält es sich mit der technischen Ausrüstung bei den beteiligten Personen?

- Haben alle Pädagog*innen einen barrierefreien Zugang zu technischen Endgeräten, oder müssen sie zur Nutzung der App ihre privaten Geräte verwenden?
- Ist bei allen Eltern die Grundvoraussetzung eines Smartphones gegeben?
- Wissen alle Personen, wie die App zu installieren bzw. zu verwenden ist?
- Sehen Eltern, Leitungen und Pädagog*innen einen Nutzen in der App und der daraus resultierenden Möglichkeit der digitalen Kommunikation und Elternbildung?
- Welche Schritte müssen gesetzt werden, um etwaige Fragen oder Unsicherheiten betreffend die Sinnhaftigkeit der App zu klären?

Wie lässt sich das geringe Interesse an der Elternbildung verglichen zur Elternkommunikation erklären?

- Weshalb konnten die Hürden der analogen Elternbildung im digitalen Raum doch nicht, wie es eine der Ziele der App war, behoben werden?
- Entstanden eventuell sogar neue Hürden durch das Öffnen eines digitalen Lernraumes?

*Welche motivierenden Schritte können gesetzt werden, um Eltern die Sinnhaftigkeit und Nachhaltigkeit eines ausgefüllten Nutzer*innenprofils näherzubringen?*

- Wie können aus den daraus resultierenden ausgefüllten Profilen zielgruppenspezifischere Angebote verteilt und genutzt werden?

Wie kann die eigentliche Zielgruppe der App, nämlich Eltern aus sozioökonomisch schwachen Familien, besser erreicht werden?

- Welche Gründe gibt es für ihre geringe Partizipation?
- Wie kann die App aus dem Blickwinkel der Intersektionalität noch besser verteilt und angenommen werden?

Abbildungsverzeichnis

Literaturverzeichnis

Ackerl (Hrsg.), J., Dobersberger, B. & Rammer, G. (2008). Bilder der Freundschaft. St. Stefan: Theiss.

Baur, N., & Blasius, J. (2014). Handbuch Methoden der empirischen Sozialforschung. Wiesbaden: Springer Fachmedien.

BMBWF (Hrsg.). (2021). Nationaler Bildungsbericht Österreich 2021. Wien: Bundesministerium für Bildung, Wissenschaft und Forschung.

Buchebner-Ferstl, S., Geserick, C. & Kaindl, M. (2020). Elternbildung im digitalen Zeitalter. Chancen – Risiken – Grenzen. Wien: Österreichisches Institut für Familienforschung.

Bundeskanzleramt. Definition Elternbildung. (2022). Abrufbar unter: https://www.bundeskanzleramt.gv.at/agenda/familie/begleitung-beratung-hilfe/elternbildungerziehungsfragen/definition.html (6. 12. 2022)

Burzan, N. (2015). Quantitative Methoden kompakt. Konstanz: UVK-Verlagsgesellschaft.

Kinderfreunde. (2015). Unser Wertemanifest. Wien: Kinderfreunde Österreich Bundesorganisation.

Kinderfreunde. (2023). Geschichte der Kinderfreunde. Abrufbar unter: https://kinderfreunde.at/ueber-uns/geschichte (18. 03. 2023)

Kinderfreunde Wien. (2022). Unser Leitbild! Wien: Kinderfreunde Wien.

Magistratsabteilung 17. (2021). Fördercall Elternbildung und Elternarbeit im interkulturellen Kontext. Wien: Stadt Wien.

Momentum Institut. Bildungschancen in Österreich. (2020) Abrufbar unter: https://www.moment.at/story/bildung-wird-oesterreich-vererbt (4. 12. 2022)

Schweifer-Ruff, P. & Weber, F. (2020). Elternbildung in Wien. Evaluative Studie. Wien: Prospect.

Stadt Wien. (2020). Integrations- & Diversitäts Monitor Wien 2020. Wien: Stadt Wien – Integration und Diversität.

Stadt Wien. (2021). Wiener Bevölkerung. Daten und Fakten zu Migration und Integration 2021. Wien: Stadt Wien.

Stadt Wien. (2022). Wiener Bevölkerung. Daten und Fakten zu Migration und Integration 2022. Wien: Magistrat der Stadt Wien.

Autorin:

Prof.in Karoline Dworschak, BEd MA MA

Hochschullehrperson im Fachbereich Diversität und Deutsch und Gesamtkoordinatorin am Institut für Elementar- und Primarbildung der PH Wien

karoline.dworschak@phwien.ac.at

Die Liederfundkiste als Möglichkeit zur Erweiterung der musikalisch aktiven Lernräume von der Schulklasse in die Familien der Kinder

Thomas Raber

Abstract

Aktives Singen, Tanzen und Musizieren fördert die Gehirnentwicklung der Kinder (vgl. Spitzer 2012, 296 f.). Daraus ergibt sich die Erkenntnis, dass der Musikunterricht in der Grundschule ein sehr wichtiges Schulfach ist. Optimal wäre es, wenn man den musikalischen Lernraum der Schulklasse in die Familien der Kinder erweitern könnte, auch wenn der musikalisch aktiv gelebte Alltag dort meist nicht sehr ausgeprägt ist. Eine Möglichkeit dazu bietet die an der PH Wien entwickelte Liederfundkiste.

1 Beurteilungskriterien der Lieder aus Kindersicht

Besonders attraktiv empfinden Grundschulkinder Lieder, bei denen man gut mitsingen kann, zu denen es aber auch ein Bewegungsangebot gibt. Der Inhalt der Texte ist aus Sicht der Kinder dabei meist unerheblich. Egal ob Singen, Musizieren oder Tanzen – wichtig ist dabei aus Sicht der Kinder die *aktive* Mitmachmöglichkeit (vgl. Raber 2016). Das *passive* „Berieseln" mit Musik, wie es der vermeintliche „Mozarteffekt" vorsieht (vgl. Raber 2019), ist damit nicht gemeint. Im Gegensatz zur aktiven musikalischen Tätigkeit trägt die passive Variante nichts zur Gehirnentwicklung bei (vgl. Spitzer 2004, 315 ff.). Die Stilrichtung bzw. das Genre der angebotenen Musik/Lieder ist aus Sicht der Kinder nicht so entscheidend wie die aktive Mitmachmöglichkeit. Kinder im Grundschulalter sind mehrheitlich sehr offen für viele Musikrichtungen (vgl. Cohrdes 2014). Die Bedeutung der musikalischen Aktivität in der Schule ist unumstritten (vgl. Gaul 2009, 13 ff.). Daher ist es auch wichtig, dass die Lehrpersonen in ihren musikalischen Kompetenzen dahingehend gestärkt werden, dass die Anleitung bzw. Anbahnung eines musikalischen Alltags für die Kinder in der Schule möglich ist. Durch persönliche Erfahrungen aus dem Schulalltag weiß der Autor, dass sich manche Kolleg*innen damit leider überfordert fühlen. Je durchdrungener der Alltag der Kinder mit musikalischen Aktivitäten ist, desto wirksamer ist der oben beschriebene Effekt (vgl. Spitzer 2012, 306 ff.). Daher wäre es optimal, wenn die in der Schulklasse angebahnte musikalische Aktivität von den Kindern nach Hause getragen wird, um dort in der Familie weiterwirken zu können, indem die Lieder und Tänze auch zu Hause probiert werden. Die meisten Familien sind damit aber überfordert, weil sie die Lieder nicht kennen, des Notenlesens nicht mächtig sind und auch kein Instrument spielen können. Daher wurde an der PH Wien die Liederfundkiste entwickelt, mit der dies möglich wird. Der musikalische Lernraum kann über eine von der Lehrperson individuell befüllbare interaktive Liedermappe für die Kinder auch in die Familien erweitert werden. Die frei und kostenlos zugängliche Onlineplattform „Liederfundkiste" bietet die Materialien dazu.

2 Die Liederfundkiste

Ursprünglich war die Liederfundkiste (www.liederfundkiste.at) eine Homepage, auf der Kinderlieder schreibende Menschen die Möglichkeit hatten, eigenes Liedmaterial im Zuge einer Fortbildungsveranstaltung an der PH Wien den interessierten Kolleg*innen vorzustellen. Die Notenblätter dazu wurden auf der Homepage frei zugänglich gemacht. Außerdem wurde zu jeder Lehrveranstaltung eine CD produziert, auf der sich die Vollversionen und die Playbacks (Instrumentalversionen) der Lieder befanden. So wuchs das Notenarchiv seit 2010 stetig an. Die Lieder sind nach dem ABC, nach Themen und Autor*innen geordnet. Später kamen dann auch noch viele traditionelle und bekannte Kinderlieder, Weihnachtslieder und Tänze dazu. Seit 2020 werden alle Vollversionen und Playbacks über alle bekannten Streaming-Portale (auch über YouTube) angeboten. Außerdem wurden alle Notenblätter mit QR-Codes versehen, durch die man jederzeit zu den jeweiligen Streams kommt (vgl. Abb. 1). Nun ist es für alle Menschen weltweit möglich, jederzeit frei auf die Noten und Streams zuzugreifen. Dazu ist keine Registrierung nötig, es entstehen keine Kosten, man benötigt nur ein Handy mit Internet. Die Lehrperson oder die Kinder scannen den QR-Code vom Notenblatt mit dem Handy ein, dann kommen sie auf eine Seite, wo sie „ihren" Streaming-Anbieter auswählen können (vgl. Abb. 2). Dann wählt man das gewünschte Lied aus der Gesamt-CD (zuerst sind alle Vollversionen, dann alle Playbacks bzw. Instrumentalversionen aufgelistet). Wenn das Handy mit einer Bluetoothbox verbunden ist, erklingt die Musik laut genug, um auch Tänze sofort durchführen zu können. Die Lehrperson kann nun für die Kinder individuell eine Liedermappe mit Liedern aus der Liederfundkiste befüllen. Mit dieser Mappe können die Kinder dann auch zu Hause alle Lieder und Tänze mit ihrer Familie ausprobieren. Dazu wird auf der Homepage auch ein Titelblatt angeboten, wo auf der Rückseite für die Kinder bzw. Eltern eine „Gebrauchsanweisung" zu finden ist. Es entstehen keinerlei Kosten, es ist kein Buch- oder CD-Kauf notwendig, und der Zugriff ist von allen Menschen jederzeit überall möglich.

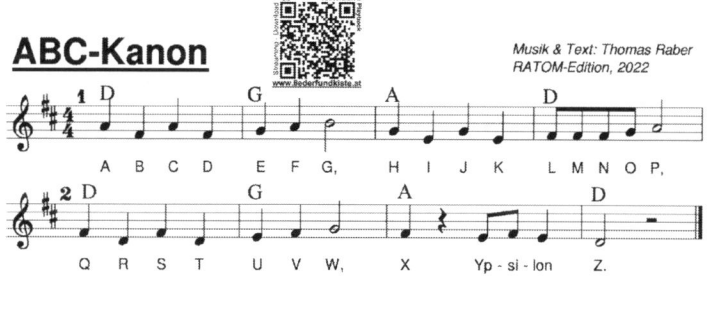

Abb.1: Notenblatt mit QR-Code, Quelle: eigene Darstellung 2022

Abb.2: Streaming-Anbieter,
Quelle: eigene Darstellung 2023

3 Fazit

Der wesentliche Aspekt ist hier, dass durch die Liederfundkiste der musikalische Lernraum in die Familien erweitert werden kann. Ein anderer, noch nicht erwähnter Aspekt könnte aber sein, dass sich für manche damit ein erster aktiver musikalischer Lernraum in der Schule eröffnet, indem musikalisch nicht so versierte Kolleg*innen durch die Liederfundkiste die Möglichkeit bekommen, niederschwellig und unkompliziert mit den Kindern aktiv zu singen und zu tanzen, ohne dabei selbst ein Instrument spielen zu müssen.

Abbildungsverzeichnis

Literaturverzeichnis

Cohrdes, C. et al. (2014). „Der Körper als Mediator: Möglichkeiten einer unvermittelten Beschreibung von Musik(-präferenzen) im Grundschulalter". In: Auhagen, W. et al. (Hrsg.). Offenohrigkeit – Ein Postulat im Fokus. In: *Jahrbuch der Deutschen Gesellschaft für Musikpsychologie* Bd. 24 (S. 169-197). Göttingen: Hogrefe.

Gaul, M. (2009). Musikunterricht aus Schülersicht. Eine empirische Studie an Grundschulen. Mainz: Schott.

Raber, Th. (2016). Welche Kriterien legen Kinder im Volksschulalter, PädagogInnen und Kinderliedermacher der Beurteilung von Kinderliedern zugrunde?. Masterarbeit Institut Musikwissenschaft der Universität Wien.

Raber, Th. (2019). Macht Musik von Mozart die Kinder wirklich schlauer? *Musik in der Grundschule* 2/2019, S. 12-14.

Spitzer, M. (2004). Musik im Kopf. *Hören, Musizieren, Verstehen und Erleben im neuronalen Netzwerk.* Stuttgart: Schattenauer.

Spitzer, M. (2012). Digitale Demenz. Wie wir uns und unsere Kinder um den Verstand bringen. München: Droemer.

Autor

Dipl. Päd. Thomas Raber, BA BEd MA

Ausbildung zum Volksschullehrer an der PÄDAK Linz; ab 1997 als VS-Lehrer in Wien tätig; ab 2009 an der PH Wien; Studium der Musikwissenschaft; seit 2004 Betreiber eines Musikverlags, Labels und Tonstudios

thomas.raber@phwien.ac.at

Identitätsstiftendes Zusammenwirken von Motorik und Sprache

Professionalisierung in der Ausbildung

Elisabeth Bräuer, Ruth Klicpera

Abstract

Studien zeigen, dass Kinder bereits im Vorschulalter sprachliche Kompetenzen und ihr Selbstkonzept über Bewegung verbessern. Ziel der vorliegenden Forschung ist, Studierende für dieses Thema anhand von Best-Practice-Beispielen in einer 1. Klasse VS zu sensibilisieren. Mittels Fragebögen wurden qualitative sowie quantitative Daten erhoben. Die Auswertung nach den Videosequenzen und dem Literaturstudium zeigen die notwendigen Professionalisierungsschritte, um in der Unterrichtspraxis dieses Wissen anwenden zu können.

1 Ausgangslage – Forschungsdesign – Durchführung

1.1 Ausgangslage

Im vorliegendem Beitrag wird von einer ganzheitlichen Sichtweise ausgegangen, in der Sprache und Bewegung zusammenhängen, sich gegenseitig beeinflussen und einen Beitrag für den Aufbau eines positiven Selbstkonzepts leisten und somit identitätsstiftend wirken. In zahlreichen Studien unter der Leitung von Renate Zimmer wird gezeigt, dass Kinder über Bewegung den Zugang zu Sprache finden. Theoretisch fundiert sollte demnach Sprachbildung lustvoll und spielerisch unterstützt und zugleich systematisch und planvoll in den pädagogischen Alltag integriert werden (vgl. Zimmer 2019). Zu Beginn werden die Begriffe Motorik, Bewegung, Psychomotorik, Selbstkonzept und Identität definiert, die die Basis für die vorliegende Untersuchung darstellen. Unter Motorik wird die Steuerung und Regelung von Bewegung verstanden, es geht um den Innenaspekt. Im Vergleich dazu wird Bewegung als das beobachtbare Verhalten angesehen, also als wahrnehmbarer Außenaspekt (vgl. Roth & Willimczik 1999). Psychomotorik wird definiert als „[...] eine ganzheitlich-humanistische, entwicklungs- und kindgemäße Art der Bewegungserziehung, in deren Mittelpunkt die Förderung der gesamten Persönlichkeit steht" (Kuhlenkamp 2017, 22). „An der Bewegungshandlung ist immer die ganze Person des Kindes beteiligt. In jede Handlung gehen also kognitive, motivationale und emotionale Aspekte ein [...] und diese beeinflussen sich gegenseitig." (Zimmer 2019, 14 f.) Recherchen zum frühen Selbstkonzept haben ergeben, dass dieses sich vornehmlich durch direkte Wahrnehmung und Handeln in einer sozialen und räumlich-dinglichen Umwelt entwickelt. Doch erst die sich entwickelnde mentale Reflexionsfähigkeit schafft einen expliziten Zugang zum Selbstwissen in dieser Entwicklungsphase. Es wird angenommen, dass Kinder nicht vor dem achten Lebensjahr über ein allgemeines Selbstwertgefühl, das über einen Wert gemessen werden kann, verfügen (vgl. Randhawa 2012).

Allgemeines Selbstkonzept								
Leistungsbezogenes Selbstkonzept					Nicht - leistungsbezogenes Selbstkonzept			
					Körperliches Selbstkonzept		Emotionales Selbstkonzept	Soziales Selbstkonzept
Mathematik	Physik	Biologie	Englisch	Deutsch	Körperliche Fähigkeiten	Körperliche Erscheinung	Bestimmte Gefühle	Freude / wichtige Personen

Abb. 1: Das Selbstkonzeptmodell in Anlehnung an Shavelson & Bolus 1982, 4

Nach dem Selbstkonzeptmodell nach Shavelson & Bolus (vgl. Abb. 1) lässt sich das allgemeine Selbstkonzept in Teilbereiche gliedern, nämlich in das leistungsbezogene (schulische) und in das nicht leistungsbezogene Selbstkonzept (körperlich, emotional und sozial). Es wird davon ausgegangen, dass ein Programm zur Verbesserung schulischer Fähigkeiten das Selbstkonzept in diesem Bereich erhöht, nicht aber im sportlichen. Umgekehrt führt ein Programm zur Verbesserung im sportlichen Bereich zu einem besseren sportlichen Selbstkonzept, nicht aber hinsichtlich des schulischen Selbstkonzepts (vgl. ebd.).

Zum Thema Motorik und Sprache allgemein lässt sich zusammenfassen, dass Sprachförderung unterstützend durch Bewegung erzielt werden kann (vgl. Zimmer 2010; Rüter 2015; Müller-Walde 2005; Houwen et al. 2016; Wang et al. 2014). Dass Bewegungsaktivitäten Sprachanlässe sind und wie Sprachförderung durch Bewegung erzielt werden kann, wird in Abb. 2 aufgezeigt, indem Zusammenhänge von Bewegungshandeln und Sprachhandeln dargestellt werden.

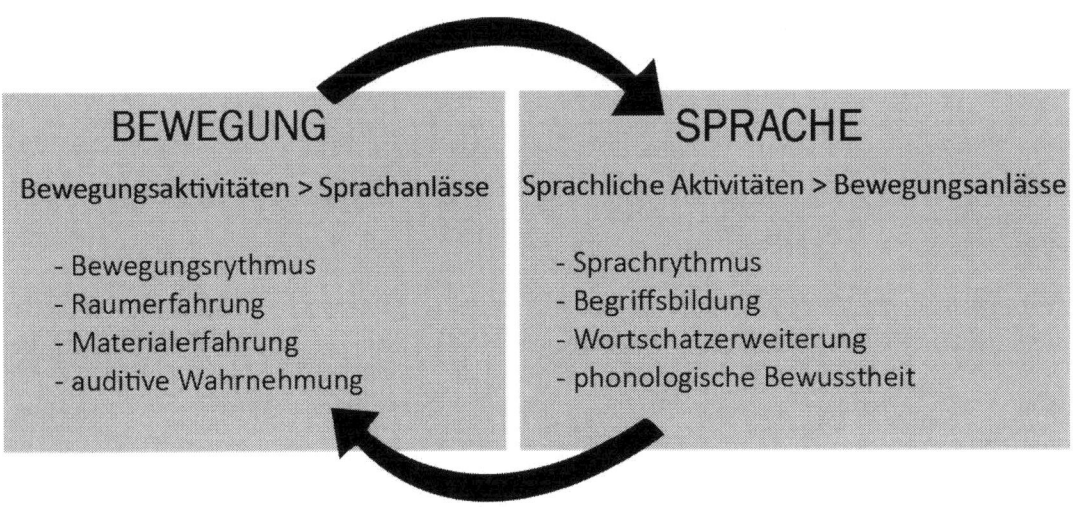

Abb. 2: Handbuch Sprache und Bewegung in Anlehnung an Zimmer 2019, 54

Abb. 2 verdeutlicht, wo die Parallelen im Spracherwerb und in motorischen Bewegungsaktivitäten liegen. Es wird davon ausgegangen, dass Bewegungsaktivitäten Sprachanlässe bieten und umgekehrt, auch sprachliche Aktivitäten Bewegungsanlässe initiieren. In spielerischen Bewegungssituationen kann die Lehrperson auf diverse sprachliche Fähigkeiten der Lernenden bewusst eingehen und dabei deren sprachliche Fertigkeiten verbessern helfen. So wird beispielsweise das nonverbale mit dem verbalen Ausdrucksvermögen kombiniert oder der Rhythmus von Sprache und Bewegung synchronisiert, um dadurch Lernprozesse zu initiieren und zu verbessern. Es werden Begriffe gebildet, die die Raumorientierung schulen. Durch die materiale Erfahrung wird gleichzeitig der Wortschatz erweitert. Schließlich stehen auditive Wahrnehmung und phonologische Bewusstheit in Wechselwirkung.

Zu Zusammenhängen von Selbstkonzept und Motorik zeigt die Studienlage vor allem hinsichtlich der Förderung der Psychomotorik eine mögliche Verbesserung des Selbstkonzepts bei Kindern (vgl. Martzy & Ruploh & Bischoff 2015; Ruploh et al. 2013; Yu et al. 2018; Zeng et al. 2017). Renate Zimmer erläutert auf ihrer Homepage die praktische Arbeit der Forschungsstelle „Psychomotorische Entwicklungsförderung", bei der im Verhalten der Kinder im Laufe der Förderung Veränderungen erkennbar werden: Die Kinder werden nicht nur motorisch sicherer, sondern verändern ihr gesamtes Verhalten. Sie gehen mutiger und energievoller, mit mehr Ausdauer und Frustrationstoleranz und aus eigenem Antrieb an neue Herausforderungen heran, öffnen sich in der Gruppe, sprechen mehr oder differenzierter. Wir sehen dies auch als nach außen erlebbaren Ausdruck eines sich positiv verändernden Selbstkonzepts (vgl. Zimmer 2019).

Ausgehend vom Zusammenhang Sprache, Bewegung und Selbstidentität an der Nahtstelle Kindergarten/Volksschule lassen sich somit folgende Forschungsfragen ableiten:

- Wie kann das Wissen über das identitätsstiftende Zusammenwirken von Motorik und Sprache bei der Transition vom Kindergarten zur Volksschule in der Ausbildung professionalisiert werden?

- Welche Fähigkeiten (Reflexion, Selbstwahrnehmung, Sprecherziehung etc.) sollten Studierende in der Ausbildung im Sinne von Selbstidentität entwickeln, um diese weiter vermitteln zu können?

- Welche Verankerungen sind im Curriculum/Lehrplan notwendig?

1.2 Forschungsdesign (quantitativ – qualitativ)

Als Erhebungsinstrument wird sowohl ein quantitatives als auch ein qualitatives Design mittels Fragebögen gewählt. Dazu soll vorerst quantitativ das Vorwissen der Studierenden zum Thema Motorik, Sprache und Selbstkonzept erhoben werden und in weiterer Folge der Wissenszuwachs und die Professionalisierungsschritte qualitativ ausgewertet werden. Zur Beantwortung der Forschungsfragen ist die Beteiligung der Studierenden von großer Bedeutung, da in dem Forschungsprojekt erhoben werden soll, ob die Studierenden mit dieser Thematik bereits konfrontiert wurden, und erkennen, welche Fähigkeiten sie benötigen, um den Wissenserwerb in ihrem späteren Unterricht anwenden zu können. Die Antworten bzw. Aussagen der Studierenden werden Kategorien zugeordnet, um diese miteinander zu vergleichen, zu bewerten und beurteilen zu können.
Zielgruppe sind Studierende der Primarstufenausbildung PH NÖ und PH Wien in den Fächern Rhythmik und Tanz. Die Ausgangssituation wird mittels Fragebögen von Studierenden dieser beiden Hochschulen zu Beginn des Wintersemesters 2020/21 erhoben. Impulsfragen sollen das Wissen der Studierenden zu den Zusammenhängen von Bewegung und Sprache sowie Bewegung und positivem Selbstkonzept/Identität offenlegen. Die Intervention erfolgt anschließend innerhalb der Lehrveranstaltungen mittels standardisierten Bewegungsstunden. Videos mit einer 1. Volksschulklasse in Niederösterreich werden als Best-Practice-Modelle für die Studierenden gedreht und in weiterer Folge im Rahmen der Lehrveranstaltung gezeigt, von den Studierenden beobachtet und reflektiert. Zu beiden Bereichen wird in einer Gruppenarbeit das Wissen aus der Literaturrecherche mittels Schlagwortkatalog vertieft. Anhand eines zweiten Fragebogens soll erhoben werden, ob die Bedeutung der Verbindung von Sprache, Motorik und Identität klarer geworden ist.

1.3 Durchführung

Die Fragebögen werden erarbeitet. Die Unterrichtseinheiten werden geplant und die Videos gedreht, Literaturquellen im Internet zusammengestellt und es wird der Schlagwortkatalog für die Gruppenarbeit entworfen. Schließlich wird der Ablauf der Forschung im Rahmen der Veranstaltung entwickelt.

1.3.1 Lehrveranstaltung 1

Der Forschungsanteil für die 1. Veranstaltung wird mit 2 Stunden geplant und auch in der 1. anwesenheitsverpflichtenden Unterrichtsstunde der Veranstaltung durchgeführt. Die Studierenden sind bereits auf der PHoodle Plattform (PH Wien) bzw. Moodle (PH NÖ) angemeldet und können die Fragebögen und den Arbeitsauftrag während der Veranstaltung abgeben. Hier ein kurzer Überblick über den Ablauf der 1. Veranstaltung:

- Fragebogen 1 vor der Intervention
- Präsentation Video 1
- Fragebogen 2 nach Video 1
- Input zu Selbstkonzept, Motorik und Sprache
- Präsentation Video 2
- Fragebogen 3 nach Video 2

Bereits nach der 1. Veranstaltung kann ein positiver Lernerfolg wahrgenommen werden. An der PH Wien finden im Wintersemster 2020/21 alle Veranstaltungen über Zoom statt, und das Forschungsprojekt wird immer in der 1. und 4. Veranstaltung durchgeführt. Da in der 4. Veranstaltung auch der Test stattfindet, ist eine rege Teilnahme gesichert. An der PH NÖ werden der 1. und 2. Veranstaltungstermin mit immanentem Charakter, jeweils via Zoom, gewählt zur Durchführung des Forschungsprojekts.

1.3.2 Lehrveranstaltung 2

Für den 2. Teil der Forschung werden ca. 1 ½ Stunden verplant. Hier wieder ein kurzer Überblick über den Ablauf der 2. Veranstaltung:

- Präsentation Video 3
- Gruppenarbeit (mit Schlagwortkatalog)
- Fragebogen 4 nach Video 3

Das Feedback und Interesse am Thema werden positiv angenommen und werden in den Ergebnissen der Antworten sichtbar.

2 Ergebnisse

2.1 Auswertung der Teilnehmenden

213 Studierende der Primarstufenausbildung PH NÖ (114) und PH Wien (99) in den Fächern Rhythmik und Tanz nehmen an der Studie teil. Sie werden nach Studienfortschritt aufgeteilt, wobei auch die Altersstruktur in Hinblick auf Vorkenntnisse, Lebens- und Berufserfahrung beachtet wird.

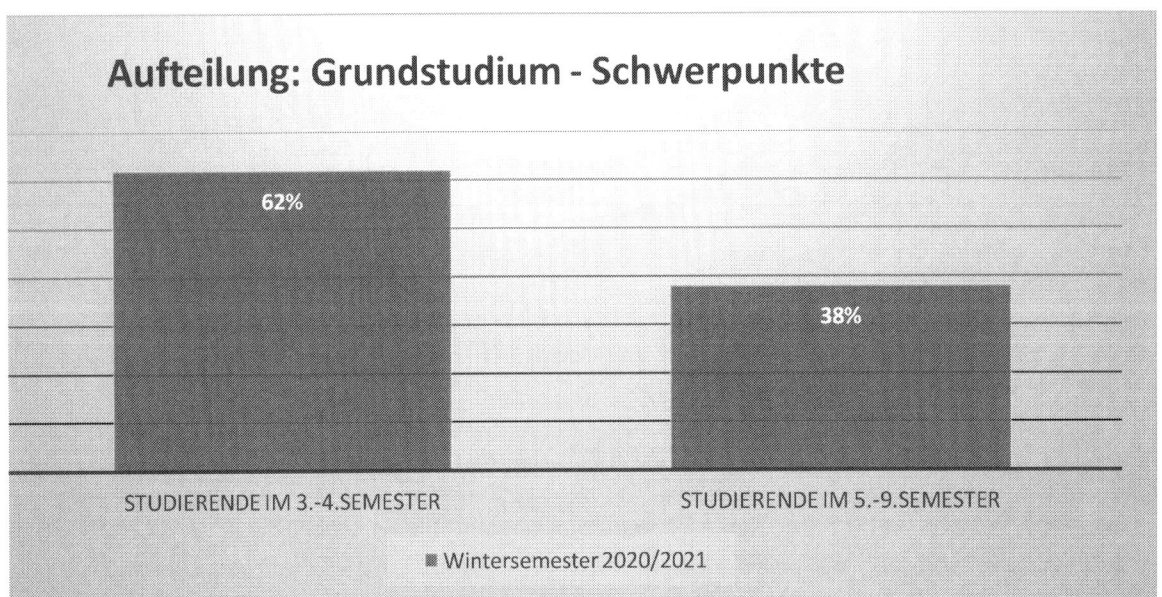

Abb. 3: Aufteilung: Grundstudium Schwerpunkte, Quelle: eigene Darstellung, 2022

Rund zwei Drittel der Studierenden der PH NÖ und PH Wien befinden sich im 3.–4. Semester (vgl. Abb. 3).

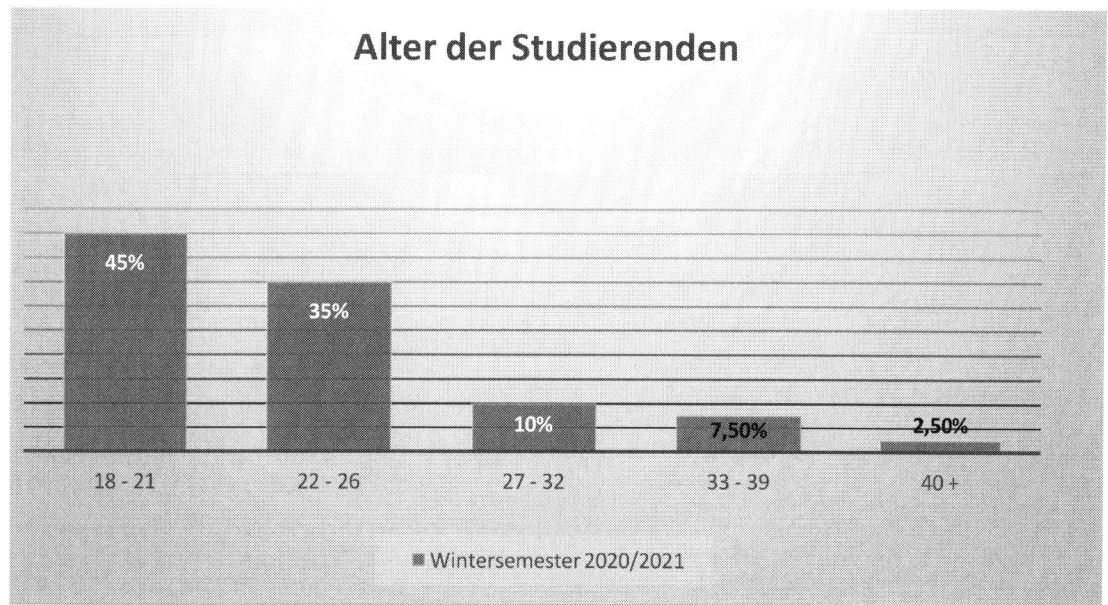

Abb. 4: Alter der Studierenden, Quelle: eigene Darstellung, 2022

Beinahe die Hälfte der Studierenden beginnt das Lehramtsstudium 1 bis 3 Jahre nach der Matura. Mehr als die Hälfte haben bereits unterschiedliche Lebens- und Berufserfahrungen (vgl. Abb. 4).

2.2 Impulsfragen vor der Intervention

Haben Sie über den Zusammenhang von Bewegung/Motorik und Sprache schon einmal etwas gelernt/gehört?

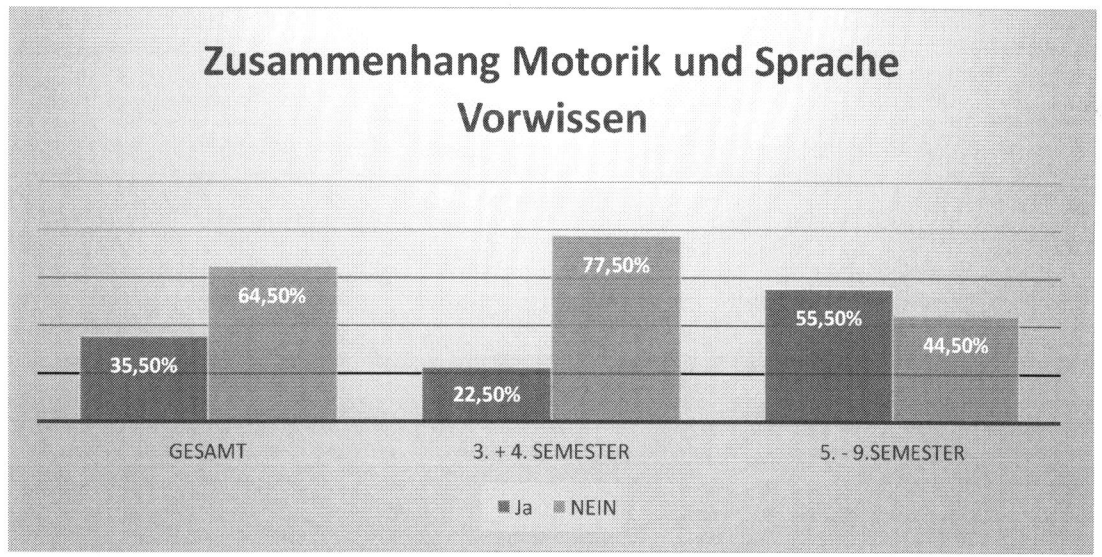

Abb. 5: Vorwissen: Zusammenhang von Motorik und Sprache, Quelle: eigene Darstellung, 2022

Das Gesamtergebnis zeigt, dass rund ein Drittel der Befragten schon etwas darüber gelernt/gehört hat. Im 5.–9. Semester sind es schon etwas mehr als die Hälfte (vgl. Abb. 5).

Haben Sie über den Zusammenhang von Bewegung/Motorik und positivem Selbstkonzept/Identität schon einmal etwas gelernt/gehört?

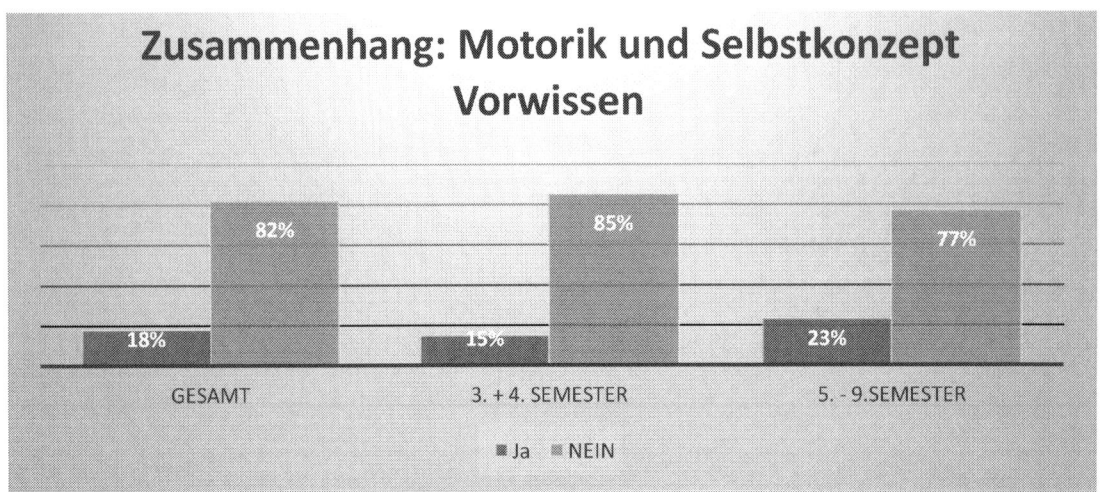

Abb. 6: Vorwissen: Zusammenhang von Motorik und Selbstkonzept, Quelle: eigene Darstellung, 2022

Das Gesamtergebnis zeigt, dass knapp 20 % über dieses Thema schon gelernt/gehört haben. Im 5.–9. Semester sind es 23 %. Im Vergleich zu Motorik und Sprache gibt nur mehr ein Fünftel an, über Vorwissen zu verfügen (vgl. Abb. 6).

Was möchte ich sonst noch zum Thema anmerken?

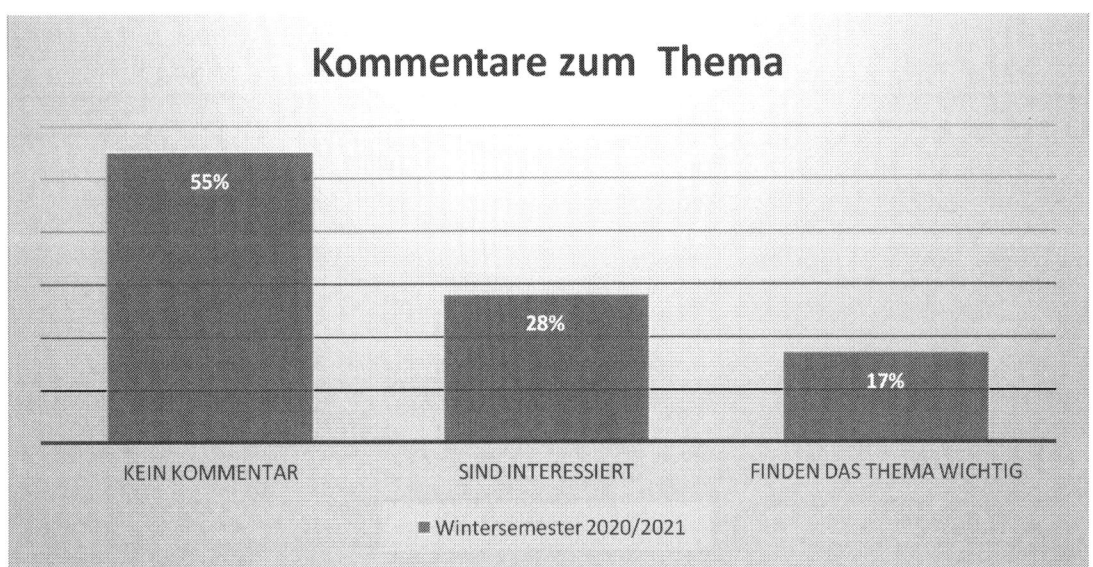

Abb. 7: Kommentare zum Thema, Quelle: eigene Darstellung, 2022

Diese Antworten sind insgesamt sehr kurz und überschaubar. Mehr als die Hälfte geben keinen Kommentar ab, die anderen finden das Thema interessant bzw. wichtig (vgl. Abb. 7).

2.3 Impulsfragen nach der Intervention

Haben Sie nach Ihren Recherchen und dem zweiten Video weitere Zusammenhänge im Hinblick auf Motorik und Sprache erkennen können?

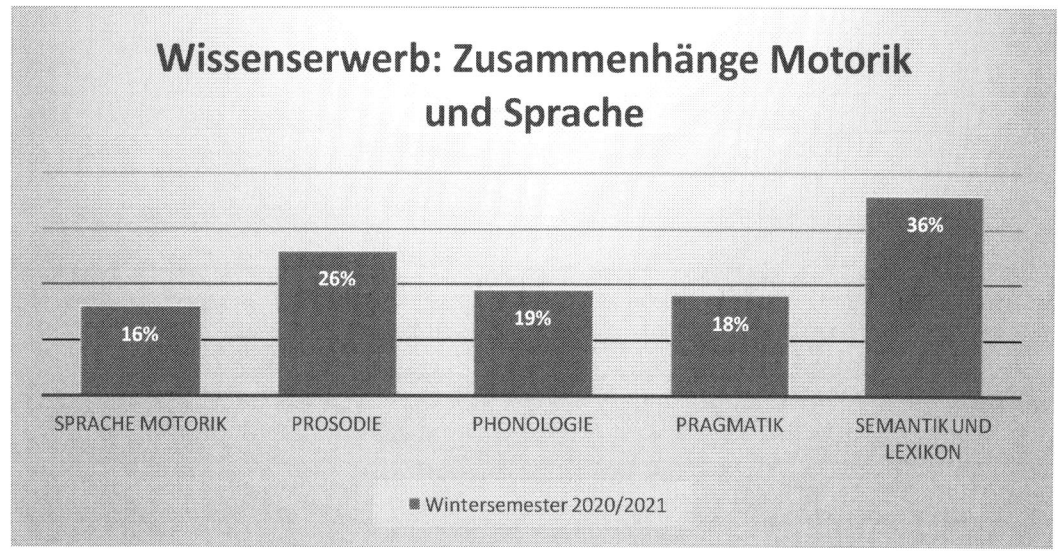

Abb. 8: Wissenserwerb: Zusammenhang Motorik und Sprache, Quelle: eigene Darstellung, 2022

Bereits in der 1. Veranstaltung sind der Wissenszuwachs und auch die Kommentare in ihrer Vielfalt und in ihrem verwendeten Fachvokabular beeindruckend (vgl. Abb. 8). Einige Aussagen der Studierenden, die auf eine Sensibilisierung der Studierenden in der Beobachtung der Videos hindeuten, werden beispielhaft herausgegriffen:

- Bewegungshandeln ist der Ausgangspunkt zum sprachlichen Handeln. So stellen die Kinder sowohl mit Sprache als auch mit Bewegung Beziehungen zu anderen her.
- Spiel- und Bewegungssituationen fördern nonverbales Ausdrucksvermögen, Bewegungsrhythmus, Raumorientierung, Wortschatzerweiterung, Sprachrhythmus, phonologische Bewusstheit, auditive Wahrnehmung.
- Sprachfähigkeiten der Kinder werden mehr gefördert, indem die verwendeten Begriffe immer wiederholt und gefestigt werden.
- Bewegung unterstützt die Begriffsbildung, Eigenschaften von Dinge werden gelernt.
- Erwerb kommunikativer Kompetenzen in Bewegungssituationen werden erkannt.
- Spracherwerb durch die gesamtheitliche Nutzung des Körpers und der Sinne passiert.
- Das Lernen ist lustbetonter, und der sprachliche Lernzuwachs erfolgt unbewusst.
- Die Bewegung fördert das effektive Lernen. Die Kinder wussten am Ende der Einheit alle Wörter, die erlernt wurden.

Haben Sie nach Ihren Recherchen und dem zweiten Video weitere Zusammenhänge im Hinblick auf Motorik und Selbstkonzept erkennen können?

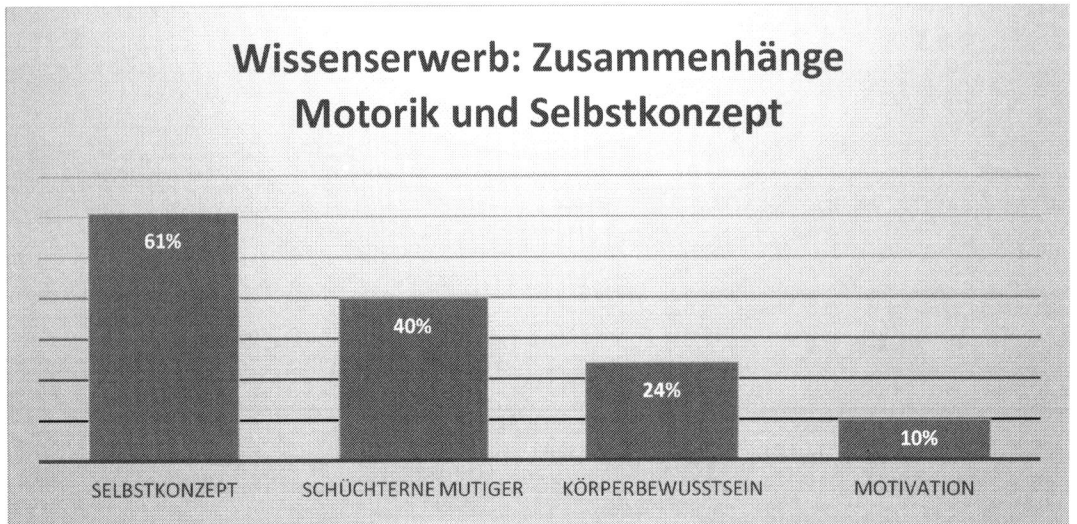

Abb. 9: Wissenserwerb: Zusammenhang Motorik und Selbstkonzept, Quelle: eigene Darstellung, 2022

Der Wissenszuwachs über das Selbstkonzept ist zumindest kurzfristig von gesamt 18 % (vgl. Abb. 9) auf über 60 % gestiegen. Die Studierenden erkennen weitere Details, die in die Kategorien Selbstkonzept allgemein, Schüchterne werden mutiger, Körperbewusstsein und Motivation gegliedert werden (vgl. Abb. 9). Im Folgenden ein Auszug der Aussagen der Studierenden zur oben genannten Impulsfrage:

- Die Schülerinnen und Schüler wurden miteinbezogen und Ideen wurden umgesetzt.
- Durch Motorik und Bewegung wird nicht nur das körperliche, emotionale und soziale Selbstkonzept gefördert, sondern auch das leistungsbezogene Selbstkonzept.
- Beherrschung des Körpers gibt den Kindern ein Gefühl von Selbstwirksamkeit (konnte man im Video gut bei einem Kind beobachten).
- Soziale Kompetenzen wurden in der Gruppe mit Partnerübungen spielerisch gefördert.
- Die Kinder werden nach ihrem Entwicklungsstand unterstützt und verbessern durch die Bewegung ihr Selbstkonzept. Sie trauen sich mehr zu und beginnen mehr zu sprechen.
- Eigene Kreativität wird gefördert – Vorzeigen und Nachahmen, motivierender Kontext, eigene Persönlichkeit des Kindes wird durch die Bewegung gezeigt.
- Die Sequenz ermöglichte die Teilnahme aller Schülerinnen und Schüler. Jedes Kind konnte mit seinen eigenen Fähigkeiten mitmachen und sich selbst als fähig erleben.
- Vor allem durch das Einbinden der Kinder in den Prozess fühlen sich diese direkter angesprochen und beachtet.
- Ich habe in diesem Video eindeutig erkannt, dass die Kinder mit Freude dabei waren.

2.4 Impulsfragen am Ende der 2. Lehrveranstaltung

Was war für mich wichtig? Was hat mich beeindruckt? Was möchte ich zum Thema anmerken?
Hier eine kleine Auswahl:
- *Die Motivation und Freude der Kinder hat mich beeindruckt …*
- *Alle Kinder haben mitgemacht …*
- *Kreativität …, Ideen der Kinder angenommen …*
- *Kein ‚richtig' und ‚falsch' …*
- *Fasziniert, wie auch schüchterne Kinder mitmachen …*
- *Beeindruckt, wie schnell die Kinder alles angenommen und verstanden haben …*
- *Ideen der Kinder bei der Partnerarbeit, kurze Sprüche selbst überlegt …*
- *Sozialverhalten" … „Coole Aufgabe" … „Alle haben ein Endprodukt vorgestellt …*

- *Kinder haben schnell gelernt, die Sätze zu bilden …*
- *Phonetik, Artikulation, Begriffsbildung …*
- *Sinne … Sensorische Integration – gezielte Förderung … Flexibilität …*
- *Verbale und nonverbale Kommunikation… Ausdruck …*
- *Hoher Sprechanteil der Kinder …*
- *Mathematische, sprachliche, körperliche Fähigkeiten haben sich verbessert …*
- *Konzentrationserhaltung durch Spiel und Spaß …*
- *Mit derart einfachen Übungen so viele Bereiche angesprochen …*
- *Fehlen von Sprechtraining, verpflichtendes Stimmbildungsseminar …*
- *Üben mit einer Klasse im Rahmen der LV …*
- *Wichtig für Kinder mit Migrationshintergrund …*
- *Rhythmik auch in Corona-Zeit möglich (Abstand, Bewegung am Platz) …*

Die Vielfalt der Kommentare nach den Videosequenzen, den theoretischen Inputs und auch praktischen Aufgaben im Seminar zeigen das große Interesse der Studierenden an der Thematik.

2.5 Beitrag zur Professionalisierung

Welche Aspekte/welches Handwerkszeug aus dem Bereich Bewegung und Sprache würden Sie sich noch in Ihrer Ausbildung wünschen, um dieses Wissen in Ihrer Unterrichtspraxis einfließen zu lassen? Was wäre aus Ihrer Sicht notwendig, um die Professionalisierung an der PH im Hinblick auf Bewegung/Motorik und Sprache zu verbessern?

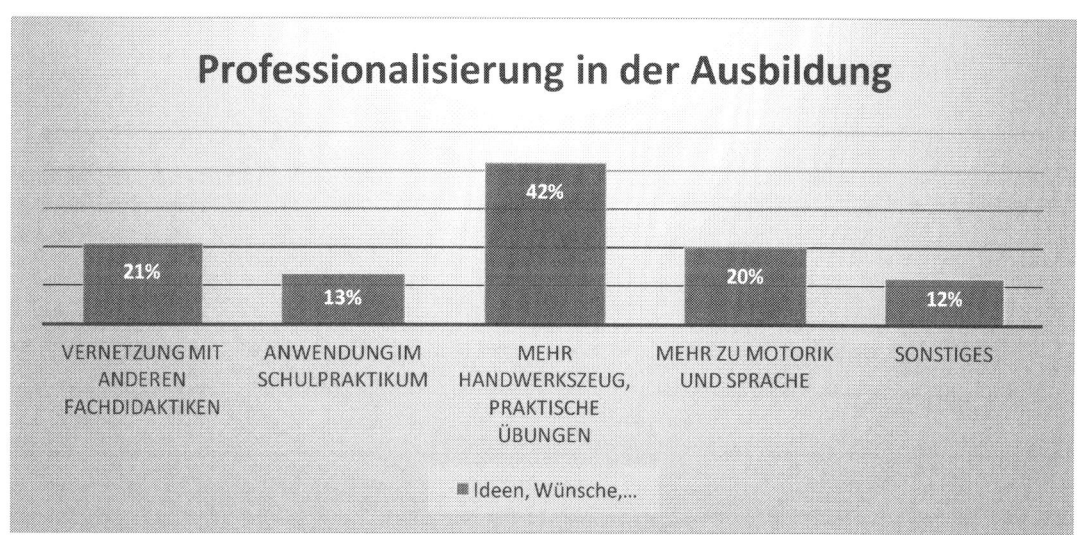

Abb. 10: Professionalisierung in der Ausbildung, Quelle: eigene Darstellung, 2022

Die Antworten zeigen, dass Studierende erkennen, dass sie zur Professionalierung mehr ‚Handwerkszeug' und praktische Übungen benötigen. Auch die Vernetzung mit anderen Fachdidaktiken wird gewünscht. Dem praktischen Ausprobieren sollte in der Ausbildung mehr Gewicht beigemessen werden (vgl. Abb. 10).

In welchen Fächern/Veranstaltungen könnte das auch zusätzlich thematisiert werden?

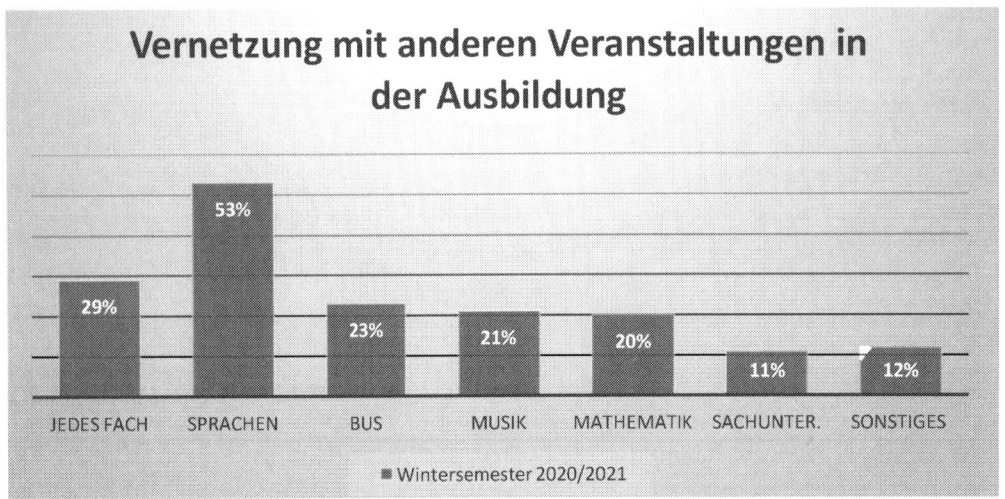

Abb. 11: Vernetzung mit anderen Veranstaltungen in der Ausbildung, Quelle: eigene Darstellung, 2022

Überraschend ist die fächerübergreifende Sicht der Studierenden. Mehr als die Hälfte geben den Sprachenunterricht an, fast ein Drittel sieht eine Vernetzung aller Fächer. Bei Bewegung und Sport, Musik und Mathematik wird jeweils von 20 % der Studierenden ein Zusammenhang zu Sprache und Motorik genannt (vgl. Abb. 11).

3 Dateninterpretation

Die Forschungsergebnisse zeigen einen klaren Trend in den Antworten der Studierenden hinsichtlich Interessen und Bedeutung der Motorik und des Selbstkonzepts beim Spracherwerb bei der Transition von Kindergarten zur Volksschule. Anhand des ersten Fragebogens wird ersichtlich, dass kaum Vorwissen besteht. 64 % der Studierenden haben kein Vorwissen hinsichtlich des Zusammenhangs Motorik und Sprache und 82 % kein Vorwissen hinsichtlich des Zusammenhangs Motorik und Selbstkonzept. Der Wissenszuwachs wird in Kategorien zusammengefasst, so können die Studierenden anhand des Best-Practice-Beispiels insbesondere zum Zusammenhang von Selbstkonzept und Motorik differenzierte Aspekte erkennen, die das Selbstkonzept fördern. Zu erwähnen sind hier die Beobachtungspunkte, dass schüchterne Schüler*innen mutiger werden, dass sich das Körperbewusstsein verbessert und dass durch die Freude am Tun die Motivation zum Lernen unbewusst und intrinsisch steigt.

Anhand der Antworten nach den Interventionen kann aufgrund der qualitativen Fragestellung eine Fülle an Rückmeldungen kategorisiert, beurteilt und verglichen werden. Im Folgenden werden die Forschungsfragen zusammenfassend beantwortet.

3.1 Wie kann das Wissen eines identitätsstiftenden Zusammenwirkens von Bewegung/Motorik und Sprache bei der Transition von Kindergarten zur Volksschule in der Ausbildung professionalisiert werden?

Die Rückmeldungen der Studierenden zu den Best-Practice-Modellen zeigen ihren Wissenszuwachs und dass sie hinsichtlich des Zusammenhangs von Motorik, Sprache und Selbstkonzept Schlüsse gezogen haben. Phonetik, Artikulation, Begriffsbildung etc. werden in Aktivität eingebunden und durch Bewegung unterstützt. Die Kinder haben einen hohen Sprechanteil, da die Sprache mit Bewegung verbunden ist. Das Selbstvertrauen in der Gruppe wird durch das Vorzeigen der Bewegungen weiterentwickelt. Es fasziniert, wie auch schüchterne Kinder durch einfache Partneraufgaben mitmachen und kommunizieren. So machen alle Kinder mit, ihre Ideen werden angenommen, und es gibt kein ‚richtig' und ‚falsch'.

3.2 Welche Fähigkeiten (Reflexion, Selbstwahrnehmung etc.) sollten Studierende in der Ausbildung im Sinne von Selbstkonzept entwickeln, um diese weitervermitteln zu können?

Aus diesem Wissenszuwachs und ihren gewonnenen Erkenntnissen haben die Studierenden die für die Umsetzung benötigten Fähigkeiten und Fertigkeiten erkannt und formuliert. Sie wünschen mehr Seminare zum Ausprobieren, Vertiefen und Üben von ‚Handwerkszeug', wie zum Beispiel Schulung der Aussprache, des Ausdrucks, der rhythmischen Sprachmotorik, auch mehr Input zum Thema und die Vernetzung mit anderen Fachdidaktiken und der Schulpraxis.

3.3 Welche Verankerungen sind im Curriculum / Lehrplan notwendig?

Zur Weiterentwicklung der Curricula bzw. zur Professionalisierung sind Sprecherziehung, darstellendes Spiel und Rhythmik mit Schwerpunkt Sprache in der Grundausbildung zu verankern. Prinzipiell soll die Anzahl der Studierenden in Übungen/Seminaren mit Bewegung und Sprache auf 12–15 Teilnehmer*innen reduziert werden. Fächer wie Kommunikation, Coaching … sollen von Lehrpersonen mit Fach- und Methodenkompetenz geleitet werden. Dazu kommen die Vernetzung und Weiterbildung der interessierten Didaktiker*innen an den Pädagogischen Hochschulen und Mentor*innen an den Schulstandorten, in Form von (Master-)Lehrgang Rhythmik mit Schwerpunkt Motorik und Sprache in Modulform, Sommerwoche bzw. Sommerakademie.

Abbildungsverzeichnis

Literaturverzeichnis

Houwen, S. et al. (2016). „The interrelationships between motor, cognitive, and language development in children with and without intellectual and developmental disabilities". Res Dev Disabil 53-54, S. 19-31.

Kuhlenkamp, S. (2017). Lehrbuch Psychomotorik. München: Ernst Reinhardt Verlag.

Martzy, F., Ruploh, B. & Bischoff, A. (2015). „Veränderungen im Selbstkonzept nach psychomotorischer Förderung. Eine multimethodale Untersuchung des kindzentrierten Ansatzes". motorik 38 (1), S. 10-21.

Müller-Walde, K. (2005). „Zusammenhang von Feinmotorik, Sprachentwicklung und Lesefreude".Abrufbar unter: https:// www.zukunftsschule-nrw.de

Roth, K. & Wilimczik, K. (1999). Bewegungswissenschaft. Reinbek b. Hamburg: Rowohlt Taschenbuch Verlag.

Ruploh, B., Martzy, F., Bischoff, A., Matschulat, N. & Zimmer, R. (2013). „Veränderungen im Selbstkonzept nach psychomotorischer Förderung. Eine Pilotstudie im Mixed-Methods-Design". motorik 36 (4), S. 180-189.

Rüter, M. (2015). „Sprachentwicklung braucht Bewegung". Abrufbar unter: https:// www.martina-rüter.de/text-fachtexte naturwissenschaften/neurowissenschaften/sprachentwicklung-braucht-bewegung (10.02.2021)

Wang, M., Ratib Lekhal, R., Aaro, L., Holte, A., & Schjolberg, S. (2014). „The developmental relationship between language and motor performance from 3 to 5 years of age: a prospective longitudinal population study". BMC Psychology vol. 2, Article number: 34.

Yu, J., Sit, C., Capio C., Burnett, A., Ha, A. & Huang, W. (2018). „Self-concept or Motor Skills: Which Matters More for Physical Activity of Children with Motor Difficulties?". Archives of Physical Medicine and Rehabilitation, Vol. 99, S. 2076-2099.

Shavelson, R. J. & Bolus, R. (1982). „Self-concept: The interplay of theory and methods". *Journal of Educational Psychology* 74, S. 3-17.

Zeng, N., Ayyub, M., Sun, H., Wen, X., Xiang, P. & Gao, Z. (2017). „Effects of Physical Activity on Motor Skills and Cognitive Development in Early Childhood: A Systematic Review". BioMed Research International.

Zimmer, R. (2019). Handbuch Sprache und Bewegung. Freiburg: Herder. Abrufbar unter: http://www.renatezimmer. de/psychomotorische-entwicklungsfoerderung (10.02.2021)

Autor*innen

Dr.ⁱⁿ Elisabeth Bräuer, Bakk.phil.

Sportwissenschafterin und externe Lehrbeauftragte PH NÖ/Universität Wien, Referentin für sportmedizinische, sportpädagogische und sportpsychologische Themenfelder, Entwicklung und Durchführung von ganzheitlichen Trainings für körperliche und mentale Gesundheit www.doktorpilates.at

elisabeth.braeuer@ph-noe.ac.at

Prof.ⁱⁿ Mag.ᵃ Ruth Klicpera

Rhythmikerin, Lehrende PH Wien, Autorin im Bereich Unterstützen von Lernprozessen durch Musik/ Sprache und Bewegung: Rhythmik im Deutschunterricht, Rhythmik im Mathematikunterricht www.lernen-mit-pfiff.at

ruth.klicpera@phwien.ac.at

Dose – Can – Kutu – قوطی
Migrationsgesellschaftlich-mehrsprachiger Lernraum Primarstufe

Lena Lanschützer, Peter Riegler

Abstract

Der Beitrag skizziert aus einer migrationspädagogischen Perspektive die Bedeutung von Sprache als Differenzmerkmal in der Schule. Dazu wird ein migrationsgesellschaftlich-mehrsprachiger Lernraum präsentiert und auf theoretischer Ebene werden dessen allgemeindidaktische Bedingungen erörtert. Abschließend wird danach gefragt, welche Prämissen es für und von Lehrpersonen braucht, um einen migrationsgesellschaftlich-mehrsprachigen Lernraum im Sinne von „inquiry spaces" in der Schule (vor-)leben zu können.

Einleitung

„Die Grenzen meiner Sprache bedeuten die Grenzen meiner Welt." (Wittgenstein 1963, Satz 5.6)

In vielerlei Hinsicht ließe sich der berühmte Satz Wittgensteins interpretieren und eine Lesart könnte lauten, dass die Fähigkeit zu sprechen in einer von Sprache dominierten Welt als Grundvoraussetzung angesehen wird, um überhaupt an dieser teilhaben zu können. Insofern ich nicht im Stande bin, diese Fähigkeit auszuüben, scheint eine Partizipation an der Welt nicht möglich zu sein. Bezogen auf den vorliegenden Beitrag, wird der Blick auf einen scheinbar einsprachig gedachten Lernraum in Österreich gerichtet, in dem die Unterrichtssprache Deutsch als zentrale Währung verhandelt wird, welche die Teilhabe an dieser Welt ermöglicht. Dahingehend attestiert Ingrid Gogolin (2008) dem Schulwesen im deutschsprachigen Raum einen monolingualen Habitus, welcher die Grenzen dieser Welt entlang der Beherrschung der Unterrichtssprache Deutsch auszuloten scheint. Mit der Einführung der Deutschförderklassen in Österreich im Schuljahr 2018/19 verdichtet sich die zuvor eröffnete Lesart und untermauert das Argument, dass die Unterrichtssprache Deutsch für diesen einsprachigen Bildungsraum als zentral angesehen wird. Inci Dirim (2021, 88) spitzt dies in ihrer Diskussion um Sprache und Integration zu, indem sie darauf verweist, dass die deutsche Sprache „eine Art symbolische Munition" (ebd.) darstellen würde. Dies hätte zur Folge, dass speziell Deutschkurse Räume wären, in denen nicht nur die Sprache vermittelt werde, sondern bestimmt wird, „wer bleiben kann und wer gehen muss" (ebd.). Dies bediene eine Politik, in der Deutsch als Entscheidungsmerkmal für die (Nicht-)Zugehörigkeit von Menschen herangezogen werde (vgl. ebd.).

Aus einer migrationspädagogischen Perspektive betrachtet, blendet die Vorstellung eines einsprachigen Bildungsraums eine mehrsprachige gesellschaftliche Realität aus, indem es das Vorhandensein von Mehrsprachigkeit nicht in konsequenter Weise aufgreift und danach trachtet, Partizipationsmöglichkeiten zu schaffen. Als weiterer Schwerpunkt des Beitrags wird der Blick auf die Primarstufe in Österreich gelenkt. Im Datensatz „Schülerinnen und Schüler mit nicht-deutscher Umgangssprache"[1] (Statistik Austria, o. J.) zeigt sich im Schuljahr 2020/21 eine österreichweite Realität in den Volksschulen, in der 31 % der Schüler*innen eine andere Erstsprache als Deutsch in ihrem Alltag verwenden, zugespitzt auf das Bundesland Wien beträgt der Anteil 58,6 %.

Vor diesem Hintergrund erfolgt im Beitrag zunächst die Problemstellung, in der mehrsprachig sozialisierte Schüler*innen auf die Hürden im einsprachigen Lernraum in der Primarstufe treffen. Dies bereitet den Weg,

---

1   An dieser Stelle wird auf die Problematik einer binären Schreibweise sowie die Normierung des deutschen Sprachgebrauchs hingewiesen, welche zur Aufrechterhaltung und Fortschreibung dieser sozial konstruierten Kategorien beitragen.

um aus einer migrationspädagogischen Perspektive eine theoretische Auseinandersetzung mit der Bedeutung von (Bildungs-)Sprache als Differenzmerkmal in der Schule vornehmen zu können. Daraus resultierend wird ein migrationsgesellschaftlich-mehrsprachiger Lernraum dargestellt und nach dessen allgemeindidaktischen Bedingungen und Möglichkeiten gefragt. Im nächsten Schritt erfolgt die Begriffsdefinition einer migrationsgesellschaftlichen Mehrsprachigkeit. Daran anschließend werden exemplarisch zwei theoretische Ansätze zur Förderung von Mehrsprachigkeit im Primarstufenbereich dargestellt, um abschließend danach fragen zu können, welche Prämissen es für und von Primarstufenpädagog*innen braucht, um einen migrationsgesellschaftlich-mehrsprachigen Lernraum im Sinne von „inquiry spaces" (Chung 2018) in der Schule (vor-)leben zu können. Simmee Chung (ebd., 100 ff.) führt dazu aus, dass Lehrpersonen Räume für Schüler*innen öffnen müssen, „to express their rhythms and embodied ways of knowing and being" (ebd.). Dies trägt dazu bei, dass Schüler*innen sich als zugehörig zu diesem Lernraum erleben. Darüber hinaus bedarf es der Möglichkeiten für sie, ihre (familiären) Erfahrungen teilen zu können (vgl. ebd.).

1 Problemstellung

Als Ausgangspunkt und zur Problematisierung des einsprachigen Lernraums in der Primarstufe in Österreich wird eine Feldnotiz herangezogen, welche im Rahmen eines Schulbesuchs in einer Wiener Volksschule entstanden ist. Im Rahmen der Pädagogisch Praktischen Studien absolvieren Studierende der PH Wien ihre Schulpraxis an einem Schulstandort und werden grundsätzlich von einer Praxislehrperson und einer Hochschullehrperson betreut. In diesem konkreten Fall handelt es sich um eine Studierende im siebten Semester der Primarstufenausbildung in Anstellung mit Sondervertrag. Dies bedeutet, dass die Studierende ohne Betreuung durch eine Praxislehrperson selbstverantwortlich unterrichtet und den Status einer Lehrperson einnimmt. Von Seiten der Hochschullehrperson war im Studienjahr 2021/22 vorgesehen, dass ein Schulbesuch zur Hospitation im Semester stattfindet. Im Zuge dieser Hospitation fand folgende Unterrichtsszene statt.

> Ich bin zur Hospitation mit einer Studierenden verabredet. Ich betrete die Klasse, spreche ein paar Worte mit der Studierenden und stelle mich den Schüler*innen vor. Danach setze ich mich in die letzte Tischreihe direkt neben das Fenster. Neben mir sitzt ein Schüler, welchem ich aufgrund seines äußeren Erscheinungsbildes eine asiatische Herkunft zuschreibe. Die Studierende hat als Stundenthema Müllvermeidung und -trennung gewählt. Nachdem das Wiener System der Mülltrennung von der Lehrperson erläutert wurde und anhand einer Zuordnungsaufgabe im Sachunterrichtsbuch die Schüler*innen üben ließ, holt sie den mitgebrachten, zur Anschauung gedachten Müll vom Lehrer*innentisch. Als Wiederholung lässt die Lehrperson abermals die Art des Mülls benennen und in die dafür farblich vorgesehene Mülltonne zuordnen. Zögerlich hebt der Schüler neben mir immer wieder die Hand, um das Rederecht zu erhalten. Als die Lehrperson eine Metalldose hochhält, erhält der besagte Schüler das Rederecht und antwortet mit leiser Stimme: „can (Aussprache [kæn])". Zunächst deutet die Lehrperson mit ihrer Gestik ihr Unverständnis an und fordert ihn auf, seine Antwort zu wiederholen. Wieder antwortet der Schüler mit „can". Die Lehrperson schüttelt den Kopf und fragt abermals, was er damit meinen würde. Es vergeht eine kurze Zeit. In diesem Moment greife ich ein und erkläre der Lehrperson, dass er hier möglicherweise das englische Wort „can" für Dose benutzt. Die Lehrperson reagiert mit einem: „Ah", stimmt dem zu und wiederholt das Wort Dose. Sie geht dann mit der Zuordnung weiter. In der Reflexion habe ich mit der Studierenden nochmals über die Situation gesprochen und sie befragt, ob der Schüler Englisch sprechen würde. Sie verneinte dies und erläutert mir, dass der Schüler nur sehr wenig im Unterricht sprechen würde und wenn, dann sehr leise und oftmals unverständlich. Auf die Frage nach seiner Herkunft beschreibt mir die Studierende, dass seine Mutter und er von den Philippinen stammen (Feldnotiz, 17.05.2022).

Anhand dieser Feldnotiz, welche als Einzelereignis gedeutet werden kann, soll beispielhaft dargestellt werden, inwiefern ein monolingual geprägter Lernraum die Möglichkeit zur Partizipation von mehrsprachig sozialisierten Personen behindert. In der Feldnotiz wird zunächst die Ausgangssituation geschildert, aus der hervorgeht, dass jemand mit einer Studierenden zur Hospitation verabredet ist. Dies deutet daraufhin, dass es sich um eine

Beobachtungssituation handelt. In weiterer Folge wird deutlich, dass es sich bei der Studierenden um eine Lehramtsstudierende in Praxisausbildung handelt, da ein Klassenraum betreten und mit Schüler*innen gesprochen wird. Der/Die Beobachtende verweist auf die eingenommene, festgelegte Beobachterperspektive. Aus dieser Perspektive lässt sich schließen, dass hier unter einer gängigen Annahme – die Lehrperson befindet sich im vorderen Bereich des Klassenraums, während die Schüler*innen an den Tischen sitzen – die Studierende als handelnde Lehrperson beobachtet wird. Als Einschub kann die nachfolgende Beschreibung des Schülers asiatischer Herkunft gelesen werden, da keine weiteren Schüler*innenbeschreibungen in der Feldnotiz aufscheinen. Deren Bedeutung erschließt sich an dieser Stelle nicht, dennoch scheint diese von Interesse zu sein.

In weiterer Folge wird das Stundenthema Müllvermeidung und -trennung genannt sowie deren fachdidaktische Umsetzung erläutert. Im Zuge der Wiederholung des Inhalts tritt der zuvor erwähnte Schüler wieder in Erscheinung. Das mehrfache Heben der Hand des Schülers wird als zögerlich beschrieben. Im Kontext Schule nimmt das Heben der Hand die Funktion des Auf-sich-aufmerksam-Machens ein. Schulspezifisch gedeutet, fordert der Schüler ein Rederecht ein. Möglicherweise beabsichtigt er einen inhaltlichen Beitrag zur Stunde zu liefern oder auch eine Frage zu stellen, die nicht zum Stundenthema passt. Von Interesse an dieser Stelle ist die Art und Weise, wie sich der Schüler meldet. Diese zögerliche Geste könnte auf Unsicherheit im Handeln des Schülers hindeuten. Worauf diese Unsicherheit beruht, lässt sich nur spekulieren. So könnte es zum Beispiel sein, dass der Schüler unsicher in Bezug auf die richtig zu gebende Antwort ist. Es wäre auch denkbar, dass der Schüler diese Form des Meldens für sich internalisiert hat, um aktive Teilnahme am Unterricht für die Lehrperson zu symbolisieren. Im weiteren Ablauf der Stunde erhält der Schüler nun das Rederecht, und er antwortet mit leiser Stimme. An dieser Stelle ist wieder die Art und Weise seines Antwortens von Interesse. Demnach verdichtet sich durch das Sprechen mit leiser Stimme die zuvor eröffnete Lesart der Unsicherheit im Handeln des Schülers. Vielleicht eröffnet dieses Vorgehen dem Schüler die Möglichkeit, von der Klasse nicht gehört zu werden. Sein Beitrag würde sich der Folge einer Bewertung durch die Klasse entziehen. Wiederum zeigt sich also, dass die vielfältigen Möglichkeiten im Bereich der Spekulation verbleiben. Lediglich von Bedeutung für den weiteren Verlauf der Interpretation scheint zu sein, dass hier eine Unsicherheit im Handeln des Schülers zu erkennen ist.

Somit wird im nächsten Schritt auf den Inhalt der Antwort des Schülers geblickt. Dieser antwortet mit dem englischen Wort für Dose. Im ersten Moment könnte davon ausgegangen werden, dass bilingualer Unterricht – neben der Unterrichtssprache Deutsch kommt auch die Arbeitssprache Englisch zum Einsatz – in der Klasse regelmäßig praktiziert wird. Eine weitere Lesart wäre auch, dass es sich um einen englischsprachigen oder auch um einen mehrsprachigen Schüler handelt. Das weitere Handeln der Lehrperson, die Gestik des Unverständnisses und die Aufforderung zur Wiederholung der Antwort, könnte darauf hindeuten, dass sie bedingt durch das leise Sprechen des Schülers die Antwort akustisch nicht verstanden hat. Nachdem der Schüler seine Antwort wiederholt und dieses Mal durch das Kopfschütteln der Lehrperson die themenspezifisch korrekte Antwort zurückgewiesen wird, erfolgt seitens der Lehrperson die Nachfrage zur Erläuterung seiner Antwort. Durch das Zurückweisen der Antwort erfährt der Schüler zunächst, dass sie als nicht richtig gewertet wird. Des Weiteren löst sie ein Unverständnis bei der Lehrperson aus und zieht die Aufforderung nach sich, ihr eine Erläuterung hinzuzufügen: Die Antwort des Schülers irritiert den von der Lehrperson konzipierten Stundenablauf und bringt den Unterricht ins Stocken. Nachdem eine kurze Zeit vergeht, gibt der/die Beobachtende seine/ihre Rolle auf und greift in das Unterrichtsgeschehen ein.

Aus wissenschaftlicher Sicht verändert der/die Beobachtende durch sein/ihr Eingreifen die Situation, was zu der Frage führt, welche Auswirkungen diese Reaktion auf die verschiedenen Akteurinnen und Akteure hat. Sie könnte als Unterstützung sowohl für die Lehrperson als auch für den Schüler wahrgenommen werden. Andererseits könnte bei dem Schüler auch der Eindruck entstehen, dass er sich nicht ausreichend verständlich machen könne. Aus einer pädagogisch-praktischen Perspektive betrachtet, versucht der/die Beobachtende in seiner/ihrer Rolle als Hochschullehrperson scheinbar, das Stocken des Unterrichts aufzulösen, indem er/sie die Möglichkeit in Betracht zieht, dass der Schüler das englische Wort *can* für Dose verwendet und das der Lehrperson rückmeldet. Die Reaktion der Lehrperson zeigt, dass sie der Antwort zunächst zustimmt. Allerdings relativiert sie ihre Zustimmung, indem sie das Wort auf Deutsch wiederholt. Damit verdeutlicht die Lehrperson für den Schüler ihren Orientierungsrahmen, der nicht darauf ausgerichtet zu sein scheint, Antworten von Schüler*innen in einer anderen Sprache als Deutsch als korrekt anzuerkennen. Sie unterbindet an dieser Stelle für den Schüler und in weiterer Folge für die Schüler*innen der Klasse die Möglichkeit, mehrsprachig Antworten auf ihre Fragen geben zu können. Auch in der Reflexion mit der Lehrperson verdichtet sich die Annahme, dass es sich um deren einsprachigen Orientierungsrahmen handelt. Dies lässt sich daran erkennen, dass auch auf Nachfrage des/der Beobachtenden die Möglichkeit nicht in Betracht gezogen wird, der Schüler würde eine weitere Sprache sprechen. Somit kommt es der Lehrperson auch gar nicht in den Sinn, dass der Schüler auf inhaltlicher Ebene ihre Anforderungen erfüllt habe. So konnte er die Frage zwar richtig beantworten, allerdings in einer anderen Sprache. Fazit: Die Möglichkeit eines mehrsprachigen Unterrichts stellt in diesem Orientierungsrahmen weder für die Schüler*innen noch für die Lehrperson eine Option dar.

Diese exemplarisch angeführte Feldnotiz zeigt in der tiefergehenden Auseinandersetzung und seiner Verlangsamung durch die Interpretation, inwiefern Handlungsmöglichkeiten für Schüler*innen durch die von der Lehrperson vorgegebenen Rahmenbedingungen eingeschränkt bzw. eröffnet werden. Am Einzelfall lässt sich hier erkennen, wie ein einsprachiger Orientierungsrahmen der Lehrperson einem mehrsprachigen Lernraum in der Primarstufe entgegenstehen kann. Dahingehend wird in weiterer Folge auf theoretischer Ebene die den Beitrag leitende Frage ergründet, welche Prämissen es von und für Primarstufenpädagog*innen braucht, um einen migrationsgesellschaftlich-mehrsprachigen Lernraum in der Schule schaffen zu können.

2 Theoretische Auseinandersetzung – (Bildungs)Sprache als Differenzmerkmal

Sprache als Differenzmerkmal nimmt einen zentralen Stellenwert in der Institution Schule in Österreich ein. Bereits bei der Feststellung der Schulreife werden auf Basis der Einschätzung der Schulleitung Kinder mit scheinbar mangelnden (Deutsch-)Sprachkompetenzen einem Test unterzogen. Das BMBWF (o. J.) bietet hierzu das Messinstrument zur Kompetenzanalyse – Deutsch (MIKA-D) für Schulleiter*innen zur Feststellung der Deutschsprachkompetenz an. Seit dem Schuljahr 2018/19 wird die Beherrschung der Unterrichtssprache Deutsch als ein Kriterium für die Schulreife herangezogen, um in weiterer Folge Schüler*innen als ordentlich einzustufen und diese in den Regelbetrieb aufzunehmen. Insofern ein Mangel an Deutschsprachkompetenzen bei den Kindern im Rahmen der Testung MIKA-D Primarstufe festgestellt wird, werden diese dem außerordentlichen Status zugewiesen. Dies hat zur Folge, dass je nach Anzahl der außerordentlichen Schüler*innen Deutschförderklassen oder Deutschförderkurse am Schulstandort eingerichtet werden (BMBWF, o. J.).

Bildungssprache als Differenzmerkmal kann nach Mecheril und Quehl (2015, 145 f.) dahingehend verstanden werden, dass für den Schulerfolg das Beherrschen alltagssprachlicher Sprachvarianten nicht genügt und solche (Deutsch-)Sprachkompetenzen für Schüler*innen entscheidend sind, welche die Aneignung von schulischem Wissen befördern. Die systematische Entwicklung dieser (Deutsch-)Sprachkompetenzen scheint bislang in der Schule nicht in ausreichendem Maße zu gelingen. Dies hat wiederum zur Folge, dass es zu Benachteiligungen jener Schüler*innen kommt, welche bildungssprachliche Kompetenzen nicht bereits im außerschulischen Bereich gesammelt haben (ebd.). Es zeigt sich an dieser Stelle, dass die Verantwortung in Bezug auf die geforderte (Deutsch-)Sprachkompetenz den Schüler*innen zugewiesen wird. Diese Defizitperspektive möchte der vorliegende Beitrag hinterfragen. Dabei sollen allgemeindidaktische Bedingungen erläutert werden, in der ein migrationsgesellschaftlich-mehrsprachiger Lernraum für (Primarstufen)Pädagog*innen möglich erscheint.

2.1 Migrationsgesellschaftlich-mehrsprachiger Lernraum – Allgemeindidaktisch Bedingungen

Mecheril und Quehl (ebd., 152) verweisen darauf, dass die Einnahme einer migrationspädagogischen Perspektive zu einer Auseinandersetzung mit lebensweltlichen und schulischen Diskriminierungsverhältnissen führt, in der auch die gesellschaftliche Position von Lehrpersonen in den Blick genommen wird (vgl. ebd.). In dieser Betrachtung übernehmen die Lehrpersonen eine zentrale Funktion, nämlich die der Vermittlung der Bildungssprache. Das Konzept der Bildungssprache sieht nach Mecheril und Quehl (ebd., 153) vor, dass das Alltagswissen auf abstrakterer Ebene rekonstruiert und in schulisches Wissen sowie in die daran anschließenden fachsprachlichen Begrifflichkeiten überführt wird. Dieser Anschluss kann nach den Autoren dann gelingen und bildungsrelevant werden, wenn an die lebensweltlichen Erfahrungen der Schüler*innen angeknüpft wird, welche auch Diskriminierungs- und Zugehörigkeitserfahrungen mit einbeziehen (vgl. ebd.). Sprachlosigkeit im Sinne von nicht über bestimmte Dinge sprechen zu können und diese auch nicht benennen zu können, resultiert oftmals aus der Unkenntnis von Begriffen für die Problematik. Partizipation von Schüler*innen könnte durch die Pädagog*innen dadurch ermöglicht werden, indem diese Erfahrungen im bildungssprachlichen Kontext benannt werden können. Dazu braucht es eine Sensibilisierung und ein Bewusstsein für diese Problematik unter den Pädagog*innen, welche die Einnahme einer migrationspädagogischen Perspektive zu leisten scheint.

Der Feldnotiz nach erfährt der Schüler, dass seine Mehrsprachigkeit im Kontext Schule keine Anerkennung findet. Auf individueller Ebene macht er die Erfahrung, dass er sich nicht entsprechend den Erwartungen der Lehrperson mitteilen kann. Dies hat auf sozialer Ebene zur Folge, dass er in der Klasse keine Anerkennung erfährt. Dadurch lernt der Schüler, die vorherrschende Normen von (nicht) anerkannten Handlungen zu verstehen. Mecheril und Quehl (ebd., 149) verweisen darauf, dass „[i]n der Sprache [...] jede Einzelne auch ihre Stimme finden [muss], die sie für sich selbst und für die anderen identifizierbar macht" (ebd.). Bezogen auf die Feldnotiz zeigt sich in dieser Aussage, dass der Schüler durch seine Sprache für die Lehrperson nicht identifizierbar ist. Aus der Defizitperspektive der Lehrperson erscheint der Schüler unter den gegebenen Bedingungen als ‚sprachlos'. Als eine entscheidende Schnittstelle bezeichnen Mecheril und Quehl (ebd., 150) den familiären Kontext der Schüler*innen und der Schule.

> „Um am Übergang zwischen dem familiären Kontext und der Schule die unterschiedlichen Disponiertheiten der Schüler/innen aufzugreifen [...] müssen das Kind, der/die Jugendliche oder die Eltern sich selbstverständlich im Kontext Schule aufhalten und ihr Sprachhandeln als in der Teilnahme wirksam und erfolgreich erfahren können." (ebd.)

Diesen Übergang zwischen familiärem Kontext und der Schule scheint die Lehrperson im angeführten Beispiel nicht aufgreifen zu können, um die unterschiedlichen Disponiertheiten der Schüler*innen in ein Passungsverhältnis bringen zu können. Zentral erscheint an dieser Stelle, dass dies auch in der Reflexion durch die Lehrperson weder im praktischen noch theoretischen Handeln in Betracht gezogen werden kann und die Teilhabe des Schülers als individuelles Problem des vermeintlich mangelnden Sprachgebrauchs gedeutet wird.

Geier und Mecheril (2021, 56) sehen im migrationspädagogischen Ansatz eine Möglichkeit, um die institutionellen und diskursiven Ordnungen der Herstellung von Differenz und den damit einhergehenden (Nicht-)Anerkennungsprozessen in den Blick zu bekommen. In weiterer Folge wird im Sinne einer pädagogischen Reflexivität die Gelegenheit eröffnet, eine Veränderung dieser Ordnungen herbeizuführen (vgl. ebd.).

> „Schulische Veränderungen können gesellschaftliche Veränderungen nicht ersetzen. Der Schule kommt aber die Aufgabe zu, Bildungsräume zu öffnen, in denen Veränderungen gedacht und besprochen werden können." (Mecheril & Quehl 2015, 160)

Die Eröffnung von Bildungsräumen, in denen Mehrsprachigkeit aus einer migrationspädagogischen Perspektive gedacht wird, bedarf einer macht- und herrschaftskritischen Auseinandersetzung mit Sprache und den darin enthaltenen Rassismen. Andernfalls läuft diese Auseinandersetzung sonst Gefahr, gesellschaftliche Normalitätsvorstellungen zu reproduzieren und in den Duktus des subjektiven Forderns und Förderns zu verfallen. Darüber hinaus verweisen Mecheril und Quehl (ebd., 164) darauf, dass eine Öffnung der Schule für mehrsprachige Praktiken das Bild einer bereits gelebten Gesellschaft entwirft, in der sprachliche Mehrfachzugehörigkeiten und Hybriditäten keine Ausnahme darstellen. Unter diesen Voraussetzungen erscheint der migrationsgesellschaftlich-mehrsprachige Lernraum Primarstufe, in eine fundierte theoretische Grundlage eingebettet zu sein.

2.2 Migrationsgesellschaftliche Mehrsprachigkeit

Eine Präzisierung erfährt das Verständnis eines migrationsgesellschaftlich-mehrsprachigen Lernraums in der Primarstufe durch den von Dirim (2016, 313 f.) ins Feld geführten Begriff der migrationsgesellschaftlichen Mehrsprachigkeit. Sie versteht darunter,

> „dass damit nicht nur Migrationssprachen und deren Gebrauch zum Analysegegenstand werden, sondern auch alle anderen Sprachen in der Migrationsgesellschaft und deren Gebrauch auf eine auf

diesen Kontext bezogene Weise in den Blick genommen werden. Darüber hinaus geht es [...] um die Rolle des Differenzmerkmals ‚Sprache' bei der Konstruktion und Über- und Unterordnung von Gruppen bzw., stärker migrationspädagogisch formuliert, der Konstruktion von Gruppen des majoritären ‚Wir' und des damit verbundenen minoritären ‚Nicht-Wir' mittels ‚Sprache' in der Migrationsgesellschaft." (ebd., Hervorhebungen im Original)

Damit wird auch die Möglichkeit zur Analyse der Rolle des Deutschen (vgl. ebd.) im Kontext Schule geschaffen. Im Umgang mit Mehrsprachigkeit in der Schule verweist Dirim (ebd., 323 f.) darauf, dass im Sinne der Reduzierung von Benachteiligungen zwischen Schüler*innen mit unterschiedlichen sprachlichen Zugängen die Thematisierung von migrationsgesellschaftlicher Mehrsprachigkeit begrüßenswert wäre. Allerdings weist sie dabei auch auf die damit einhergehende Problematik hin, dass dadurch Sprache als migrationsgesellschaftliches Differenzmerkmal stetig reproduziert werde. Dies hat des Weiteren zur Folge, dass Schüler*innen aufgrund ihrer sprachlichen Zugänge stetig positioniert und ihnen Sprache als Zugehörigkeitsmerkmal zugeschrieben wird. Lehrpersonen, so Dirim (ebd., 324), könnten sich für ihr Handeln aus einer migrationspädagogischen Perspektive die Frage stellen: *„Mit welchen Vorgehensweisen lassen sich über die (Nicht-)Thematisierung von Sprachigkeiten stattfindenden Inferiorisierungen migrationsanderer Schüler_innen reduzieren?"* (ebd., Hervorhebung im Original). Dahingehend kann das eigene Handeln in Bezug auf mögliche Zuschreibungen sprachlicher Differenzmerkmale reflektiert und verändert werden. Hierzu verweisen auch Dirim und Khakpour (2018, 213) darauf, dass speziell im urbanen Kontext als allgemeine Ressource eine lebensweltliche Mehrsprachigkeit anzutreffen ist und das Mischen von Sprachen im familiären wie außerfamiliären Bereich stattfindet. Die darin eingelagerten normativen Vorstellungen von gutem und schlechtem Sprechen würden zwar in die Aneignung von Sprache einfließen, jedoch könnten diese migrationsbedingte Neuformationen nicht verhindern (vgl. ebd.).

3 (Fachdidaktische) Ansätze zur Förderung von Mehrsprachigkeit

Im folgenden Kapitel werden nun exemplarisch die beiden Konzepte[2] Sprachenvergleiche und Translanguaging dargestellt. Die Ansätze zur Förderung von Mehrsprachigkeit geben einen Einblick, wie erste Schritte gesetzt werden können, um einen migrationsgesellschaftlich-mehrsprachigen Lernraum in der Schule herstellen zu können. Auf diese Weise können innerhalb der Schule Freiräume geschaffen werden, wo die sprachliche Vielfalt der Schüler*innen zugelassen und multilinguales Handeln ermöglicht wird (vgl. Montanari & Panagiotopoulou 2019, 98). Denn wie das zuvor beschriebene Fallbeispiel aufzeigt, kann ein einsprachiger Orientierungsrahmen im Unterricht zu Handlungseinschränkungen von Schüler*innen führen. Schreger (2013, 10) argumentiert, dass durch die künstliche Erzeugung der Einsprachigkeit in der Schule die Sprache ihre eigentliche Funktion, nämlich die als Kommunikationsmittel, verliert und eine neue Aufgabe als Machtmittel erhält.

3.1 Sprachenvergleiche

Die sprachliche Vielfalt in Klassenzimmern bietet die ideale Gelegenheit, um Sprachvergleiche durchzuführen. Die diversen Sprachen der Kinder können auf lexikalischer, phonologischer, morphologischer, syntaktischer und pragmatischer Ebene miteinander verglichen werden. Dabei ist es nicht zwingend erforderlich, dass die Lehrperson alle Sprachen beherrscht. Vielmehr geht es darum, alle sprachlichen Kompetenzen der Schüler*innen als gleichwertig anzusehen und als Ressource wahrzunehmen. Durch Sprachenvergleiche können Gemeinsamkeiten und Unterschiede von verschiedenen Sprachen untersucht und reflektiert werden. Die Auseinandersetzung mit mehreren Sprachen und Sprachsystemen ermöglicht es den Schüler*innen, ihre eigenen Sprachen unter einem anderen Blickwinkel zu betrachten (vgl. Siems 2015, 171).

---

2   Zur tiefergehenden Auseinandersetzung sind weitere Konzepte bei Lanschützer (2022) nachzulesen.

3.2 Translanguaging

Montanari und Panagiotopoulou (2019) sind der Auffassung, dass Translanguaging als gleichzeitige Nutzung mehrerer Sprachen im Alltag selbstverständlich ist sowie auch im beruflichen Leben eine bedeutende Rolle spielt. Daraus resultierend erachten die Autorinnen, dass Translanguaging ebenso im schulischen Bereich als fixer Bestandteil betrachtet werden sollte. Ein an Translanguaging orientierter Unterricht ermöglicht es den Schüler*innen, all ihre sprachlichen Ressourcen zu mobilisieren und zu entfalten (vgl. ebd., 27 ff.). Translanguaging erlaubt jenen Schüler*innen, so Plutzar (2019, 10), für die die unterrichtssprachlichen Voraussetzungen nicht im eigenen sprachlichen Repertoire vorhanden sind, durch den Gebrauch der eigenen Sprachen sich die Sprache des Unterrichts anzueigenen und weiterzuentwickeln (vgl. ebd.).

4 Diskussion und Ausblick – Migrationsgesellschaftlich-mehrsprachiger Lernraum Primarstufe

Zusammenfassend zeigt sich in der Beantwortung der aufgeworfenen Frage im Beitrag, dass erstens Primarstufenpädagog*innen darin befähigt werden sollen, eine migrationspädagogische Perspektive einnehmen zu können. Dadurch wird es ihnen ermöglicht, die institutionellen und diskursiven Ordnungen der Herstellung von Differenz und der damit einhergehenden (Nicht-)Anerkennungsprozesse zu verstehen, zu reflektieren und zu verändern. Herzog-Punzenberger (2017) zeigt auf, dass im deutschen und österreichischen Bildungssystem die Monolingualität im Deutschen eher aufrechterhalten wird, als dass die Mehrsprachigkeit von Schüler*innen darin Anerkennung finden würde. Sie führe zur Benachteiligung von Schüler*innen in diesen Bildungssystemen, welche zunächst mit einer anderen Sprache als Deutsch sozialisiert werden (vgl. ebd.). Des Weiteren besteht zweitens für Primarstufenpädagog*innen die Notwendigkeit, sich mit Ansätzen zur Förderung von Mehrsprachigkeit auseinanderzusetzen, damit diese sich in einem migrationsgesellschaftlich-mehrsprachigen Lernraum als handlungsfähig erleben können. Dirim und Khakpour (2018, 224) verdeutlichen in ihrer Zusammenschau von Forschungsergebnissen zur Mehrsprachigkeit,

> „dass ein-, zwei- und mehrsprachiger Unterricht immer in einem Raum hegemonialer Tradition des Umgangs mit Sprachen stattfindet und dass Schüler*innen, die zweisprachig aufwachsen, von didaktisch-methodischen Möglichkeiten nicht gleichermaßen profitieren können." (ebd.)

Wesentlich dafür wären die Qualifizierung von Lehrkräften sowie die Gelegenheiten zur Einbindung von Mehrsprachigkeit in den Unterricht (vgl. ebd.). Und drittens braucht es für einen migrationsgesellschaftlich-mehrsprachigen Lernraum ein Umfeld für Schüler*innen, welches von Lehrpersonen bewusst im Sinne von „inquiry spaces" (Chung 2018) gestaltet wird. Ein migrationsgesellschaftlich-mehrsprachiger Lernraum versteht sich als Erfahrungsraum für schulische Akteurinnen und Akteure, in dem Mehrsprachigkeit aktiv gelebt und Zugehörigkeit gestaltet werden.

Literaturverzeichnis

BMBWF (o. J.). BMBWF-Erlass zu MIKA-Orientierung (Primarstufe, Schulreifefeststellung) vom 06.11.2020. Abrufbar unter: https://www.bmbwf.gv.at/Themen/schule/schulpraxis/ba/sprabi/mika_d.html (10.10.2022)

Chung, S. (2018). „Education Is Ceremony: Thinking *with* Stories of Indigenous Youth and Families". *LEARNing Landscapes* 11 (2), S. 93-108.

Dirim, I. (2016). „Sprachverhältnisse". In: Mecheril, P. (Hrsg.). Handbuch Migrationspädagogik. (S. 311-325). Weinheim und Basel: Beltz Verlag.

Dirim, I. & Khakpour, N. (2018). „Migrationsgesellschaftliche Mehrsprachigkeit in der Schule". In: Dirim, I. & Mecheril, P. (Hrsg.). Heterogenität, Sprache(n), Bildung. (S. 201-225). Bad Heilbrunn: Verlag Julius Klinkhardt.

Dirim, I. (2021). „Sprache und Integration". In: Altmayer, C., Biebighäuser, K., Haberzettl, S. & Heine, A. (Hrsg.). Handbuch Deutsch als Fremd- und Zweitsprache. (S. 88-104). Berlin: J. B. Metzler.

Geier, T. & Mecheril, P. (2021). „Migrationspädagogik als Einsatz einer Allgemeinen Didaktik". In: Kampshoff, M. & Wiepcke, C. (Hrsg.). Vielfalt in Schule und Unterricht: Konzepte und Debatten im Zeichen der Heterogenität. (S. 53-63). Stuttgart: Verlag W. Kohlhammer.

Gogolin, I. (2008): „Der monolinguale Habitus der multilingualen Schule". In: *Internationale Hochschulschriften*, Bd. 101, 2., unveränd. Aufl. Münster: Waxmann.

Herzog-Punzenberger, B. (2017). „Segregation oder die Vielfalt in den Schulklassen?". *Policy-Brief* Nr. 5. Arbeiterkammer Wien. Abrufbar unter: https://www.arbeiterkammer.at/infopool/wien/PB05_Segregation. pdf (19.10.2022)

Lanschützer, L. (2022). Fördermaßnahmen von Mehrsprachigkeit in der Primarstufe im Kontext der Literalität. PH Wien: Masterarbeit.

Mecheril, P. & Quehl T. (2015). „Die Sprache der Schule: Eine migrationspädagogische Kritik der Bildungssprache". In: Thoma, N. & Knappik, M. (Hrsg.). Sprache und Bildung in Migrationsgesellschaften: Machtkritische Perspektiven auf ein prekarisiertes Verhältnis. (S. 151-178). Bielefeld: transcript Verlag.

Montanari, E. & Panagiotopoulou, J. (2019). Mehrsprachigkeit und Bildung in Kitas und Schulen. Tübingen: Narr Francke Attempto Verlag.

Plutzar, V. (2019). „Interreg Austria-Czech Republic. Hintergründe, Zugänge und Umsetzungsmöglichkeiten. Ein Konzept zur Einbindung des sprachlichen Vermögens von SchülerInnen im Regelunterricht". Abrufbar unter: https://at-cz.big-projects.eu/index.php/de/translanguaging-aus-linguistischer-perspektive (11.05.2022)

Schreger, C. (2013). „Die gespaltene Zunge". In: Purkarthofer, J. & Busch, B. (Hrsg.). Schulsprachen – Sprachen in und um und durch die Schule. (S. 9-15). Innsbruck: Studienverlag.

Siems, M. (2015). „Mehrsprachigkeit wertschätzen, Sprachen vergleichen und Sprachbewusstsein fördern – Herausforderungen für den Deutsch- und Fremdsprachenunterricht". In: Benholz, C., Frank, M. & Gürsoy, E. (Hrsg.). Deutsch als Zweitsprache in allen Fächern. Konzepte für Lehrerbildung und Unterricht. (S. 163-186). Stuttgart: Fillibach bei Klett.

Statistik Austria (o. J.). „Schülerinnen und Schüler im Schuljahr 2020/21, für die Deutsch nicht die erstgenannte im Alltag gebrauchte Sprache ist". Abrufbar unter: https://www.statistik.at/statistiken/bevoelkerung-und-soziales/bildung/schulbesuch/schuelerinnen (30.09.2022)

Wittgenstein, L. (1963). Tractatus logico-philosophicus. Logisch-philosophische Abhandlung. Frankfurt am Main: Suhrkamp.

Autor*innen

Lena Lanschützer, BEd, MEd

Primarstufenpädagogin an der Volksschule Kirchberg am Wagram, Schwerpunkt Sprachliche Bildung

lena.lanschuetzer@gmx.at

Mag. Dr. Peter Riegler, BEd

Lehre und Forschung am Institut für allgemeine bildungswissenschaftliche Grundlagen und reflektierte Praxis der PH Wien sowie am Zentrum für Lehrer*innenbildung der Universität Wien, Mitherausgeber der Reihe *Forschungsperspektiven* der PH Wien

peter.riegler@phwien.ac.at

Innovationsförderndes Arbeitsklima erschafft Lernräume

Handlungsmöglichkeiten und Entwicklungsfelder für Lehrenden-Teams in der Primarstufe

Anja Vogl, Peter Vogl

Abstract

Der folgende Beitrag beschäftigt sich mit der Frage, wie die Effektivität und Innovation von Lehrendenteams am Schulstandort gefördert werden können. Anhand der Vier-Faktoren-Theorie zur Innovation in Teams, Vision, partizipative Sicherheit, Aufgabenorientierung und Unterstützung von Innovationen (Dick & West 2013), werden mögliche Interventionen in Form konkreter theoriegeleiteter Methoden vorgestellt und Impulse für Teamentwicklungsmaßnahmen zu jeder Dimension von Innovation in Teams aufgezeigt.

Einleitung

Das Leben im 21. Jahrhundert ist von Beschleunigung und Wettbewerb geprägt. Moderne Gesellschaften sichern ihren Fortbestand durch einen Modus der dynamischen Stabilisierung. Menschen, die in solchen Gesellschaften leben, müssen ihre eigene Selbstoptimierung vorantreiben (Rosa 2016). Selbst der traditionsbasierte Schulbetrieb bleibt von diesen tiefgreifenden gesellschaftlichen Veränderungen nicht unberührt, es kommt zu einer Annäherung der Arbeitsweisen des „Profit" und „Non-Profit-Sektors" (Pohl & Witt 2019). Die Organisation Schule übernimmt zunehmend Kriterien des wirtschaftlichen Sektors. Seit dem Schuljahr 2013/14 ist Qualitätssicherung und Qualitätsentwicklung an österreichischen Schulen verbindlich. Um Entwicklungsprozesse in Schulen voranzutreiben, bekommen diese größere Autonomie. Das Qualitätsmanagement für Schulen, kurz: QMS, wurde ab dem Schuljahr 2021/22 in allen österreichischen Schulformen implementiert.

> „QMS bezieht sich auf drei Perspektiven bzw. Gruppen von Akteur/inn/en: Schulleitung (sie steht für die Schule als Organisation), Lehrenden-Teams und einzelne Lehrende. Die Tatsache, dass QMS Lehrenden-Teams gesondert anspricht, ist eine Besonderheit im Vergleich zu anderen schulischen QM-Systemen und trägt der Bedeutung von Lehrenden-Teams im Schulalltag und bei der Schul- und Unterrichtsentwicklung Rechnung." (BMBWF 2022, 3)

Lehrpersonen agieren häufig alleine, da Isolation und Individualismus stark in den Vorstellungen von Lehrenden verhaftet sind (Gajda & Koliba 2008). Deswegen sind sie oftmals nicht in der Lage, Entwicklungen am Schulstandort voranzutreiben (Westfall-Greiter & Hofbauer 2010). QMS versucht, durch eine stärkere Teamorientierung professionelle und wirkungsvolle Unterrichtsentwicklung zu fördern.

Lehrenden-Teams bestehen aus mehreren Personen (im Idealfall vier bis sechs) mit individuellen Fähigkeiten, Kenntnissen und Persönlichkeitsmerkmalen. Diese arbeiten mehr oder weniger kontinuierlich an gemeinsamen Aufgaben und setzen zur Zielerreichung bestimmte Routinen ein (Wegge 2004). In der Organisation Schule werden Teams auf unterschiedliche Art und Weise gebildet, entweder von der Leitung verordnet und festgelegt (Jahrgangsteams) oder frei gewählt (Projektteams). Ein Team benötigt einen gemeinsamen Arbeitsauftrag, den es übernimmt und ausführt, Teamarbeit hat keinen Selbstzweck. Lehrenden-Teams können durch die Veränderung der Schulorganisation als „Innovationsteams" gesehen werden (Gemünden & Högl 1998, 283). Ihnen werden „Planungs- und Entwicklungsaufgaben" übertragen, welche viele Entscheidungen verlangen, zugleich sind sie aber für die „operative Realisierung dieser angestrebten Innovationen" zuständig (Wegge 2004, 21). In Zeiten hoher Belastung durch Individualisierung, die Erstellung kompetenzorientierter Aufgaben und die Entwicklung von Beurteilungsrastern stellt Teamorientierung eine Entlastung für den Einzelnen dar (Rolfes-Poneß

2007). Durch eine Verbesserung des Teamklimas ist es möglich, die Qualität und Quantität der Ideen des Kollegiums zu unterstützen (Dick & West 2013), wodurch die Bereitschaft zur Veränderung und eine Offenheit für Innovationen entstehen.

1 Vier-Faktoren-Theorie von Innovation in Teams

Institutionen werden erst dann zu Innovationen gezwungen, wenn sie erkennen, dass sie sich dem veränderten Umfeld anpassen müssen (Pohl & Witt 2019). Gründe für das Stocken bei Veränderungsprozessen können das hohe tägliche Arbeitspensum von Lehrpersonen, insbesondere in Bezug auf administrative Tätigkeiten und die starke Traditionsorientierung im Lehrberuf sein. Bei Innovationsentwicklungen von Lehrenden-Teams handelt es sich um „Normalinnovationen" (ebd., 88). Diese zeichnen sich durch eine Weiterentwicklung von vorhandenen Ideen in kleinen Schritten aus.

Die Vier-Faktoren-Theorie von Innovation in Teams (West 1990) unterscheidet zwischen der Quantität und der Qualität von Innovationen. Die untenstehende Grafik in Abb. 1 verdeutlicht dies. Die folgenden vier Faktoren begünstigen ein Teamklima, welches die Entwicklung von Innovationen fördert: „Vision, Aufgabenorientierung, partizipative Sicherheit und Unterstützung bei Innovationen" (Dick & West 2013, 44).

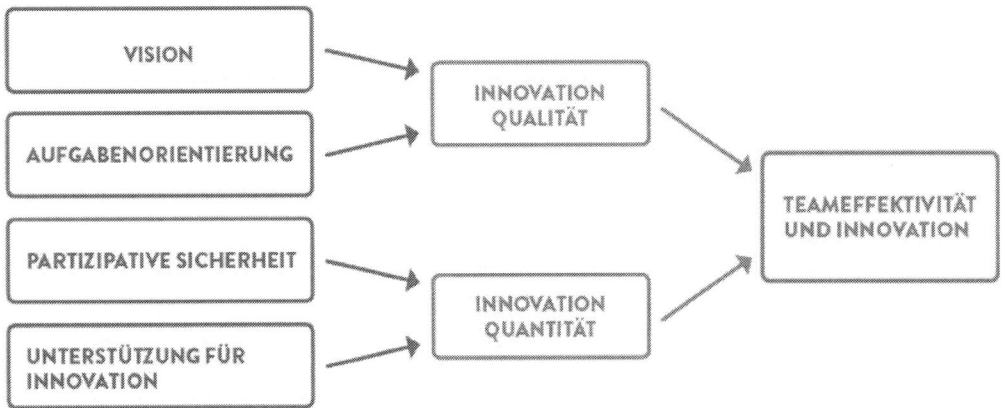

Abb. 1: Vier-Faktoren-Theorie von Innovation in Teams, Quelle: Dick & West 2013, 44

Vision und Aufgabenorientierung steigern die Qualität von Innovation in Teams. Zukunftsbilder für die gemeinsame Arbeit werden als Vision bezeichnet. Die basale Ebene von Vision geht der Frage nach: „Was wollen wir erschaffen?" (Senge et al. 2021, 226). Entscheidend ist, dass dieses gemeinsame Bild von allen Mitarbeiter*innen einer Organisation getragen wird. Das gemeinsame Suchen nach Zielen und Interessen fördert die positive Haltung (Pischetsrieder 2005) der Lehrenden gegenüber dem Schulstandort und wirkt sich positiv auf die Arbeit von Lehrer*innenteams aus. Eine tief empfundene Vision fördert das Engagement der Kolleg*innen. Zudem wird die kreative Arbeit der Lehrpersonen durch eine gemeinsame Vision unterstützt. Gemeinsame Ziele und Werte lassen sich aber nicht von der Schulleitung vorgeben, Visionen müssen durch die Förderung einer lebendigen Gesprächskultur entstehen (Senge et al. 2021). Je klarer Visionen von den Lehrenden formuliert werden, desto einfacher ist es, passende Ziele zu finden und an deren Realisierung zu arbeiten (Dick & West 2013). Hohe Aufgabeneffektivität wird in einem Team erreicht, welches versucht, „hohe Standards zu erreichen" und „Aufgaben möglichst optimal zu erfüllen" (ebd., 45). Alle Beteiligten müssen bereit sein, Bestleistungen zu erbringen, und die Möglichkeit des gegenseitigen kritischen Feedbacks sollte gegeben sein. Im Prozess muss die Qualität der Ideen von Gruppenmitgliedern überwacht werden. Dies ist nur möglich, wenn klare Kriterien für Leistungen festgelegt sind und diese auch Wertschätzung erfahren (ebd., 2013).

Die weiteren zwei Faktoren Partizipative Sicherheit und Unterstützung für Innovation führen zu einer Erhöhung der reinen Anzahl von Anregungen und Vorschlägen in Teams (West 1990). Partizipation meint die Teilhabe an einem Prozess, wobei der Begriff ein sehr großes Bedeutungsspektrum aufweist (Wegge 2004). Dieser wird einerseits als soziale Methode eingesetzt, um die „Motivation", die „Kooperation" und die „Identifikation mit der Organisation" zu fördern (ebd., 206), andererseits entspricht es der „sozialen Natur des Menschen", als Mitarbeiter*in zielgerichtet und selbstbestimmt zu handeln (ebd.). Durch den Partizipationsprozess sind Lehrer*innen in der Lage, selbst „Teilhabe an der Ausübung von Macht in der Organisation zu erlangen" (ebd.). In einem Klima partizipativer Sicherheit ist es möglich, Fehler zu begehen, wodurch die Mitglieder des Teams ermutigt werden, auch „risikobehaftete Ideen vorzubringen und umzusetzen" (Dick & West 2013, 45). Lehrer*innen steigern die Häufigkeit ihrer Ideenproduktion, mehr Information wird ausgetauscht, die Beteiligung jedes Einzelnen am Entwicklungsprozess wird erhöht (ebd.). In einem Team, welches Innovationen unterstützt, werden neue Ideen erwartet, es ist normal, sich an Diskussionen zu beteiligen. Die Teammitglieder bieten sich gegenseitig Hilfe bei der Umsetzung neuer Ideen an. Es kann zwischen verbaler und tatsächlich gegebener Unterstützung unterschieden werden, wobei langfristig nur das Bereitstellen von Ressourcen und Zeit bei der Umsetzung von Innovationen hilfreich ist (ebd.).

2 Teamentwicklung am Schulstandort

Dieser Beitrag soll es Praktiker*innen in der Primarstufe ermöglichen, das Teamklima im Kollegium gezielt zu verbessern. Da Lehrenden-Teams die Verantwortung „für die Planung, Durchführung, Reflexion und Weiterentwicklung des Unterrichts" (BMBWF 2021, 1) tragen, ist es essentiell, dass es diesbezüglich viele und qualitativ hochwertige Vorschläge und Ideen von Lehrer*innen gibt. Die im Folgenden vorgestellten Erhebungsinstrumente und Interventionsmethoden orientieren sich an der oben erläuterten Vier-Faktoren-Theorie von Innovation in Teams (Dick & West 2013).

Teamentwicklungsmaßnahmen können im Rahmen einer schulinternen Fortbildung (SCHiLF) mit externer Moderation oder von den Qualitätskoordinator*innen am Schulstandort durchgeführt werden. Im Idealfall umfasst eine Teamentwicklungsmaßnahme folgende Phasen (Kauffeld & Schulte 2019):

* Kontaktphase: In einem ersten Schritt werden Ziele und Erwartungen der Lehrenden definiert und erhoben. Der Auftrag kann von der Schulleitung vorgegeben werden oder das Team selbst findet Bereiche, an deren Neuerung es interessiert ist.

* Diagnosephase: Im nächsten Schritt wird eine Ist-Analyse zur Erhebung des Teamklimas am Schulstandort durchgeführt. Diese kann entweder mittels einer des kürzeren Fragebogens zur Teamarbeit (Dick & West 2013) oder des längeren Teamklima-Inventars (TKI) für Innovation in Gruppen (Brodbeck & Maier 2001) untersucht werden. Die deskriptive Auswertung der vier Dimensionen des Erhebungsinstruments (Vision, Aufgabenorientierung, partizipative Sicherheit und Unterstützung bei Innovationen) ist dem Kollegium rückzumelden und handlungsleitend bei der Auswahl der Interventionsmethode in der Planungsphase.

* Planungs- und Durchführungsphase: Aufbauend auf den Ergebnissen der ersten zwei Phasen, wird anschließend mit der Planung der passenden Teamentwicklungsmaßnahme begonnen. Die Durchführung der Intervention muss sorgfältig geplant sein und die nötigen Ressourcen (Zeit, Geld, Räume etc.) müssen bereitgestellt werden.

* Evaluationsphase: Die Wirkungen der Intervention müssen evaluiert und Ergebnisse für das Kollegium sichtbar gemacht werden. Die Evaluation kann sowohl qualitativ (Interviews, Fokusgruppen etc.) als auch quantitativ (Mittelwertberechnungen via unterschiedlichster benutzerfreundlicher Analysesoftware, wie zum Beispiel Lime Survey, Survey Monkey, Unipark etc.) durchgeführt werden.

Entscheidend bei der Teamentwicklung am Schulstandort ist es, möglichst alle Mitarbeiter*innen einzubinden und diese als Ressource im Prozess zu begreifen. Diversität und Heterogenität müssen dabei als Chance gesehen werden.

> „Diversität und Erfahrungsvielfalt nutzt zielgerichtet Expertentum, stärkt Kreativität (reduziert Gruppenblindheit, differenziert Perspektiven, führt meist zu mehr Alternativen, besseren Entscheidungen) und fördert Innovationen." (Unger et al. 2022, 261)

Die oben vorgestellten Phasen der Teamentwicklung dienen als Grundgerüst für den Planungsprozess. Die ausgewählten Methoden zur Förderung der einzelnen Dimensionen der Vier-Faktoren-Theorie von Innovation in Teams werden nun detailliert erläutert.

2.1 Vision

Für die Entwicklung der Vision einer Schule bietet sich die Abhaltung einer Zukunftskonferenz an (Pischetsrieder 2005). Durch diese Methode kann auch ein Leitbild oder Profil der Schule entwickelt werden. Der Schulstandort schafft sich bis zu einem gewissen Grad eine eigene Corporate Identity, hier hilft es die Devise zu verfolgen, dass nur, was innen klar ist, in weiterer Folge auch nach außen kommuniziert werden kann (ebd.). Entscheidend dabei ist es, Beteiligte zu Betroffenen zu machen und Betroffene zu Beteiligten. Abb. 2 verschafft einen Überblick zu den sechs typischen Phasen einer Zukunftskonferenz.

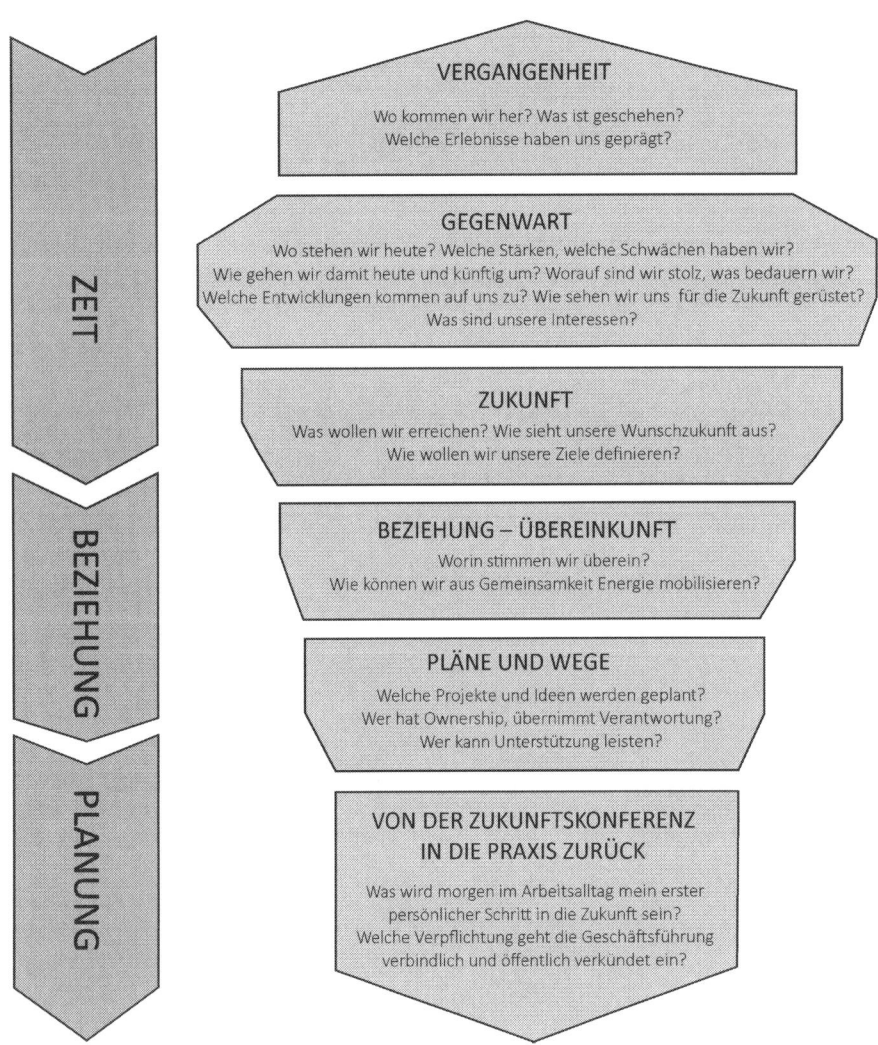

Abb. 2: Sechs typische Phasen einer Zukunftskonferenz in Anlehnung an Pischetsrieder 2005, 118

Die Moderation dieser Methode sollte, wenn es die Ressourcen erlauben, von einer neutralen Person durchgeführt werden. Die Ausgangsbasis einer solchen Konferenz stellen die Erfahrungen und Kenntnisse der Lehrenden dar (Dick & West 2013). In einem ersten Schritt beantworten die Lehrpersonen Fragen zur Vergangenheit der Organisation: „Wo kommen wir her? Was ist geschehen? Welche Erlebnisse haben uns geprägt?" (Pischetsrieder 2005, 118). Den zweiten Schritt stellt die Beantwortung von Fragen zur Gegenwart dar: „Wo stehen wir heute? Welche Stärken, welche Schwächen haben wir? Wie gehen wir damit heute und künftig um? Worauf sind wir stolz, was bedauern wir? Welche Entwicklungen kommen auf uns zu? Wie sehen wir uns für die Zukunft gerüstet? Was sind unsere Interessen?" (ebd.). Die/Der Moderator*in achtet darauf, dass nicht zu viel Zeit mit Vergangenheitsanalysen verbracht wird. Essenziell ist der dritte Schritt, die Erarbeitung einer Zukunftsvision, eines idealen Wunschzustandes: „Was wollen wir erreichen? Wie sieht unsere Wunschzukunft aus? Wie wollen wir unsere Ziele definieren?" (ebd.). Eine der überraschendsten Möglichkeiten einer Zukunftskonferenz stellt das Erkennen vieler Gemeinsamkeiten trotz unterschiedlicher Interessen und Ideen der einzelnen Lehrpersonen dar. Diese Überlegung greift die vierte Phase auf. Hier beschäftigen sich die Lehrer*innen mit Fragen, die die Beziehungsebene des Teams im Blickfeld haben: „Worin stimmen wir überein? Wie können wir aus Gemeinsamkeit Energie mobilisieren?" (ebd.). Die fünfte und sechste Phase bilden Fragen zur konkreten Planung von Projekten und der damit verbundenen Umsetzung in die Praxis: „Welche Projekte und Ideen werden geplant? Wer hat Ownership, übernimmt Verantwortung? Wer kann Unterstützung leisten?" (ebd.). Eine Zukunftskonferenz ist eine Großgruppenmoderationsmethode und bietet Möglichkeiten, das gesamte Kollegium zu aktivieren.

2.2 Aufgabenorientierung

Die Aufgabenorientierung eines Teams kann durch die SMART-Methode (Hettl 2013; Kiese-Himmel 2018) verbessert werden. SMART ist ein Akronym, es beschreibt die Eigenschaften, welche ein gut formuliertes und somit erreichbares Ziel haben muss (Lockhart 2011). Um die Aufgabenorientierung zu steigern und optimale Ergebnisse zu erzielen, ist es sinnvoll, diese Methode einzusetzen. Im „Welt-Café"-Setting (Philipp 2014, 67) lassen sich Ideen optimal sammeln. Die Lehrpersonen treffen sich bei Tischen, an denen Fragen zu jedem Teilaspekt der smarten Ziele vorbereitet sind. Die Ergebnisse werden auf Plakaten festgehalten und die Gruppen wechseln. Dann werden die Resultate zusammengeführt, diskutiert, formal fixiert und niedergeschrieben.

- S – „Spezifisch"
  Ziele müssen so spezifisch wie möglich und positiv formuliert sein. Unklare Formulierungen, die unterschiedliche Interpretationen zulassen, sollten vermieden werden. W-Fragen sind bei diesem Schritt des Prozesses hilfreich: Wer? Was? Wo? Wann? Wie? Warum?

- M – „Messbar"
  Ziele werden so formuliert, dass sie messbar sind. Das bedeutet, es müssen Messbarkeitskriterien festgelegt werden. Als Unterstützung für die Quantifizierung dienen Kennzahlen (Schüler*innenzahlen, Mehrsprachigkeit, Daten über die Schüler*innenströme etc.). Durch die Festlegung klarer Kriterien ist ersichtlich, ob ein Ziel erreicht wurde oder nicht.

- A- „Ambitioniert/Attraktiv"
  Ziele sind ansprechend und erstrebenswert definiert. Wenn Ziele zu groß gesetzt werden, kann es bei Nichterreichung zu einem Verlust der Motivation oder Resignation der Teammitglieder kommen. Überziele werden besser in kleinere Teilziele zerlegt.

- R- „Realistisch"
  Ziele müssen so gesteckt sein, dass diese realistischerweise erreichbar sind. Die Mitglieder eines Teams sollten die Zieldefinition an ihren eigenen Kompetenzen und den vorgegebenen Rahmenbedingungn ausrichten. Dahingehend sind die normativen Grundlagen des Handelns von Lehrpersonen im Schulkontext mitzudenken (Lehrpläne, rechtliche Grundlagen etc.).

- T- „Terminiert"
  Es ist notwendig, einen fixen Zeitrahmen für die zu erreichenden Ziele festzulegen. Dieser darf nicht zu eng sein. Durch die Festlegung von Zwischenzielen wird die Arbeit am Projekt verbindlich.

2.3 Partizipative Sicherheit

Partizipative Sicherheit kann in einer Gruppe erhöht werden, wenn die Teamidentität wirkungsvoll gestärkt wird. Abb. 3 skizziert ein fünfstufiges Vorgehen, das in einer Grafik dargestellt wurde.

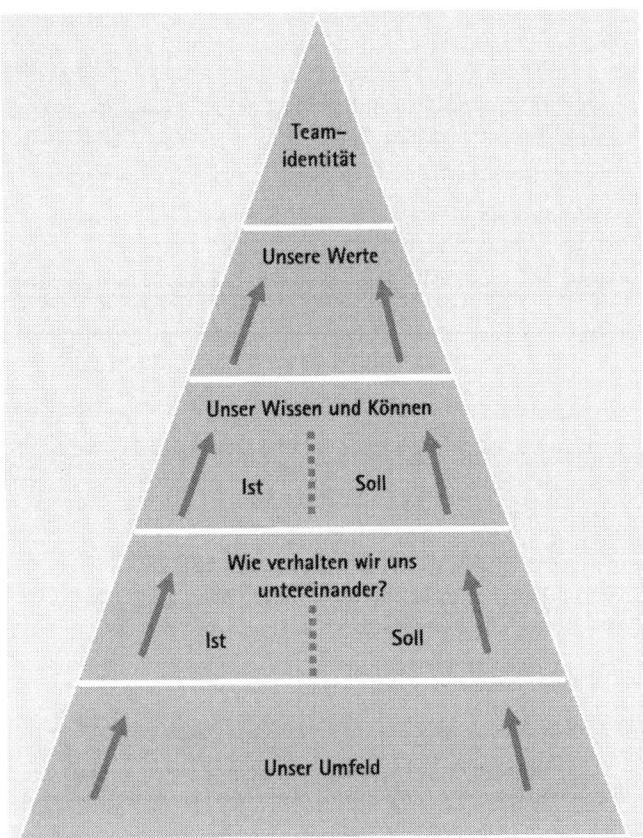

Abb. 3: Die Teamidentitäts-Pyramide, Quelle: Krüger 2018, 107

In der ersten Phase notiert jedes Teammitglied, wie es das Umfeld und die Rahmenbedingungen der Gruppe wahrnimmt:
- Wer beeinflusst das Team?
- Unterstützt uns die Organisation, bekommen wir alle nötigen Informationen?
- Wie funktioniert die Zusammenarbeit mit anderen Teams?

Die zweite Phase stellt eine Auseinandersetzung mit dem Verhalten der Teammitglieder dar. Jeder überlegt, welche Auswirkungen die genannten Rahmenbedingungen auf das Verhalten der Mitglieder untereinander und gegenüber anderen Personen der Organisation haben. Dabei wird der Ist-Zustand (aktuelle Verhaltensmuster) und der Soll-Zustand (persönliche Vorstellung) in einer Tabelle dargestellt. Gemeinsam wird im Anschluss über Diskrepanzen diskutiert. Verhaltensregeln für die Zukunft werden vereinbart.

In diesem Abschnitt (dritte Phase) geht es um das Wissen und Können der Teammitglieder, wieder werden Ist- und Soll-Zustand miteinander verglichen. Stärken und Schwächen des Teams werden herausgearbeitet. Schwächen werden durch konkrete Handlungsanweisungen gelöst. Sollten Wissenslücken zu schließen sein, können Fortbildungsveranstaltungen Abhilfe schaffen. Stellt sich heraus, dass die Kommunikation nach außen nicht funktioniert, wird ein Kollege/eine Kollegin diese Aufgabe in Zukunft übernehmen. Ermittelte Stärken, welche das Team ausmachen, werden auf einem Plakat notiert.

Im nächsten Schritt (Phase vier) wird herausgefunden, welche Werte und Einstellungen die Teammitglieder teilen. Es werden sowohl ethisch-moralische als auch im Alltag lebbare Werte zusammengetragen. Einstellungen und Werte, die von der Mehrheit geteilt werden, werden ebenfalls auf einem Plakat notiert.

Die Teamidentität wird in der fünften Phase herausgearbeitet. Aus den Phasen eins bis vier entwickelt sich als Ergebnis die erkennbare Identität des Teams. Sie kann durch einen Slogan verdeutlicht werden.

2.4 Unterstützung für Innovationen

Um die Unterstützung von Innovationen in Teams an Schulen zu fördern, ist es notwendig, zu erkennen, dass Neuerungen aus unterschiedlichen Gründen abgelehnt werden. Teamleiter*innen haben die Aufgabe, zu identifizieren, woran die Umsetzung scheitert. Pohl und Witt (2019, 140 f.) haben mögliche Ursachen für ablehnendes Verhalten zusammengefasst und mögliche Maßnahmen beschrieben:

* Unkenntnis
  Die Lehrenden wurden nicht ausreichend informiert, es ist wichtig, Informationen weiterzugeben und Diskussionen zuzulassen. Fragen sollen ernst genommen werden.

* Geltungsstreben
  Teammitglieder sind unglücklich, weil andere Ideen als ihre eigenen bearbeitet werden. Es ist notwendig, die bisherige Arbeit der Lehrer*innen zu würdigen und sie bei der Entwicklung von Neuerungen mitarbeiten zu lassen.

* Kollision mit persönlichen Interessen
  Sollte die Realisierung von Teamzielen mit persönlichen Interessen in Konflikt treten, ist es Aufgabe der Leitung, zu versuchen, die Kolleg*innen mit ins Boot zu holen. Wenn es möglich ist, kann ihnen ein Ausgleich angeboten werden.

* Gefühl der fachlichen Überforderung
  Den Teammitgliedern muss Sicherheit vermittelt werden, die Teamleiter*in versucht, Fachbegriffe zu vermeiden. Änderungen können nur in kleinen Schritten erfolgen.

* Verstoß gegen Gruppenziele
  Sollte die Innovation abgelehnt werden, weil sie gegen die Normen der Gruppe verstößt, ist es notwendig, Zugang zur Gruppe zu bekommen. Durch Diskussion wird versucht, Gemeinsamkeiten der neuen Entwicklung mit den Zielen und Normen des Teams zu erkennen.

* Desinteresse
  Liegt ein Desinteresse an der neuen Idee vor, ist es hilfreich, die Neugier der Teammitglieder zu wecken, ihnen persönliche Anreize zu geben und Vorteile aufzuzeigen.

* Bequemlichkeit
  Sollte das Lehrenden-Team aus Faulheit an Innovationen nicht herangehen wollen, ist es notwendig, genaue Anweisungen zu geben, Termine vorzugeben und nachteilige Folgen aufzuzeigen.

* Gewohnheit
  Oft werden Innovationen abgelehnt, weil Neuerungen den Arbeitsprozess verändern, eine kontrollierte Einführung in kleinen Schritten kann daher hilfreich sein.

* Zeitliche Überforderung
  Sollte eine zeitliche Überlastung vorliegen, muss geprüft werden, ob Zeitressourcen frei gemacht werden können. Möglicherweise bringt die Weiterentwicklung Zeitersparnis mit sich, dann sollten die Mitglieder darüber aufgeklärt werden.

3 Fazit und Ausblick

Die in diesem Beitrag vorgeschlagenen Methoden eröffnen einen Lernraum für Lehrpersonen. Weiterentwicklung auf individueller und Teamebene ist dann möglich, wenn jedem einzelnen Teammitglied klar ist, dass das Ringen um gemeinsame Ideen ein schwieriger Aushandlungsprozess ist. Entscheidend für den Erfolg der Teamentwicklung ist, ob Leitung und Kollegium erkennen, dass die momentane Mehrbelastung längerfristig zu einer Entlastung für jeden Einzelnen führt. Lehrer*innen eines Standortes müssen zwangsläufig Teamfähigkeit und Teamarbeit an den Tag legen, um gemeinsam entwickelte Lösungsansätze weiterzuverfolgen. Eine klare Festlegung von Lehrenden-Teams (Jahrgangs-, Klassen- und Projektteams) fördert die Teamidentität und begünstigt somit auch die Innovationsentwicklung. Ob sie hierbei Unterstützung durch begleitende Teamentwicklungsmaßnahmen und Coaching erfahren oder nur auf informelle Wegen Informationen erhalten und bei schulischen Entwicklungsprozessen nur am Rande beteiligt sind, ist eine Entscheidung, die von der Leitung und von jedem Einzelnen getroffen wird.

Es bleibt die Frage offen, wie mit den vorgeschlagenen Maßnahmen an Schulen der Primarstufe umgegangen wird. Selbstverständlich sind die Wirkungen jeglicher Teamentwicklungsmaßnahme nicht reduktionistisch durch eine kausale Input-Output-Beziehung zu denken, sondern der Prozess selbst und nicht das Ergebnis sollten im Vordergrund stehen. Die bloße Auseinandersetzung mit einer Vision im Rahmen einer Zukunftskonferenz fördert den Austausch im Kollegium und eröffnet dadurch Lernräume. Unterschiedlichen Ansichten, Ideen, Meinungen und Vorstellungen muss mit Wertschätzung begegnet werden. Räume für Auseinandersetzung zu bieten, angreifbar zu sein, Emotionen in der Gruppe zu erleben, ist eine Chance, den Schulalltag zu bereichern und gleichzeitig das System zu professionalisieren. Lehrer*innen können diese kleinen Nischen, die Qualitätsentwicklung formal bietet, nützen und konstruktiv mit erreichbaren Zielen füllen. Dieser Entwicklungsprozess wird die Situation von Lehrenden, Lernenden und vielen weiteren Stakeholdern der Organisation Schule signifikant verbessern.

Abbildungsverzeichnis

Literaturverzeichnis

BMBW (2021). QMS Aufgabenprofil. Lehrende und Lehrenden-Teams. Wien: Bundesministerium.

BMBWF (2022). QMS im Überblick. Die Gesamtdarstellung des Qualitätsmanagementsystems für Schulen. Wien: Bundesministerium.

Brodbeck, F. C. & Maier, G. W. (2001). „Das Teamklima-Inventar (TKI) für Innovation in Gruppen. Psychometrische Überprüfung an einer deutschen Stichprobe". *Zeitschrift für Arbeits- und Organisationspsychologie* 45, S. 59-73. https://doi.org/10.1026//0932-4089.45.2.59

Dick, R. v. & West, M. A. (2013). Teamwork, Teamdiagnose, Teamentwicklung. Göttingen: Hogrefe.

Gajda, R. & Koliba, C. J. (2008). „Evaluating and Improving the Quality of Teacher Collaboration: A Field-Tested Framework for Secondary School Leaders". *NASSP Bulletin* 92 (2), S. 133-153. https://doi.org/10.1177/0192636508320990

Gemünden, H. G. & Högl, M. (1998). „Teamarbeit in innovativen Projekten. Eine kritische Bestandsaufnahme der empirischen Forschung". *Zeitschrift für Personalforschung* 12 (3), S. 277-301.

Hettl, M. (2013). „Smarte Ziele formulieren und vereinbaren". *Mitarbeiterführung mit dem LEAD-Navigator*. Springer Fachmedien, S. 95-99. https://doi.org/10.1007/978-3-658-00100-1_12

Hofbauer, C. & Westfall-Greiter, H. (2010). „Shared Leadership setzt Teacher Leaders voraus. Lerndesignerinnen im Feld der neuen Mittelschule". *Journal für Schulentwicklung* 4, S. 8-15.

Kauffeld, S. & Schulte, E.-M. (2019). „Teams und ihre Entwicklung". In: Kauffeld, S. (Hrsg.). Arbeits-, Organisations- und Personalpsychologie für Bachelor. (S. 211-236). Springer Berlin Heidelberg. https://doi.org/10.1007/978-3-662-56013-6_8

Kiese-Himmel, C. (2018). „Goal Setting – Ziele smart formulieren". *Sprache Stimme Gehör* 42, S. 108. https://doi.org/10.1055/a-0655-0222

Krüger, W. (2018). Teams führen. 8. Aufl. 2018. Haufe-Lexware. https://www.wiso-net.de/document/ HAUF,AHAU,VHAU 9783648122259129

Lockhart, J. (2011). How to market your school. A guide to marketing, communicatio, and public relations for school administrators. Lanham: Rowman & Littelfield Publishers.

Philipp, E. (2014). Multiprofessionelle Teamentwicklung. Erfolgsfaktoren für die Zusammenarbeit in der Schule. Weinheim: Beltz.

Pischetsrieder, J. (2005). „Teamentwicklung in Form einer Zukunftskonferenz mit soziometrischen Verfahren". *Zeitschrift für Psychodrama und Soziometrie* 4 (1), S. 115-130. https://doi.org/10.1007/s11620-005-0077-9

Pohl, M. & Witt, J. (2019). „Innovative Teamarbeit. Zwischen Konflikt und Kooperation". In: Crisand, E. & Raab, G. (Hrsg). Arbeitshefte Führungspsychologie. Bd. 35 (3. Aufl.). Hamburg: Windmühle Edition.

Rolfes-Poneß, B. (2007). „Teamarbeit als Bestandteil von Schulentwicklung". In: Dehnbostel, P., Lindemann, H.-J. & Ludwig, C. (Hrsg.). Lernen im Prozess der Arbeit in Schule und Betrieb. (S. 65-74). Münster. Waxmann.

Rosa, H. (2016). Resonanz. Eine Soziologie der Weltbeziehung. Berlin: Suhrkamp.

Senge, P. M., Klostermann, M. & Freundl, H. (2021). Die fünfte Disziplin. Schäffer-Poeschel Verlag für Wirtschaft Steuern Recht.

Unger, F., Sann, U. & Martin, C. (2022). „Teams leiten und entwickeln". In: Dies. (Hrsg.), Personalführung in Organisationen der Sozialwirtschaft. Ein Studienbuch. (S. 241-320). Springer Fachmedien Wiesbaden. https://doi.org/10.1007/978-3-658-36119-8_4

Wegge, J. (2004). Führung von Arbeitsgruppen. Göttingen: Hogrefe.

West, M. A. (1990). „The social psychology of innovation in groups". In: West, M. A. & Farr, J. L. (Ed.). Innovation and creativity at work: Psychological and organizational strategies. (S. 309-333). John Wiley & Sons.

Autor*innen

Anja Vogl, BEd MA

Hochschullehrperson der Pädagogischen Hochschule Wien, Lerndesignerin, Sekundarstufenlehrerin, Begleiterin von Schüler*innen beim Übergang von Primar- zu Sekundarstufe

anja.vogl@phwien.ac.at

Mag. Peter Vogl, Bakk. MSc

Hochschullehrer an der PH Wien, Lehrbeauftragter am Institut für Sportwissenschaften an der Universität Wien, dem Universitätssportinstitut Wien und der Bundessportakademie Wien

peter.vogl@phwien.ac.at

Die Proxemik und ihre Rolle im Schulalltag

Zur Berücksichtigung individueller Distanzzonen im schulischen Miteinander auf Basis einer theoretischen Auseinandersetzung mit der Relevanz von Proxemik und Beliefs in Lernräumen der Primarstufe

Sabrina Loiskandl, Sonja Schiebl

Abstract

Wohlbefinden und Erfolg werden in hohem Maße von unserer Umgebung beeinflusst. So spielen im Schulalltag neben wertschätzenden Beziehungen auch die Verteilung der Objekte bzw. Subjekte im Raum, deren Verhältnis zueinander und das unterschiedliche Distanzempfinden eine Rolle. Im vorliegenden Beitrag wird auf Basis eines theoretischen Rahmens zu Proxemik und Beliefs die Gestaltung lernförderlicher Räume in der Primarstufe in den Blick genommen.

Einleitung

Im Zuge dieses Beitrags wird die Bedeutung der Proxemik, die sich mit der Raumverteilung sowie dem damit in Zusammenhang stehenden Empfinden und Verhalten beschäftigt, und ihrer Rolle hinsichtlich der Sicherstellung einer lernförderlichen Umgebung im Kontext Schule erörtert. Die Umgebung beeinflusst das gemeinsame Wohlbefinden und damit auch den Lernerfolg. Eine maßgebliche Rolle hinsichtlich der Schaffung einer wohltuenden Atmosphäre im schulischen Miteinander spielen Beziehungen, aber auch Faktoren wie ausreichendes Licht, angenehme Temperatur und Lautstärke, gemütliche Raumausstattung sowie ausreichend zur Verfügung stehender Platz (vgl. bpb 2018). Diesbezüglich wird nun auch auf die „unsichtbaren Räume" – die räumlichen Grenzen eines jeden Individuums – geachtet. Diese können je nach Person und Kontext variieren. Bei vielen Personen auf engem Raum ereignen sich vermehrt, wenn auch unbewusst und ungewollt, Grenzüberschreitungen, wodurch nicht nur unangenehme, sondern auch bedrohliche Situationen evoziert werden können (vgl. Burtscher-Ebner & Jakl 2020, 220). Das Berücksichtigen der individuellen Grenzen bzw. Distanzzonen spielt demnach auch hinsichtlich der Entwicklung der „Zwangsgemeinschaft" Klasse eine maßgebliche Rolle. Juul (2006, 93) erklärte passend dazu: „Es gibt kein kollektives Wohlbefinden, wenn es sich nicht auf ein individuelles Wohlbefinden gründen kann."

Ob sich Schulfreude oder -frust bei den Individuen bemerkbar macht, wie professionell mit Emotionen und deren Einfluss auf Lehren, Lernen und schulische Leistung umgegangen wird und wie offen sich Schüler*innen trauen, ihre (räumlichen) Bedürfnisse zu formulieren, steht wiederum stark mit der Lehrperson in Zusammenhang (vgl. Ulrich 2001, 76) – insbesondere mit ihren Beliefs als implizite Grundlage pädagogischen Handelns (vgl. Kuhl, Moser et al. 2013, 6). Welche im schulischen Alltag wiederkehrende Situationen Unbehagen auslösen können und wie die Lehrperson in konkreten Fällen dazu beitragen kann, dass die persönlichen (physischen) Grenzen aller Anwesenden bestmöglich gewahrt werden, wird in Form von ausgearbeiteten Handlungsalternativen aufgezeigt. Zwei der Ideenkarten, die hilfreiche Anregungen beinhalten, sind dem Beitrag am Ende beigefügt (vgl. Abb. 1 bis 4). Sie sollen das kompakte Abrufen des Wissens ermöglichen und die Anwendung in der Praxis erleichtern.

1 Proxemik – Verhalten im Raum zwischen Kommunizierenden

Bei 25 Schüler*innen und einer Lehrkraft in einem laut Schulbauverordnung (vgl. BMDW 2022) der Mindestgröße entsprechendem Klassenzimmer zwischen 50 und 60 m² hätte jede Person durchschnittlich 1,9 bzw. 2,30 m² des Raumes zur Verfügung. Wird jedoch berücksichtigt, dass die allermeisten Klassenräume mit Kästen, Regalen, Tischen und Sesseln ausgestattet sind, wirken diese Platzverhältnisse nicht mehr allzu großzügig.

Die Proxemik nach Hall (1982) zählt als Teilbereich der nonverbalen Kommunikation und beschäftigt sich mit dem Raum zwischen Kommunizierenden, dem unterschiedliche Distanzen betreffenden Empfinden sowie Verhalten. Hall (ebd., 46 ff.) nennt vier Kategorien von Distanzzonen – die intime, persönliche, soziale und öffentliche Distanz. In diesem Beitrag wird lediglich auf die intime und persönliche eingegangen, da diesen im Klassengefüge die größte Bedeutung zukommt:

Die nahe Phase der „intimen Distanz" erstreckt sich von der Schulter bis zum Ellenbogen im Abstand von 0 bis 15 cm zum Gegenüber und wird auch „Zone der Liebe" (und des Kampfes) genannt (vgl. Menikheim 2000, 74). In dieser Zone sind nur Menschen erwünscht, die geliebt werden, wobei es selbstverständlich auch hier je nach Kontext und Situation Ausnahmen geben kann. Die weite Phase reicht vom Ellenbogen bis zu den Fingerspitzen im Abstand von 15 bis 45 cm zum Gegenüber und wird auch „Zone der Freundschaft" genannt. Bis zu dieser Distanz dürfen sich all jene nähern, die gemocht werden (vgl. Jakl 2019).

Bei der „persönlichen Distanz" wird ebenfalls zwischen einer nahen und einer weiten Phase unterschieden. Die nahe Phase bezeichnet einem Abstand von 45 bis 75 cm und ist z.B. beim Händeschütteln typisch. Von weiter Phase spricht man bei einem Abstand von 75 bis 120 cm, der z.B. beim Elternabend gegeben ist (vgl. Burtscher-Ebner & Jakl 2020, 220 f.).

1.1 Individuelle Distanzzonen und Reaktionen bei Überschreitung

Bei den aufgeführten Abstandsgrößen handelt es sich lediglich um Durchschnittswerte. Die Distanzzonen sind je nach Kontext und Individuum unterschiedlich und können je nach Sozialisation, erlebten Traumata, wie z.B. Missbrauchserfahrungen, unterschiedlich ausfallen. Somit kann jede Person nur für sich selbst entscheiden, mit welcher Annäherung sie sich wohlfühlt, und sollte auch selbst darüber entscheiden dürfen (vgl. Jakl 2019).

Verschieden sind auch die Reaktionen und Folgen, die etwaige Missachtungen hervorrufen können: Es gibt Menschen, bei denen Grenzüberschreitungen einen Zustand des Unwohlseins auslösen, die diese jedoch akzeptieren. Bei anderen entsteht gar ein Gefühl der Bedrohung. Wird die individuelle Belastungsgrenze überschritten, hat das emotionalen Stress zur Folge, der sich wiederum in „Ablehnung, Rückzug, Ärger oder Aggression" (Burtscher-Ebner & Jakl 2020, 220) in Form von verbalen Äußerungen, Handgreiflichkeiten o.Ä. äußern kann.

Inwieweit die Thematik der individuellen Distanzzonen und der Umgang mit heterogenen und individuellen Bedürfnissen in diesem Kontext zur Gestaltung lernförderlicher Räume in der Primarstufe Beachtung findet, hängt von der jeweiligen Lehrperson ab. Ausschlaggebend sind hierbei neben Kenntnissen und Kompetenzen vor allem Beliefs (vgl. European Agency for Development in Special Needs Education 2012, 11), deren Bedeutung für pädagogisches Handeln nachstehend skizziert wird.

2 Beliefs

Eine kompetente und professionalisierte Gestaltung lernförderlicher Umgebungen unter Berücksichtigung diverser Heterogenitätsdimensionen ist laut empirischer Unterrichtsforschung (vgl. dazu u.a. Weckend 2012; Hattie & Zierer 2018; Kuhl et al., 2013; Bosse & Spörer 2014) in hohem Maße abhängig von Einstellungen und Haltungen – den Beliefs der Lehrpersonen. Kuhl et al. (2013, 6) zufolge sind Beliefs „[...] ein gegenstandbezogenes, wertebasiertes, individuelles, in Clustern verankertes Überzeugungssystem, das teils bewusst, teils unbewusst, das eigene Handeln steuert. Beliefs können sowohl affektive wie kognitive Komponenten beinhalten, die über Erfahrungen, Erkenntnisse, Instruktionen und/oder Informationen erworben wurden und die über einen längeren Zeitraum konsistent und stabil, aber nicht über die Lebensspanne unveränderlich sind."

Dieser Auffassung folgend, stellen Beliefs als inhärent wirkende Überzeugungsmuster eine bedeutende Basis für pädagogisches Handeln dar – und somit auch für die Gestaltung einer lernförderlichen Umgebung, die nicht allein aus einem professionellen und reflektierten Umgang mit individuellen Distanzzonen entsteht, sondern in hohem Maße auch von der Beziehungsgestaltung in schulischem Kontext beeinflusst wird. Prengel (2013) folgend, stellen professionelle Beziehungen das Medium der Pädagogik dar, in dem sich Bildungs-, Erziehungs- und Sozialisationsprozesse ereignen können: „Erziehung geschieht immer in Beziehung" (ebd., 9). Die besondere Bedeutung der Lehrer*innen-Schüler*innen-Beziehung im Umgang mit individuellen Bedürfnissen und Distanzzonen wird in Folge dargestellt.

3 Lehrer*innen-Schüler*innen-Beziehung

Alle Menschen haben das Recht, dass ihnen mit Wertschätzung und Achtung begegnet wird (vgl. Stamer-Brandt 2012, 78). Ungleiche Machtverhältnisse bergen immer auch das Risiko der Diskriminierung. Altersbedingte Ungleichbehandlung, auch Adultismus genannt, ist bedauerlicherweise immer noch in vielen Schulen Realität. Kommandos, Bevormundungen und der Wunsch nach Gehorsam bestimmen vielerorts den Schulalltag. Dabei werden die Gefühle, Meinungen und Bedürfnisse der Schüler*innen regelmäßig denen der Lehrer*innen untergeordnet (vgl. Winkelmann 2019). Befunde der experimentellen Emotionsforschung zeigen, dass Emotionen eine Vielzahl von kognitiven Prozessen, wie Aufmerksamkeit, Motivation, Gedächtnisprozesse sowie Lern- und Problemlösungsstrategien, beeinflussen (vgl. dazu u.a. Barrett et al. 2017; Pekrun & Linnenbrink-Garcia 2014). Die Gründe dafür sind vielschichtig und sicherlich mitunter in dem steigenden Personalmangel und den noch nie dagewesenen gesellschaftlichen Entwicklungen mit ungewissem Ausgang zu verorten.

Es gilt jedoch, zunehmendes Bewusstsein dafür zu schaffen, dass die Qualität der Beziehungen mit der eines Lernortes in Zusammenhang steht. Eine belastende Lehrer*innen-Schüler*innen-Beziehung erzeugt Unzufriedenheit und Stress, der sich in Form von Schlafstörungen und chronischer Müdigkeit, Kopfschmerzen, Konzentrationsstörungen, Aggressivität, Angstzuständen bis hin zu Depressionen äußern kann (vgl. Metzler-Amlacher 2022). Der verschlechterte individuelle Zustand kann in weiterer Folge jegliche Lernmotivation zerstören und die Schaffung eines lernprozesshinderlichen Settings in Gang setzen (vgl. Stangl 2003, 5; Kopp 2009, 70).

3.1 Umgang auf Augenhöhe

Wenn es der Lehrperson gelingt, eine Atmosphäre zu schaffen, die den Aufbau positiver Beziehungen ermöglicht, so kann eine wertschätzende und angstfreie Lernumgebung entstehen, die sich nachweislich begünstigend auf die mathematischen wie sprachlichen Kompetenzen sowie das Lernen im Allgemeinen auswirkt (vgl. Kemna 2012, 77 f.). Dieser Effekt stellt sich John Hatties Untersuchungen zufolge schon unabhängig von den vorherrschenden Schulstrukturen, der Klassengröße, aber auch dem Einsatz bestimmter didaktischer Methoden ein (vgl. Anders 2019). Anzustreben wäre demnach ein respektvoller Umgang auf Augenhöhe, der „die Bevorzugung schützender und die Ablehnung strafender Anwendung von Macht" (Orth & Fritz 2013, 10) impliziert. Achtet eine Lehrperson die Grenzen der Lernenden, respektiert sie die Gefühle aller, ist empathisch, hilfsbereit, authentisch und interessiert sie sich für ihre Schüler*innen, wirkt sich dies besonders beziehungsförderlich aus (vgl. Hechler 2018, 63; Kemna 2012, 79 f.). Umgang auf Augenhöhe meint, dass die Bedürfnisse aller ernstgenommen werden. Die Kinder sollten ihre Angelegenheiten betreffend Mitspracherecht erhalten und bei Alltäglichem, wie z.B. der Raum-, Tagesgestaltung, Neuanschaffungen, miteinbezogen werden (vgl. Stamer-Brandt 2012, 71 f.). Dadurch machen sie schon in jungen Jahren die wertvolle Erfahrung, dass ihre Stimme zählt, sie respektiert werden und – verstärkt durch gelebte Selbst- und Mitbestimmung – ein gleichwertiges Mitglied der Gesellschaft darstellen (vgl. Richter 2013, 14; Helsper & Hummrich 2014, 34).

Nicht nur, aber auch, wenn es um ihren Körper geht, sollen die Schüler*innen (mit-)bestimmen können und ernstgenommen werden. Es gilt, die Schüler*innen stets dafür zu sensibilisieren, welche Nähe und Berührungen sie als angenehm empfinden und zu ermutigen, Grenzüberschreitungen mit „Nein!" oder „Stopp!" abzuwehren. Dahingehende Bestärkung, dass niemand sich zu körperlicher Nähe genötigt fühlen sollte, ist demzufolge als wichtige Maßnahme zur Gewaltprävention anzusehen (vgl. Wallner 2018, 48 f.).

4 Handlungsalternativen und Ideenkarten

Idealerweise sollten der achtsame Umgang und die (körperliche) Selbstbestimmung nicht nur von der Lehrperson vorgegeben, sondern auch vorgelebt werden, sodass die Schüler*innen auch im schulischen Setting auf ein entsprechendes Vorbild treffen. Andernfalls läuft sie sogar Gefahr, unbewusst Gewaltakzeptanz zu vermitteln (vgl. Büchner, Cornel & Fischer 2017, 12 f.). Darauf, in welchen konkreten schulalltäglichen Situationen die persönlichen Grenzen bedroht werden und auf mögliche Lösungswege zur Wahrung dieser, soll nun näher eingegangen werden.

4.1 Begrüßung oder Verabschiedung

Sowohl im Sitzkreis als auch beim obligatorischen Händeschütteln zur Begrüßung oder Verabschiedung, kommt es zu Berührungen, die bei manchen Unbehagen auslösen können (vgl. Kaiser 2020, 71). Stattdessen könnten die Schüler*innen z.B. beim Begrüßen bzw. Verabschieden aus einer Auswahl an Symbolen wählen. Das Angebot könnte z.B. von einer Umarmung über einen Einklatschrhythmus bis hin zu einer kurzen synchronen Bewegung, also einer Auswahl an Aktivitäten mit und ohne Körperkontakt, reichen, sofern das auch übereinstimmend mit der Einstellung und dem Tagesbefinden der Lehrperson ist (vgl. YouTube 2022). Denkbar wäre auch die Einbindung von Mehrsprachigkeit durch passende Phrasen wie „Guten Morgen!", „Hallo!" oder auch „Bis morgen!", „Schönen Tag!", „Schönes Wochenende!", die das Kind in gewünschter Sprache vorgibt und von der Lehrperson durch Nachsprechen erwidert wird oder umgekehrt. Dies wäre zugleich eine Möglichkeit, Wertschätzung anderen Sprachen gegenüber sowie ein Von- und Miteinanderlernen vorzuleben.

4.2 Sitzplan, Sitzkreis, Zweierreihe

Die fremdbestimmte Sitzplatzzuweisung sowie die Einteilung der Paare bei der Zweierreihe durch die Lehrperson sind häufig zu beobachtende Phänomene. Ihnen liegt oftmals der Wunsch nach Zeitersparnis und einer Reduktion von „Störungen" zugrunde. Wird nun aber berücksichtigt, dass eine die körperlichen Grenzen betreffende Fremdbestimmung sich in ablehnendem bis hin zu aggressivem Verhalten niederschlagen kann (vgl. Burtscher-Ebner & Jakl 2020, 220) und mitunter auch als explizite Strafe empfunden wird (vgl. Kuhn 2021), darf hinterfragt werden, ob es sich nicht lohnt, andere Möglichkeiten des Kennenlernens und Anfreundens sowie unterrichtsstörungssenkende Methoden aufzugreifen. Bei Entscheidungen hinsichtlich Sitzplatzwahl sowie Zweierreihe sollten die Kinder unbedingt miteinbezogen werden.Um dem Platzmangel und einem fixen Sitzplan ein Stück weit entgegenzuwirken, eignet sich auch der Verzicht auf fixes Mobiliar. Dieses weicht flexibel einsetzbaren Arbeitsflächen sowie Sitzmöbeln. Die Schüler*innen können sich bei diesem Modell laufend neu entscheiden, neben wem sie sich einen Platz einrichten (vgl. Das Deutsche Schulportal 2019).
Nicht unerwähnt bleiben sollte an dieser Stelle, dass sich diese Lösung gerade für Kinder mit z.B. Autismus-Spektrum-Störung (ASS) weniger zu eignen scheint. Diese streben besonders nach Vertrautheit und Sicherheit, bräuchten also idealerweise für längere Zeit gleichbleibende Sitznachbar*innen. Auch sollten sie möglichst nicht allein sitzen, da sich dies negativ auf ihr Zugehörigkeitsempfinden zur Klasse auswirken könnte (vgl. Schuster 2010, 54 f.).

4.3 Raumteilung als Rückzugsmöglichkeit

Im Schulalltag werden die Schüler*innen mit einer Vielzahl von Situationen und Erlebnissen konfrontiert, bei denen eine räumliche Abtrennung durchwegs sinnvoll erscheint. Aufgrund von Platzmangel oder auch mangels Bewusstseins hinsichtlich ihres Nutzens, sucht man diese in vielen Klassenräumen jedoch leider vergeblich. Für die Schaffung einer räumlichen „Schutzzone" innerhalb der Klasse bieten sich z.B. auch Mischformen aus Kuschel- und Bücherecke an. Die Raumtrennung kann mit Hilfe von (selbst hergestellten) Trennwänden, Pflanzen oder offenen wie geschlossenen Regalen errichtet werden (vgl. Menikheim 2000, 78 ff.).

4.3.1 Kleidungswechsel vor oder nach dem Sportunterricht

In der Primarstufe erfolgt der Kleidungswechsel meist in einer Gemeinschaftsgarderobe oder im Klassenraum. Es ist vor allem in der Grundstufe 2 vermehrt zu beobachten, dass dieser Teil als unangenehm empfunden wird, woran eine Verletzung der Intimsphäre zu erkennen ist. Diese äußert sich u.a. im Hinauszögern der Kleidungswechselsituation, langsamen Umziehen, weil darauf geachtet wird, dass bestimmte Körperteile bedeckt bleiben, oder in beschämten Blicken (vgl. Özalp 2017, 103).Nicht alle trauen sich, ihren Unmut kundzutun und nach alternativen Örtlichkeiten für den Kleidungswechsel zu fragen. Hierfür könnte allgemein die eingerichtete Raumtrennung oder die Toilette als Ausweichmöglichkeit angeboten werden.

4.3.2 Rückzug nach Konflikten oder bei Unwohlsein

Je nach Persönlichkeit bzw. Vorerfahrungen reagiert unser Körper unterschiedlich auf bedrohliche Situationen. Bei den Erstreaktionsmustern wird unterschieden zwischen Kämpfen (Fight), Flüchten (Flight) und Einfrieren (Freeze). Zweitgenanntes zeigt sich in Form eines stark ausgeprägten Fluchtverhaltens (vgl. Böhm 2012, 11), das die Lehrkraft in ein Aufsichtsdilemma bringen kann, wenn z.B. nach einer Eskalation aus der Not heraus versucht wird, aus der Klasse oder gar dem Schulgebäude zu flüchten. Selbstverständlich ist die Klärung von Konflikten langfristig betrachtet sinnvoll. Dennoch kommt es, gerade aufgrund der engen Platzverhältnisse in Schulklassen, oftmals zu Situationen, in denen ein Rückzugsort nötigen Schutz vor Blicken o.Ä. gewährt und damit eine Möglichkeit zur Abkühlung bzw. Deeskalation bietet (vgl. Wallner 2018, 48 f., 67 f.). Dann gibt es Tage, an denen Schüler*innen plötzlich von verschiedenen Symptomen geplagt werden. Bauch-, Kopfschmerzen o.Ä. stellt sich ein, und auch hierbei kann eine vorübergehende Reizreduktion durch durch Nutzung der Rückzugsmöglichkeit wohltuend sein und sei es nur, um die Wartezeit bis zum Abgeholtwerden besser durchstehen zu können (vgl. Plehn & Appel 2021, 69 f.).

4.4 Aufeinandertreffen mit Eltern

Die erwähnte respektvolle, wertschätzende Haltung den Schüler*innen gegenüber sollte selbstverständlich auch den Eltern entgegengebracht werden. Idealerweise werden die individuellen Distanzzonen aller Beteiligten gewahrt und respektiert. Der Umgang miteinander sollte ohne Unterstellung böser Absichten, ungenügender Erziehungsfähigkeit oder mangelnder Integration erfolgen – selbst dann, wenn keine Hände geschüttelt werden wollen oder nicht in die Augen gesehen werden möchte. Es gilt, das jeweils Unterschiedliche als gleichwertig und als Lernfeld anzusehen (vgl. Roth 2022, 25 f.). Eine Begrüßung kann auch unabhängig von Berührung als herzlich und einladend oder reserviert und abweisend interpretiert werden. Genauso ist es auch ohne direkten Blickkontakt möglich, inhaltlich tiefgründige, zielführende und wertvolle Gespräche zu führen.

4.5 Ideenkarten zur eigenen Verwendung

Um den Theorie-Praxis-Transfer zu erleichtern, wurden Ideenkarten zu den skizzierten problematischen Situationen im Schulalltag entworfen. Die dort aufgeführten Handlungsalternativen haben die Wahrung der individuellen Grenzen zum Ziel und sollen die Anwendung in der Praxis erleichtern. Ein kleiner Einblick wird in Form der zwei nachstehend aufgeführten Karten gegeben.[1]

---

1 Die pdf-Datei, welche alle zehn Karten beinhaltet, kann bei Interesse gegen einen Spendenbetrag erworben werden. Mailadresse mit dem Betreff „Ideenkarten" an: sabrina.loiskandl@gmx.net.

Abb. 1: Ideenkarte Zweierreihe Deckblatt, Quelle: eigene Darstellung, 2022

☹ Fremdbestimmte Zuweisung der Paare bei Zweierreihe oft als Strafe empfunden, erzeugt Widerstand --> Rückzug, Ablehnung, Aggressionen

☺ Selbst-/Mitbestimmte Partner*innen-Wahl

☹ Zweierreihe führt oftmals zur Unterschreitung der Distanzzonen in alle Richtungen (großer Reihenabstand nicht praktikabel) --> Kinder oftmals zusätzlich zum Gehen mit Verteidigung ihrer Grenzen beschäftigt

☺ Reihenfolge der aufeinanderfolgenden Paare mitberücksichtigen

Abb. 2: Ideenkarte Zweierreihe, Quelle: eigene Darstellung, 2022

Abb. 3: Ideenkarte Eltern Deckblatt, Quelle: eigene Darstellung, 2022

🙁 Distanzzonen der Eltern werden übergangen oder bewertet
(inkl. Unterstellung mangelnder Erziehung oder gar Integration etc.)

😀 Selbstbestimmt entscheiden lassen,
ob Körper-/Blickkontakt erwünscht ist -->
Umgang auf Augenhöhe meint auch,
Unterschiede (kulturell, geschlechtlich, individuell...)
als gleichwertig & Lernfeld anzusehen

Abb. 4: Ideenkarte Eltern, Quelle: eigene Darstellung, 2022

5 Fazit

Alle am Schulleben Beteiligten und deren Wohlbefinden zählen. Dabei spielt die Achtung individueller Distanzzonen eine wichtige Rolle. Die Verletzung und Überschreitung dieser können, zusätzlich zu den ohnehin schon im Schulalltag präsenten Faktoren, wie Leistungs-, Zeitdruck, Unter- oder Überforderung, massive negative Folgen für alle Beteiligten und das Lernen haben. Essenziell wären ein bewusster Umgang und die Reflexion der eigenen Beliefs als Grundlage pädagogischen Handelns sowie die professionelle Gestaltung von Beziehungen im Kontext Schule mit dem Ziel der Abkehr vom Objekt Schulkind, das „funktionieren" muss, hin zum wertgeschätzten Subjekt, das vorgelebt bekommt, dass seine Bedürfnisse gesehen und respektiert werden. Gerade im Hinblick auf Gewaltprävention ist diese Einsicht von großer Bedeutung.

Aus diesem Grund wurden in diesem Beitrag wiederkehrende Situationen aus dem Schulalltag erarbeitet, bei denen die persönlichen Grenzen, bei fehlendem achtsamem Umgang, regelmäßig missachtet zu werden drohen. Darüber hinaus wurden auch alternative Handlungsmöglichkeiten zur Achtung und Wahrung der individuellen Distanzzonen aller Beteiligten aufgezeigt. Diese sind gekennzeichnet durch die Abkehr von der oftmals vorherrschenden Fremdbestimmung hin zur Mit- sowie Selbstbestimmung und sollen einen Beitrag zu einem lernförderlicheren Lernraum leisten.

Abbildungsverzeichnis

Abb.1: Ideenkarte Zweierreihe Deckblatt, Quelle: canva 2022, © Sabrina Loiskandl

Abb. 2: Ideenkarte Zweierreihe, Quelle: canva 2022, © Sabrina Loiskandl

Abb. 3: Ideenkarte Eltern Deckblatt, Quelle: canva 2022, © Sabrina Loiskandl

Abb. 4: Ideenkarte Eltern, Quelle: canva 2022, © Sabrina Loiskandl

Literaturverzeichnis

Anders, F. (2019). „Das Lehrer-Schüler-Verhältnis als Erfolgsfaktor". Abrufbar unter: https://deutsches-schulportal.de/bildungswesen/bildungsstudien-das-lehrer-schueler-verhaeltnis-als-erfolgsfaktor/ (13.09.2022)

Barrett L. (2017). *Social Cognitive and Affective Neuroscience* Vol. 12, Issue 11, Nov. 2017, Page 1833, https://doi.org/10.1093/scan/nsx060

Bosse, St. & Spörer, N. (2014). „Erfassung der Einstellungen und der Selbstwirksamkeit von Lehramtsstudierenden zum inklusiven Unterricht". *Empirische Sonderpädagogik* 4, S. 279–299.

Büchner, R., Cornel, H., Fischer, S. (2017). Gewaltprävention und soziale Kompetenzen in der Schule. Stuttgart: Kohlhammer Verlag.

Bundeszentrale für politische Bildung (bpb) (2018). „Die physische Umgebung beeinflusst unser Wohlbefinden". Abrufbar unter: https://www.bpb.de/lernen/digitale-bildung/werkstatt/282770/die-physische-umgebung-beeinflusst-unser-wohlbefinden/ (18.09.2022)

Bundesministerium für Digitalisierung und Wirtschaftsstandort (BMDW) (2016). Landesrecht konsolidiert Vorarlberg: Gesamte Rechtsvorschrift für Schulbauverordnung, 21.09.2016. Abrufbar unter: https://www.ris.bka.gv.at/GeltendeFassung.wxe?Abfrage=LrVbg&Gesetzesnummer=20000236&FassungVom=2016-09-21 (03.09.2022)

Bundesministerium für Digitalisierung und Wirtschaftsstandort (BMDW) (2022). Landesrecht konsolidiert Burgenland: Gesamte Rechtsvorschrift für Schulbau- und Einrichtungsverordnung, 05.05.2022. Abrufbar unter: https://www.ris.bka.gv.at/GeltendeFassung.wxe?Abfrage=LrBgld&Gesetzesnummer=10000209 (06.09.2022)

Burtscher-Ebner M. & Jakl, S. (2020). „Der Körper spricht immer: die besondere Bedeutung von Distanzzonen". In: Potzmann, R., Roszner, S., Knecht, H., Kulhanek-Wehlend, G. & Petz, R. Hochschuldidaktische Perspektiven. Didaktische Reflexion und Coaching in der schulpraktischen Ausbildung. Sonderband 2. (S. 219-226). Wien: LIT Verlag.

Das Deutsche Schulportal (2019). „Neue Lernstrukturen: Raum und Zeit gestalten". Abrufbar unter: https://www.youtube.com/watch?v=JM70ANgF4h8 (18.09.2022)

European Agency For Development In Special Needs Education (2012). „Teacher Education for Inclusion. Profile of Inclusive Teachers". TE4I. Abrufbar unter: https://www.european-agency.org/sites/default/files/Profile-of-Inclusive-Teachers.pdf (17.11.2022)

Hall, E.T. (1982). The Hidden Dimension. Garden City, N.Y.: Anchor Books/ Doubleday.

Hattie, J., & Zierer, K. (2018). Kenne deinen Einfluss!: „Visible Learning" für die Unterrichtspraxis. Schneider Verlag Hohengehren.

Hechler, O. (2018). Feinfühlig Unterrichten. Lehrerpersönlichkeit-Beziehungsgestaltung-Lernerfolg. Stuttgart: Kohlhammer Verlag.

Helsper, W. & Hummrich, M. (2014). „Die Lehrer-Schüler-Beziehung". In: Tillack, C., Fischer, N., Raufelder, D. & Fetzer, J. (Hrsg.): Beziehungen in Schule und Unterricht. Teil 1. Theoretische Grundlagen und praktische Gestaltungen pädagogischer Beziehungen. (S. 32-59.). Kassel: Prolog-Verlag.

Jakl, S. (2019): „Distanzzonen mit Mimi". Abrufbar unter: https://www.youtube.com/watch?v=aAIDBqPY7cw (17.09.2022)

Juul, J. (2006). Das kompetente Kind. Reinbek: Rowohlt.

Kaiser, A. (2020). 1000 Rituale für die Grundschule. Stuttgart: Schneider Verlag Hohengehren.

Kemna, P. (2012). „Effektive Lehrer-Schüler-Beziehung. Empire Analyse eines Konstrukts". In: Bauer, K. & Logemann, N. (Hrsg.). Effektive Bildung. Zur Wirksamkeit und Effizienz pädagogischer Prozesse. (S. 77-99.). Münster: Waxmann.

Kopp, R. (2009). „Warum Vertrauen so wichtig für das Lernen ist, woran es bei uns hapert, und was wir verändern können". In: Höhmann, K., Kopp, R., Schäfers, H. & Demmer, M. (Hrsg.). Lernen über Grenzen. Auf dem Weg zu einer Lernkultur, die vom Individuum ausgeht. (S. 67-80). Opladen: Budrich.

Kuhl, J. et al. (2013): „Zur empirischen Erfassung von Beliefs von Förderschullehrerinnen und -lehrern". *Empirische Sonderpädagogik* 5 (2013) 1, S. 3-24.

Kuhn, A. (2021). „Sitzordnung. Wie der Sitzplatz im Klassenraum das Lernverhalten beeinflusst". Abrufbar unter: https://deutsches-schulportal.de/unterricht/studien-sitzordnung-wie-der-sitzplatz-im-klassenraum-das-lernverhalten-beeinflusst/ (19.09.2022)

Menikheim, A. (2000). „Aspekte Lernfördernder Klassenraumgestaltung". Abrufbar unter: http://www.menikheim.de/klassenraumgestaltung.pdf (22.09.2022)

Metzler-Amlacher, K. (2022). „Stress". Abrufbar unter: https://www.psychologin.co.at/stress.html (18.09.2022)

Orth, G. & Fritz, H. (2013). Gewaltfreie Kommunikation in der Schule. Wie Wertschätzung gelingen kann. Ein Lern- und Übungsbuch für alle, die in Schulen leben und arbeiten. Paderborn: Junfermann Verlag.

Özalp, Ö. (2017). „Schamerleben muslimischer Mädchen im Sportunterricht". In: Wiesche, D., Klinge & A. (Hrsg.): Scham und Beschämung im Schulsport. Facetten eines unbeachteten Phänomens. (S. 93-112.) Aachen: Meyer & Meyer Verlag.

Pekrun, R. & Linnenbrink-Garcia L. (2014). „Introduction to Emotions in Education". In: Pekrun, R. & Linnenbrink-Garcia L. (Hrsg.) International Handbook of Emotions in Education. (S. 1- 10). Routledge: Taylor & Fracis.

Plehn, M. & Appel, S. (2021). Raumgestaltung: entwickeln und pädagogisch begleiten. Qualität in Hort, Schulkindbetreuung und Ganztagsschule. Freiburg: Verlag Herder.

Richter, S. (2013). Adultismus: die erste erlebte Diskriminierungsform? Theoretische Grundlagen und Praxisrelevanz. Berlin: KiTaFachtexte.

Schuster, N. (2010). Schüler mit Autismus-Spektrum-Störungen. Eine Innen- und Außenansicht mit praktischen Tipps für Lehrer, Psychologen und Eltern. Stuttgart: Kohlhammer Verlag.

Stamer-Brandt, P. (2012). Partizipation von Kindern in der Kindertagesstätte: Praktische Tipps zur Umsetzung im Alltag. Köln, Kronach: Wolters Kluwer.

Stangl, W. (2003). „Von der Unmöglichkeit zur Motivation in der Schule". Schulmagazin 5-10. *Impulse für kreativen Unterricht*. 71. Jg. (1/2003), S. 9-12.

Wallner, F. (2018). „Mobbingprävention im Lebensraum Schule". Abrufbar unter: https://bildung.bmbwf.gv.at/ministerium/mobbingpraevention.html (22.09.2022)

Weckend, D. (2021). Kompetenzen und Haltungen erfolgreicher Lehrperson. Eine empirische Untersuchung zur (Weiter-)Entwicklung von Lehrerprofessionalität. Baltmannsweiler: Schneider Verlag Hohengehren

Winkelmann, A. (2019). „Adultismus-Theorie. ‚Erziehen ist mit einem Machtgefälle verbunden'" vom 20.11.2019. Abrufbar unter: https://www.deutschlandfunkkultur.de/adultismus-theorie-erziehen-ist-mit-einem-machtgefaelle-100.html (14.09.2022)

YouTube (2022). Begrüßungsritual Lehrerin - Schule /Greeting ritual teacher- school. Abrufbar unter: https://www.youtube.com/watch?v=URqicfz_pm0 (20.09.2022)

Autor*innen

Mag.[a] Sabrina Loiskandl, Bakk, BEd

Absolventin der Publizistik und Kommunikationswissenschaft, Universität Wien und des Lehramts Primarstufe, PH Wien

sabrina.loiskandl@gmx.net

Sonja Schiebl, BEd, MSc, MA

Hochschullehrende am Institut für Elementar- und Primarbildung der PH Wien

sonja.schiebl@phwien.ac.at

Konstruktion einer Lernumgebung zur Vermittlung der Methode des naturwissenschaftlichen Ordnens im Sachunterricht

Anja Vogl

Abstract

In der Primarstufe wurden durch teilnehmende Beobachtung Präkonzepte von Schüler*innen über das Ordnen von Pflanzenteilen erhoben. Die aufgefundenen Vorstellungen konnten drei Denkfiguren zugeordnet werden. Nach der Identifizierung der Konzepte der Lernenden wurde, dem Modell der Didaktischen Rekonstruktion (Reinfried, Mathis & Ulrich 2009) folgend, eine Lernumgebung konzipiert.

Einleitung

Ordnung in die uns umgebenden Objekte zu bringen, ist ein elementares Bedürfnis des Menschen (Mayer 2002). Die Vielfalt wirkt geordnet überschaubarer, dies bietet mehr Sicherheit in einer unübersichtlichen Welt. Eine Studie zum Ordnen von Pflanzen, welche von Krüger und Burmeister (2005) durchgeführt wurde, zeigt, dass Pflanzen meist nach den Kriterien Aussehen und Nützlichkeit geordnet werden. Es ist davon auszugehen, dass vor allem bei Pflanzen die Bedeutung als Nutzpflanze im Alltag im Vordergrund steht. Seit jeher beschäftigt sich der Mensch damit, Pflanzen aufgrund ihrer Nutzbarkeit durch den Menschen zu unterscheiden. Dies zeigt sich auch in umfassenden linguistischen Klassifikationssystemen (Ruppel 2019). Im Laufe der menschlichen Entwicklung manifestierte sich diese Art der Herangehensweise an die Klassifikation von Pflanzen wohl als implizite Theorie. Für die Erarbeitung der biologischen Systematik kann es daher lohnend sein, Nutzpflanzen heranzuziehen. Diese lösen viele Alltagsvorstellungen aus (Burmester & Krüger 2005). Vor allem bei jüngeren Schüler*innen erregen essbare Pflanzen mehr Aufmerksamkeit als andere Nutzpflanzen (Pany 2014). Diese Idee greift der vorliegende Beitrag auf.

Der Lehrplan des Sachunterrichts der Primarstufe fordert das Ordnen im Erfahrungs- und Lernbereich Natur explizit als zu erlernende spezifische Arbeitstechnik (BMBWF, 11). Die Vermittlung von Kenntnissen über naturwissenschaftliche Methoden und ihre konkrete Anwendung im Sachunterricht nehmen durch die geforderte Kompetenzorientierung eine immer größere Rolle ein. Ein möglichst frühzeitiges Erlernen der wissenschaftlichen Methode des kriteriengeleiteten Vergleichens ist essenziell, um den Schüler*innen ein Werkzeug in die Hand zu geben, das es ihnen ermöglicht, phylogenetische Verwandtschaft und in weiterer Folge evolutionäre Zusammenhänge nachzuvollziehen (Burmester & Krüger 2005).

In den Biowissenschaften ist das Ordnen der Lebewesen eine zentrale wissenschaftliche Methode (Mayer 2002). Studien zur Ordnung von Pflanzen zeigen, dass diese von Schüler*innen gleichzeitig nach Aussehen (Wuchsform, Blattform, Farbe), Nützlichkeit (Essbarkeit) und Lebensraum (Verbreitung, Wuchsort) geordnet werden (Burmester & Krüger 2005). Dieses gleichzeitige Verwenden unterschiedlicher Kriterien deckt ein Problemfeld des Ordnens im Unterricht auf. Allen wissenschaftlichen Ordnungssystemen gemein ist eine Kriterienstetigkeit (Hamann 2002), da nur ein übergeordnetes Kriterium verwendet wird.

Wie kann also der wissenschaftliche Zugang des Ordnens Kindern handlungsorientiert vermittelt werden? Im Rahmen dieser Forschungsarbeit werden Präkonzepte der Schüler*innen über das Ordnen der Natur aufgedeckt. Die ermittelten Schülerperspektiven werden kategorisiert, übergeordnete Denkkonzepte werden beschrieben. Daraufhin wird ein Lernraum gestaltet, der Platz für die von den Lernenden eingebrachten Konzepte schafft. Diese sollen im Unterrichtsverlauf in eine wissenschaftliche Richtung weiterentwickelt werden.

Für diesen Beitrag ergeben sich daher folgende Fragestellungen:

- Welche Präkonzepte der Schüler*innen können beim Ordnen von Pflanzenteilen identifiziert werden?
- Welcher Lernraum greift die gefundenen Präkonzepte auf und ermöglicht in weiterer Folge ein Verständnis für naturwissenschaftliches Ordnen?

Für die Entwicklung einer passenden Lernumgebung zur Vermittlung der biologischen Systematik wird das Modell der didaktischen Rekonstruktion eingesetzt. In diesem Modell werden drei Bereiche aufeinander bezogen: „fachliche Klärung, Erhebung von Lernerperspektiven und didaktische Strukturierung" (Reinfried, Mathis & Ulrich 2009). Im Arbeitsschritt der fachlichen Klärung werden wissenschaftliche Aussagen und Positionen zusammengetragen (Kattmann 2007). Um die individuellen Lernvoraussetzungen der Schüler*innen zu erfassen, wird in einem weiteren Arbeitsschritt untersucht, welche gedanklichen Konstrukte die Lernenden mitbringen. Diese lebensweltlichen Erfahrungen werden als „Ausgangspunkte und Hilfsmittel des Lernens" (ebd., 95) gesehen. Lehrende setzen sich mit der Fragestellung auseinander, welche Präkonzepte sie im Unterricht berücksichtigen müssen.

1 Konzepte der Ordnung in Biowissenschaft und Alltag

Der klassische kognitionspsychologische Ansatz geht davon aus, dass Objekte zu einer Gruppe gehören, wenn sie gemeinsam definierte Merkmale besitzen (Bruner, Godow & Austin 1986). Im Alltag werden Ordnungsschemata der Gesellschaft übernommen und durch individuelle Erfahrung ergänzt. Durch Ordnung erlangt das Individuum Sicherheit, Orientierung und Handlungsfähigkeit. Strukturen werden sichtbar, das Chaotische geordnet. Bei fast allen Klassifikationsverfahren werden Objekte aufgrund ihrer Ähnlichkeit Gruppen zugeordnet. Ordnungssysteme basieren somit auf Ähnlichkeiten, die es ermöglichen, Phänomene in Gruppen zusammenzufassen. Diese Zuordnung erfolgt jedoch auch auf Grund von intuitiver Theorie, auch persönliches Wissen spielt eine Rolle bei der Zuordnung (Spaller 2015).

Die Taxonomie ist der älteste Zweig der Biologie. Die Entdeckung und Beschreibung neuer Arten ermöglichen eine ständige Verbesserung der Klassifikationssysteme. Eine Art ist eine Einheit innerhalb des Systems der Lebewesen. Alle Einheiten lassen sich eindeutig durch bestimmte Merkmale unterscheiden (Kattmann 2001). Seit Charles Darwin wird die evolutionäre Abstammung herangezogen, um Verwandtschaftsbeziehungen zwischen Lebewesen zu erklären. Dies hatte zur Folge, dass sich auch die Methodik des biologischen Ordnens änderte. Gruppen von Lebewesen werden nicht in kleinere Gruppen zerlegt, sondern Taxa werden auf Grund ihrer Verwandtschaft zu übergeordneten Einheiten zusammengefügt (Burmester & Krüger 2005). Das Klassifizieren von Arten läuft heute in mehreren hierarchischen Schritten ab. Auf morphologischer, anatomischer, physiologischer und biochemischer Ebene wird die Verwandtschaft identifiziert. Dies setzt beträchtliche Kenntnisse und Erfahrungen voraus (Mayer 2002).

Natürlich gibt es in der Biologie nicht nur die Möglichkeit, nach Verwandtschaft, also streng systematisch, zu sortieren. Es existieren auch andere Ordnungen, wie z. B. nach dem Lebensformtypus. Hier werden Lebewesen zusammengefasst, die bei ähnlicher Lebensweise ähnliche Strukturen entwickeln. Alexander von Humboldt versuchte, Pflanzen nach ihren Überwinterungsstrategien, ihrer Angepasstheit an den Wassergehalt des Bodens und ihrer Ernährungsweise zu unterscheiden (Wulf 2016).

2 Methodische Vorgehensweise, Ergebnisse und Interpretation

46 Schüler*innen der 4. Schulstufe werden im Rahmen des Sachunterrichts nach ihren Vorstellungen zum Ordnen von Pflanzenteilen befragt. Problemfelder im Verstehensprozess des naturwissenschaftlichen Ordnens sollen aufgedeckt werden, um anschließend innovative Vermittlungskonzepte zu entwickeln. Als geeignete Methode erwies sich das dokumentierte Beobachten des Ordnungsprozesses nach Altrichter und Posch (2018). Die Beobachtungen werden während des Prozesses für die spätere Bearbeitung schriftlich festgehalten. Die gewonnenen Schüler*innenvorstellungen werden in Anlehnung an die qualitative Inhaltsanalyse (Mayring 2015) in einem weiteren Schritt kategorisiert.

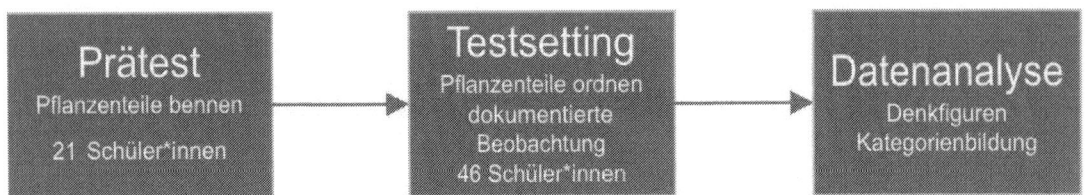

Abb. 1: Methodische Vorgehensweise, Quelle: eigene Darstellung, 2022

Prätest:

Wie in Abb. 1 dargestellt, werden in einem Prätest 21 Schüler*innen getestet. Die Kinder benennen die für die Untersuchung ausgewählten Pflanzenteile (vgl. Abb. 2). Die korrekte Benennung war für 17 Schüler*innen möglich.

Testsetting:

46 Kinder werden, aufgeteilt in Gruppen, mit der Aufgabe betraut, essbare Pflanzenteile nach nicht festgelegten Kriterien zu ordnen. Die Schüler*innen bekommen die Aufgabe, ihre Ordnung zu benennen. Jede gebildete Pflanzengruppe wird mit einem Post-it beschriftet. Im Anschluss daran werden die Teilnehmer*innen von der/ dem Lehrer*in zu ihren Ordnungskriterien befragt. Dies gewährleistet, dass die von den Kindern gebildeten Gruppen im Anschluss klaren Kategorien zugeordnet werden können. Die von jedem Kind festgelegte Ordnung wird zusätzlich mittels Foto dokumentiert.

Orange	Kürbis	Tomate	Jungzwiebel	Haselnuss
Zitrone	Zucchini	Apfel	Knoblauch	Maroni
Himbeere	Gurke	Birne	Zwetschke	Kohlrabi
Erdbeere	Kopfsalat	Karotte	Wassermelone	Broccoli
Heidelbeere	Paprika	Kartoffel	Walnuss	Karfiol

Abb. 2: Pflanzenteile für die Ordnungsaufgabe, eigene Darstellung, 2022

Datenanalyse:

Im Folgenden werden nun die in dieser Untersuchung ermittelten Denkkonzepte dargestellt. Diese werden zunächst Kategorien und anschließend drei übergeordneten Denkfiguren zugeordnet. Diese Denkfiguren leiten sich deduktiv aus der Theorie ab. Aussehen und Nützlichkeit werden von Krüger und Burmester (2005) als Hauptkriterien für das Ordnen von Pflanzen definiert. Die Denkfigur Wissenschaftsorientierte Zuordnung wird von Weitzel und Groppengießer (2009) im Rahmen einer Untersuchung über Präkonzepte zur stammesgeschichtlichen Entwicklung beschrieben. Die im Testsetting geäußerten Vorstellungen werden systematisch analysiert, die den Denkfiguren untergeordneten Kategorien induktiv gebildet.

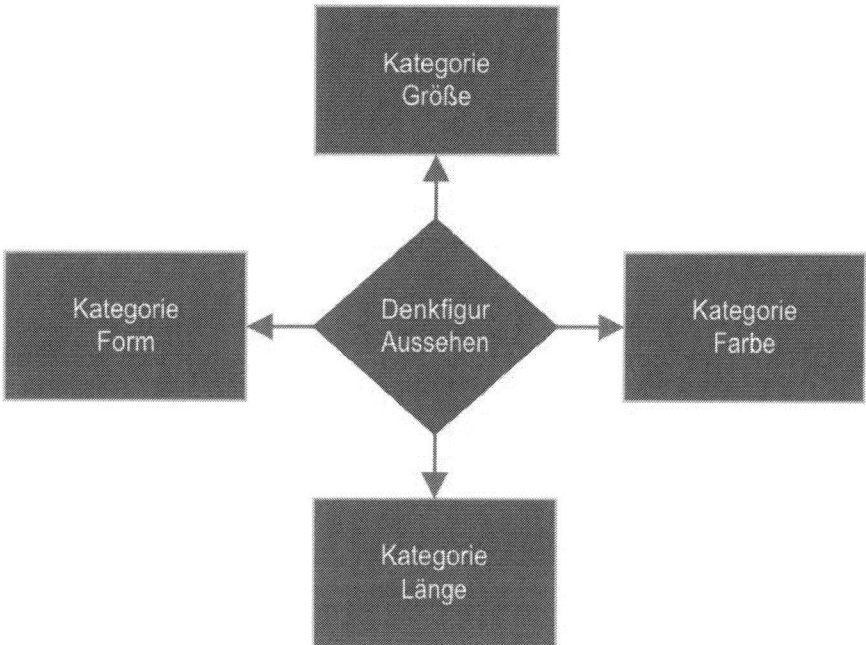

Abb. 3: Denkfigur Aussehen und Kategorien, Quelle: eigene Darstellung, 2022

Denkfigur Aussehen der Pflanzenteile

Unter dieser in Abb. 3 grafisch dargestellter Denkfigur subsummieren sich alle Kategorien, die sich auf das Aussehen der Pflanzenteile beziehen. Alle Formen von morphologischen Ordnungsversuchen fallen unter diese Denkfigur.

Kategorie Farbe

14 der Schüler*innen wählten beim Ordnen das Kriterium Farbe (Rot, Grün, Orange, Lila, Braun, Blau, Gelb). Dies führte bei zweifarbigen Früchten häufig zu Unschlüssigkeit. Teilweise erfolgte eine Zuordnung in zwei Gruppen, dabei wurde z. B. der Apfel zwischen die Gruppen Rot und Grün gelegt. Es gab aber auch Schüler*innen, die eine eigene Gruppe mit zweifarbigen Pflanzenteilen bildeten.

Kategorie Volumen

13 Schüler*innen ordneten die Pflanzenteile nach ihrem Volumen. Großteils erfolgte die Zuordnung unter der Kategorie Volumen als eine einzige kriterienstete Ordnung. Die Pflanzen wurden nacheinander aufgereiht. Wenn mehrere Kategorien zur Ordnung herangezogen wurden, wurde eine Gruppe mit großen Pflanzenteilen gebildet (Kürbis, Melone).

Kategorie Länge

Zwei der Schüler*innen ordneten die Pflanzenteile nach der Länge. Sie verwendeten für ihre Kategorienbildung ein Lineal.

Kategorie Form

Ein Kriterium stellte für sieben der Schüler*innen die Form dar. Die Pflanzenteile wurden in runde (kann rollen), längliche und konische Objekte aufgeteilt (unten dünn und oben dick).

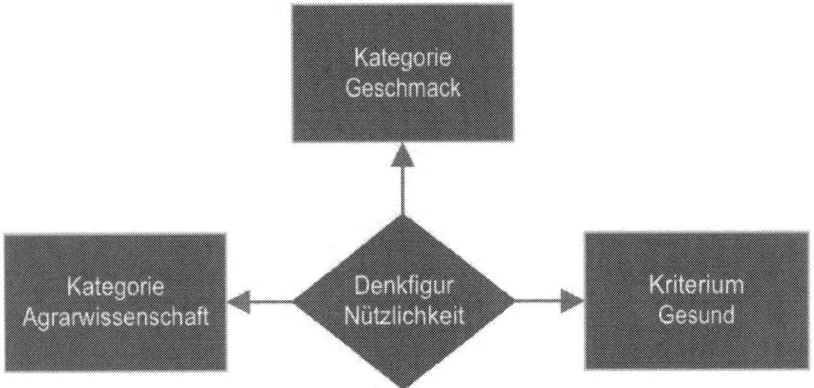

Abb. 4: Denkfigur Nützlichkeit und Kategorien, Quelle: eigene Darstellung, 2022

Denkfigur Nützlichkeit für den Menschen
Unter dieser in Abb. 4 dargestellten Denkfigur finden sich Kategorien, die sich auf die Nützlichkeit für den Menschen beziehen.

Kategorie Zucker
Zwei der Schüler*innen ordneten die Pflanzenteile nach dem vermuteten Zuckergehalt („alles, was Zucker hat").

Kategorie Geschmack
Sieben der Schüler*innen bildeten Gruppen nach dem Geschmack. Dabei wurden sowohl allgemeine Geschmacksbeschreibungen (schmeckt nach nichts, süß, frisch, sauer) wie auch persönliche geschmackliche Vorlieben („mag ich", „schmeckt mir", „schmeckt mir nicht") gewählt.

Kategorie Agrarwissenschaft
14 der Schüler*innen benutzten die Begriffe Obst und Gemüse, um die Pflanzenteile zu ordnen.

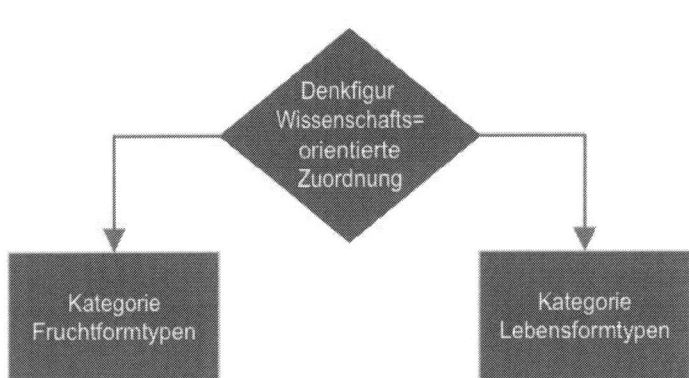

Abb. 5: Denkfigur Wissenschaftsorientierte Zuordnung, Quelle: eigene Darstellung, 2022

Denkfigur Wissenschaftsorientierte Zuordnung
Bei der in Abb. 5 grafisch dargestellten Denkfigur handelt es sich um Ordnungssysteme, die in Anlehnung an anatomische und ökologische Ordnungssysteme gebildet wurden.

Kategorie Fruchtformtypen

Bei zwölf Schüler*innen war Wissen über ausgewählte Fruchttypen (Beeren, Nüsse) vorhanden. Dieses wurde zur Ordnung herangezogen. Den Beeren wurden meist Himbeere, Heidelbeere und Erdbeere zugeordnet. Eine Schülerin ordnete die Erdbeere den Nüssen zu. Walnuss, Haselnuss und Maroni wurden den Nüssen zugeordnet. Es ist davon auszugehen, dass die Begriffe „Nuss" und „Beere" im Namen der Untersuchungsobjekte zu dieser Zuordnung beigetragen haben.

Kategorie „Lebensformtypen"

Drei Schüler*innen ordneten die Pflanzenteile danach, ob sie im Boden, direkt auf dem Boden oder an einem Baum oder Strauch wachsen. Die Schüler*innen gaben bei Nachfrage an, aus dem eigenen Garten zu wissen, was wo wächst. Diese Einteilung ähnelt der in der Ökologie angewendeten Einteilung nach Lebensformtypen.

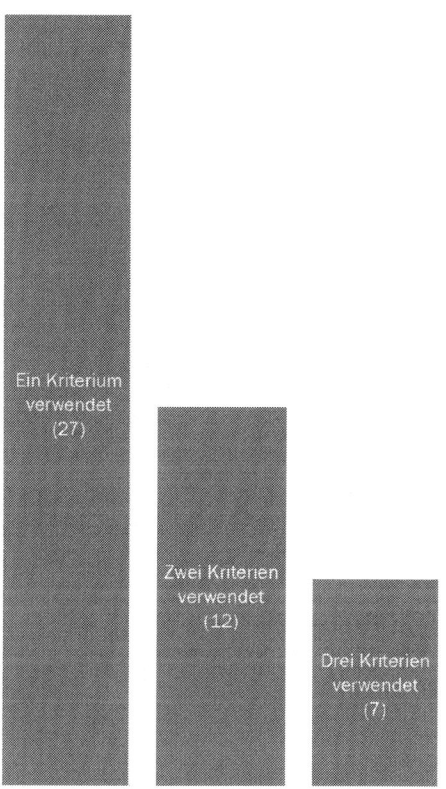

Abb. 6: Häufigkeit der Bildung von kriteriensteten Ordnungssystemen,
Quelle: eigene Darstellung, 2022

Abb. 6 verdeutlicht die Häufigkeit, mit der Schüler*innen nach einem zwei oder drei Kriterien ordneten. 27 der Schüler*innen bildeten kriterienstete Ordnungssysteme. Zwölf der Schüler*innen ordneten gleichzeitig nach zwei Kriterien. Sieben der Schüler*innen ordneten nach drei Kriterien. Mehr als drei Kriterien wurden von keinem Kind gleichzeitig verwendet. Die Datenauswertung zeigt, dass über die Hälfte der Schüler*innen kriterienstet ordnete. Zwei Annahmen, die den hohen Prozentsatz erklären, sind möglicherweise die offene Aufgabenstellung und die Auswahl der Ordnungsobjekte (Nutzpflanzenteile). Es ist davon auszugehen, dass das Ordnen von Nutzpflanzenteilen einen guten Ausgangspunkt für die Öffnung eines Lernraumes zum Erlernen des naturwissenschaftlichen Ordnens bietet. Systematik wurde nicht als Ordnungskriterium herangezogen. Die Schüler*innen sind der stammesgeschichtlichen Klassifizierung bei Nutzpflanzen vermutlich noch nie begegnet.

3 Didaktische Strukturierung eines Unterrichtskonzeptes

Mithilfe der erhobenen Perspektiven von Lernenden wird ein Unterrichtskonzept entworfen, das dem Erwerb von Wissen und Kompetenzen über die Natur des Ordnens in den Naturwissenschaften dienlich sein kann. Eine detaillierte Abfolge des exemplarisch geplanten Unterrichtsverlaufs mit vorgeschlagenen Ziel-, Inhalts- und Methodenentscheidungen wird im Folgenden gegeben (Kattmann 2007). Abb. 7 zeigt detailliert die einzelnen Phasen des Unterrichtsverlaufs.

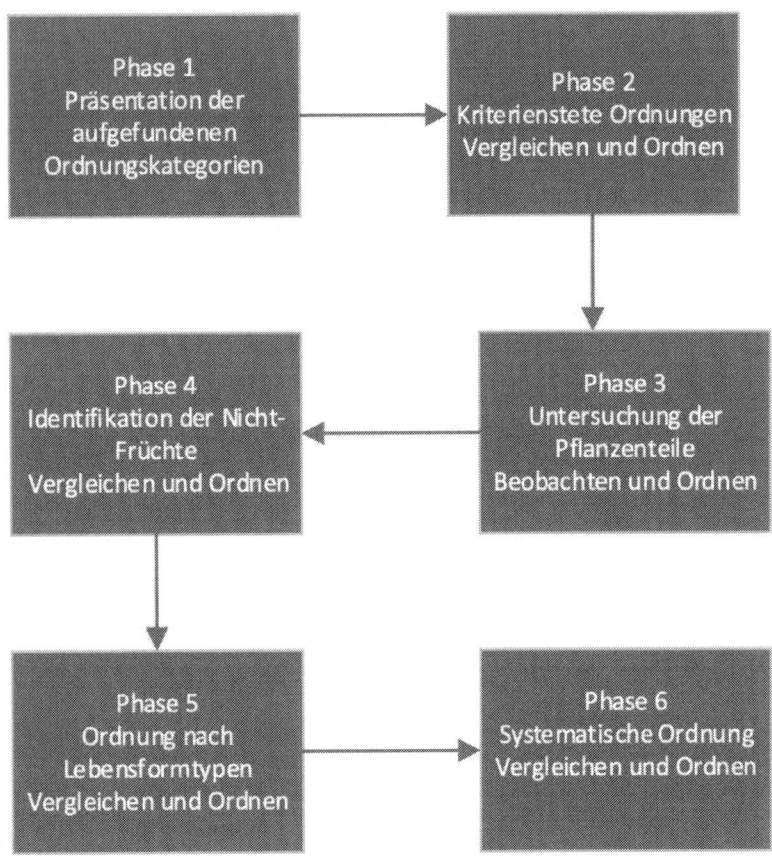

Abb. 7: Einzelne Phasen des Unterrichtsverlaufs, Quelle: eigene Darstellung, 2022

Phase 1: Präsentation der aufgefundenen Kategorien
In einem ersten Schritt werden die durch die Datenanalyse identifizierten Kategorien den Schüler*innen präsentiert.

Phase 2: Kriterienstete Ordnungen
Den Kindern wird verdeutlicht, dass Naturwissenschafler*innen beim Ordnen der Welt der Organismen kriterienstet arbeiten. Die Bedeutung des Wortes wird anhand der vorgefundenen Kategorien erläutert. Morphologische Ordnungen werden mit Hilfe der Pflanzenteile exemplarisch gebildet (Länge mit Lineal oder Masse mit Waage bestimmen, unterschiedliche Formen identifizieren und zuteilen).

Phase 3: Untersuchung der Pflanzenteile
Die Kinder sollen zunächst durch die Methode des Forschenden Lernens an die anatomisch botanische Ordnung von Pflanzen herangeführt werden. Dies bedeutet, die Schüler*innen planen und dokumentieren ihre Untersuchungen, arbeiten in Kleingruppen, ziehen Schlussfolgerungen und präsentieren ihre Ergebnisse (Bertsch 2016). Für diesen Prozess erhalten die Schüler*innen erneut die Pflanzenteile. Sie bekommen den Auftrag (Methode des Beobachtens) in den Pflanzenteilen nach Samen zu suchen. Die Kinder sollen dokumentieren, wie die Samen aussehen und wo sie im Fruchtfleisch liegen. Die Lernenden teilen die Pflanzenteile nach ihrer Untersuchung in Früchte und Nicht-Früchte auf. Am Ende der Einheit präsentieren die Gruppen ihre Forschungs-

ergebnisse (Wellnitz 2013). In weiterer Folge versuchen die Schüler*innen, die vorgefundenen Früchte durch die Methode des Vergleichens Fruchtformen zuzuordnen. Bilder mit Fruchtformtypen sollen mit den vorgefundenen Früchten verglichen werden. Die Schüler*innen dokumentieren und präsentieren ihre Ergebnisse. Im Zuge dieses Forschungsauftrages ist es essenziell, andere Ordnungssysteme wie das der Agrarwissenschaft von Obst und Gemüse dem anatomisch botanischen gegenüberzustellen. Diese helfen uns, im Alltag Nutzpflanzen zu ordnen. Es handelt sich dabei aber nicht um ein kriterienstetes biologisches Ordnungssystem. Die Schüler*innen können im Zuge ihrer Untersuchung die Grenzen ihres Alltagskonzeptes erkennen, da es keine klare Festlegung gibt, was unter Obst und Gemüse einzuordnen ist. Dies kann einen Vorstellungswandel (Conceptual Change) beim Lerner begünstigen. Es kommt zu einer Unzufriedenheit mit dem alten Konzept. Ein neues Konzept, welches plausibel und verständlich ist, wird eher akzeptiert (Krüger 2015).

Phase 4: Identifikation der Nicht-Früchte
Den nächsten Schritt bildet die Überlegung, was die Nicht-Früchte sein könnten. Welche Pflanzenteile das sind, wird mit Hilfe von Abbildungen der gesamten Pflanze (Wurzel, Spross, Blüten, Früchte und Blätter) überlegt. Die Kinder erhalten die Nicht-Früchte und Zeichnungen der zugehörigen Pflanze. Sie versuchen herauszufinden, welchen Teil der Pflanze sie vor sich haben. Die Methode des Vergleichens, welche eine wichtige Arbeitsweise der Biologie darstellt, kommt hier zum Einsatz. Die Überlegungen der Kinder werden zum Abschluss präsentiert.

Phase 5: Ordnung nach Lebensformtypen
Die Schüler*innen bekommen erneut die Zeichnungen der Gesamtpflanze, diese werden den Pflanzenteilen zugeordnet. In einem weiteren Schritt ordnen die Schüler*innen die Untersuchungsobjekte nach Lebensformtypen.

Phase 6: Systematische Ordnung
Im letzten Schritt soll die systematische Ordnung von Pflanzen exemplarisch gezeigt werden. Die Lehrperson nimmt selbst die Untersuchungsobjekte und beginnt zu ordnen. Sie erklärt, dass diese Systematik auf Grund der evolutionären Verwandtschaft der Pflanzen miteinander entsteht und ordnet die Pflanzenteile auf Ebene der Familie (z.B. Kürbisgewächse: Gurke, Zucchini, Kürbis, Melone; Rosengewächse: Apfel, Birne, Brombeere, Himbeere, Erdbeere; Nachtschattengewächse: Tomate, Kartoffel, Paprika).

Zum Abschluss erfolgt eine Reflexion der vorangegangenen Einheiten. Es wird thematisiert, dass die verwendete Ordnung immer vom Kontext abhängt. Biolog*innen ordnen je nach Fachgebiet unterschiedlich, Ökologen*innen anders als Systematiker*innen. Es kommt also immer darauf an, welchen Aspekt der Pflanze (Fruchttyp, Verwandtschaft, Lebensformtyp) man genauer betrachtet.

4 Ausblick

Der vorgestellte Unterrichtsentwurf ermöglicht das Zusammenführen der Erfahrungswelt von Schüler*innen und Wissenschaftler*innen. Das übergeordnete Bildungsziel, die spezifischen Zugänge der Naturwissenschaft erfahrbar zu machen, wird durch die didaktische Strukturierung aufgegriffen und praxisbezogen umgesetzt. Die hierfür zur Anwendung kommenden wissenschaftlichen Erkenntnismethoden (Beobachten, Ordnen und Vergleichen) führen zu einem naturwissenschaftlichen Kompetenzerwerb der Schüler*innen. Die erhobenen Präkonzepte stellen mit Sicherheit nur einen Bruchteil der bei Schüler*innen vorhandenen Vorstellungen über das Ordnen dar. Weiterführende Untersuchungen mit einer größeren Stichprobe können Aussagen über vorhandene Vorstellungen der Lernenden validieren und zusätzliche Denkkategorien aufzeigen. Der zur Anwendung kommende Ansatz der Aktionsforschung kann Lehrpersonen als Impuls dienen, den eigenen Unterricht weiterzuentwickeln und das Unterrichtshandeln ins Zentrum der Betrachtung zu rücken.

Abbildungsverzeichnis

Literaturverzeichnis

Altrichter, H. & Posch, P. (2018). Lehrerinnen und Lehrer erforschen ihren Unterricht. Unterrichtsentwicklung und Unterrichtsevaluation durch Aktionsforschung. Regensburg: Klinkhardt.

Bertsch, C. (2016). „Forschendes Lernen im naturwissenschaftlichen Sachunterricht. Theoretische Grundlagen und Rahmenbedingungen". GDSU- Journal (5), S. 9-27.

BMBWF. (2010). Lehrplan der Volksschule. Siebenter Teil. Bildungs- und Lehraufgaben sowie Lehrstoff und didaktische Grundsätze der Pflichtgegenstände der Grundschule und der Volksschuloberstufe, Grundschule – Sachunterricht. Wien: Bundesministerium.

Burmester, A.& Krüger, D. (2005). „Wie Schüler Pflanzen ordnen". Zeitschrift der Didaktik der Naturwissenschaften 11, S. 85-102.

Bruner, J.; Goodnow, J. & Austin, G. (1986). A Study of Thinking. New York: Routledge.

Hamann, M. & Asshoff, R. (2015). Schülervorstellungen im Biologieunterricht. Ursachen für Lernschwierigkeiten. Seelze: Klett.

Hamann, M. (2002). Kriteriengeleitetes Vergleichen im Biologieunterricht. Innsbruck: Studienverlag.

Kattmann, U. (2007). „Didaktische Rekonstruktion – eine praktische Theorie". In: Krüger, D. & Vogt, H. (Hrsg.). Theorien in der biologiedidaktischen Forschung (S. 93-103). Heidelberg: Springer-Lehrbuch.

Kattmann, U. (2001). Elfen, Gaukler, Ritter. Insekten zum Kennenlernen. Hannover: Kallmeyer.

Krüger, D. (2007). „Die Conceptual Change-Theorie". In: Krüger, D. & Vogt, H. (Hrsg.). Theorien in der biologiedidaktischen Forschung. (S. 81- 90). Heidelberg: Springer-Lehrbuch.

Mayer, E. (2002). Die Entwicklung der biologischen Gedankenwelt. Vielfalt, Evolution und Vererbung. Berlin: Springer Verlag.

Mayring, P. (2015). Qualitative Inhaltsanalyse. Grundlagen und Techniken. Weinheim: Beltz.

Pany, P. (2014). „Students' interest in useful plants: A potential key to counteract plant blindness". Plant Science Bulletin 60, S. 18-27. doi:10.3732/psb.1300006

Reinfried, S.; Mathis, C. & Kattmann, U. (2009). „Das Modell der Didaktischen Rekonstruktion. Eine innovative Methode zur fachdidaktischen Erforschung und Entwicklung von Unterricht". Beiträge zur Lehrerbildung 27, S. 404-414.

Ruppel, S. (2019). Botanophilie. Mensch und Pflanze in der aufklärerischen bürgerlichen Gesellschaft um 1800. Wien, Köln, Weimar: Böhlau Verlag.

Spaller, C. (2015). „Welt ordnen – Menschen begegnen. Über die Konstruktion und das Tun von Differenzen". Zeitschrift für Inklusion (1) Abrufbar unter: https://www.inklusion-online.net/index.php/inklusion-online/article/view/266 (13. 10. 2022)

Weitzel, H. & Gropengießer, H. (2009). „Vorstellungsentwicklung zur stammesgeschichtlichen Anpassung: Wie man Lernhindernisse verstehen und förderliche Lernangebote machen kann". Zeitschrift für Didaktik der Naturwissenschaften 15, S. 287-305.

Wellnitz, N.& Mayer J. (2009). „Evaluation von Kompetenzstruktur und -niveaus zum Beobachten, Vergleichen, Ordnen und Experimentieren". Erkenntnisweg Biologiedidaktik, 7, S. 129 -144.

Wellnitz, N. (2013). „Frucht oder Nicht-Frucht?". In: Schiemann P., Mayer J. (Hrsg.). Experimentieren Sie! Biologieunterricht mit Aha-Effekt. Selbstständiges Kompetenzorientiertes Erarbeiten von Lehrplaninhalten. Berlin: Cornelsen.

Wulf, A. (2016). Alexander Humboldt und die Erfindung der Natur. München: Bertelsmann Verlag.

Autorin

Anja Vogl, BEd MA

Hochschullehrlehrerin der PH Wien, Lerndesignerin, Sekundarstufenlehrerin, Begleiterin von Schüler*innen beim Übergang von Primar- zu Sekundarstufe

anja.vogl@phwien.ac.at

Räume im physikalisch-chemischen Sachunterricht der Volksschule

Alexander Lengauer

Abstract

Dieser Artikel beleuchtet die Rolle von physikalisch-chemischen Inhalten im Lehrplan der Volksschule. Dabei werden sowohl der aktuell gültige als auch der neue Sachunterrichtslehrplan hinsichtlich einschlägiger Inhalte betrachtet. Weiters werden aus der Literatur Gründe für die geringe Popularität der beiden Fächer unter Lehrenden zusammengetragen und Beispiele präsentiert, wie der Physik und der Chemie mehr Raum an Schulen gegeben werden kann.

Einleitung

Der Sachunterricht der Volksschule nimmt als „Flächenfach" (Kriegseisen 2019, 2) Bezug auf eine Reihe verschiedener Disziplinen. So sind unter anderem naturwissenschaftliche, technische, sozialwissenschaftliche und wirtschaftswissenschaftliche Themen im Lehrplan vertreten (vgl. Pokorny & Schmidt-Hönig 2015, 3). Aus dieser Themenbreite ergibt sich die Problematik, dass manche Disziplinen im real stattfindenden Unterricht weniger stark vertreten sind als im Lehrplan abgebildet (vgl. Kahlert 2022, 193). Innerhalb der naturwissenschaftlichen Themen des Sachunterrichts dominieren biologische Fragestellungen sehr deutlich (vgl. Lück & Köster 2006, 7), wohingegen physikalisch-chemische Lehrplaninhalte nur teilweise behandelt werden (vgl. Amon et al. 2009, 5). Im Rahmen dieses Beitrags soll zum einen jener Raum beschrieben werden, welchen der alte bzw. neue Lehrplan den Disziplinen Physik und Chemie in der Volksschule gibt, zum anderen sollen die Lernwerkstatt und die Forscher*innenwerkstatt der PH Wien als physische Räume vorgestellt werden, durch welche diesen beiden oft stiefmütterlich behandelten Fächern größere Bedeutung zukommen kann.

1 Physik und Chemie im alten und im neuen Lehrplan des Sachunterrichts

Der Sachunterricht wird in der Stundentafel der Volksschule pro Schuljahr mit jeweils drei Wochenstunden abgebildet. Physikalisch-chemische Inhalte finden sich im aktuell gültigen Lehrplan vor allem im Lern- und Erfahrungsbereich Technik (vgl. BMUKK 2012, 3). Dieser Umstand wird von Kriegseisen (vgl. 2019, 4) kritisiert, da vonseiten des Lehrplans der Eindruck erweckt wird, Physik und Chemie seien ausschließlich aus der technischen Perspektive relevant. Dass praktisch jedem biologischen Prozess auch chemische Abläufe zugrunde liegen, spiegle sich im Lehrplan kaum wider. Dies ist insofern stimmig, als Laien *biologisch* häufig als Antithese zu *chemisch* wahrnehmen (vgl. Lembens & Abels 2018, 73).

Die Inhalte der Grundstufe 1 decken im physikalisch-chemischen Bereich ein breites Themengebiet ab. Ein großer Block sind Kräfte und Energie, wobei hier vor allem die Naturkräfte sowie Wasser- und Windenergie behandelt werden sollen. Der zweite große Themenblock der Grundstufe 1 sind Stoffe und ihre Veränderungen. Hierzu zählen Stoffeigenschaften wie Härte und Oberflächenbeschaffenheit und auch die Aggregatzustände (vgl. BMUKK 2012, 8). Auch die Gefährlichkeit verschiedener Stoffe soll Teil des frühen Physik- und Chemieunterrichts sein, wobei auch dies von Kriegseisen kritisiert wird:

> „Die Vermeidung des Umganges mit als gefährlich gekennzeichneten Stoffen einerseits und das generelle Erlernen des sachgemäßen und umweltgerechten Handelns beim Umgang mit Stoffen andererseits erzeugt einen gewissen Widerspruch; zumindest wird einer unrichtigen Vorstellung Vorschub geleistet, Stoffe könnten dichotom und eindeutig als gefährlich oder ungefährlich unterschieden werden." (2019, 4)

Auch wird durch das relativ rasche Verweisen auf gefährliche Stoffe im Lehrplan den verbreiteten Ängsten von Lehrkräften vor gefährlichen Experimenten Vorschub geleistet. Dass die Gefahr, die (nicht nur) von schulrelevanten Substanzen ausgeht, vor allem von der Menge abhängt, ist evident (vgl. Lengauer 2016, 5).

In der Grundstufe 2 werden die Inhalte der GS1 aufgegriffen und vertieft. Beispielhaft seien hier der Magnetismus, die Löslichkeitseigenschaften von Stoffen und die Wirkungseigenschaften von Kräften erwähnt. Neu in der 3. und 4. Klasse der Grundstufe sind unter anderem das archimedische Prinzip, die Einführung in die Kalorik und der elektrische Strom, wobei bei Letzterem der Schwerpunkt auf dem richtigen Umgang mit Strom und den Gefahren, die von ihm ausgehen können, liegt (vgl. BMUKK 2012, 17). Kriegseisen (vgl. 2019, 5) fasst zusammen, dass sich die Physik im Erfahrungs- und Lernbereich Technik in ausreichendem Maße widerspiegelt. Die Chemie werde jedoch nur in Ansätzen erwähnt und dabei unter anderem mit dem Sicherheitsaspekt in Verbindung gebracht.

Zum Zeitpunkt der Abfassung dieses Beitrags steht der neue Lehrplan der Volksschule als beschlussreifer Entwurf vor der Finalisierung. Zur Bildungs- und Lehraufgabe des Sachunterrichts heißt es darin einleitend:

> „Der Sachunterricht umfasst in seiner Vielperspektivität Bereiche des gesellschaftlichen, historischen, politischen, geografischen, ökonomischen, physikalischen, chemischen, technischen, biologischen und ökologischen Weltbezugs und ermöglicht damit für alle Lernenden eine Basis gemeinsamer Bedeutungsinhalte." (BMBWF 2022, 75)

Schon in der Einleitung findet sich somit ein Verweis auf physikalisch-chemische Inhalte, welche es im Sachunterricht zu behandeln gelte. Auch in den zentralen fachlichen Konzepten, welche „einen übergeordneten Orientierungsrahmen für die Auswahl der Kompetenzbereiche sowie der damit verknüpften Kompetenzen" (BMBWF 2022, 75) bilden sollen, werden im Kompetenzbereich Naturwissenschaften sowohl die Physik als auch die Chemie namentlich erwähnt und damit von den biologischen Inhalten unterschieden. Ziel müsse es dabei sein, dass die Kinder Naturphänomene erforschen, naturwissenschaftliches Denken erlernen und entsprechende Arbeitsweisen und Methoden kennenlernen:

> „Diese umfassen vor allem das Experimentieren, forschendes Lernen, Beobachten und Bestimmen sowie das Vermuten, Hinterfragen und Reflektieren, Argumentieren und Schlussfolgern. Ausgehend von eigenen Erfahrungen und auf der Grundlage exemplarischer und für sie bedeutsamer Beispiele der Begegnung und Auseinandersetzung mit Grundfragen der Beziehung von Mensch und Natur, werden die Schülerinnen und Schüler an elementare naturwissenschaftliche Bildung herangeführt." (BMBWF 2022, 76)

Auch im Kompetenzbereich Technik werden Inhalte erwähnt, welche der Physik zuzurechnen sind (z. B. Robotik, Geräte, Maschinen) (vgl. BMBWF 2022, 77). Als Zwischenfazit lässt sich somit festhalten, dass physikalisch-chemische Inhalte auch im neuen Lehrplan sowohl bei der Bildungs- und Lehraufgabe des Sachunterrichts als auch in zwei Kompetenzbereichen explizit erwähnt und von den Lehrenden eingefordert werden.

Problematisch ist jedoch im Anschluss die Lehrstoffbeschreibung. Diese ist verglichen mit dem aktuell noch gültigen Lehrplan relativ offen gestaltet.

In der folgenden Abbildung werden sämtliche physikalisch-chemische Inhalte der beiden einschlägigen Kompetenzbereiche aufgelistet:

Kompetenzbereich Naturwissenschaften	Kompetenzbereich Technik
1. Schulstufe Keine physikalisch-chemischen Inhalte **2. Schulstufe** Keine physikalisch-chemischen Inhalte **3. Schulstufe** Die Schülerinnen und Schüler können – sich über Naturereignisse und Wetterphänomene informieren sowie die Bedeutung von Sonne, Luft, Wasser und Boden für Lebewesen erkennen, darüber nachdenken und Zusammenhänge erklären. – die Eigenschaften von Stoffen identifizieren und benennen und daraus ableiten, welche Stoffe in Alltag und Technik zu welchem Zweck benutzt werden können; erkennen, dass Stoffe sich dauerhaft verändern, miteinander reagieren können und daraus Stoffe mit neuen Eigenschaften entstehen. **4. Schulstufe** Die Schülerinnen und Schüler können – die Bedeutung von Energie und Energieumwandlungen im Alltag erkennen, beschreiben und reflektiert behandeln.	**1. Schulstufe** Die Schülerinnen und Schüler können – Erfahrungen mit Bewegungen und Kräften handlungsorientiert entdecken, beschreiben und einordnen. – die Bedeutung technischer Hilfsmittel im Alltag erkennen und beschreiben. **2. Schulstufe** Die Schülerinnen und Schüler können – Naturphänomene und Kräfte im Alltag und in natürlicher Umgebung wahrnehmen und deren Wirkungen beobachten und untersuchen. – Alltagsgeräte und technische Anlagen als Formen der Arbeitsorganisation unterscheiden. **3. Schulstufe** Die Schülerinnen und Schüler können – elektrische und magnetische Phänomene und Wirkungen wahrnehmen und beschreiben. – sich mit technischen Problemstellungen auseinandersetzen, Modelllösungen erproben und begründen; einfache Handlungsanweisungen programmieren. **4. Schulstufe** Die Schülerinnen und Schüler können – Phänomene und Dinge in der Natur als Vorbild für technische Entwicklungen erkennen, ableiten und begründen. – die Bedeutung, Veränderung und Folgen technischer Entwicklungen für Mensch und Umwelt einschätzen sowie automatisierte Verarbeitung, Speicherung und Vermittlung von Informationen anwenden.

Abb.: Physikalisch-chemische Inhalte in der Lehrstoffbeschreibung des neuen Lehrplans, Quelle: eigene Darstellung in Anlehnung an BMUKK 2022, 78 ff.

Kriegseisen (vgl. 2019, 4) folgend ist es nicht unproblematisch, dass in den ersten beiden Schulstufen die Naturwissenschaften völlig ohne Berücksichtigung von Physik und Chemie vermittelt werden sollen bzw. die Physik mehrheitlich über technische Errungenschaften vermittelt werden soll. Der Chemie wird lediglich in der 3. Schulstufe explizit Raum gegeben, wenn Schüler*innen mit den Eigenschaften von Stoffen vertraut gemacht werden sollen. Konkrete Lehrstoffangaben fehlen gänzlich. Wie eingangs erwähnt, greifen Lehrer*innen im Sachunterricht verhältnismäßig selten auf physikalisch-chemische Inhalte zurück. Ob derart offene Lehrinhaltsbeschreibungen, die wenig inhaltliche Grundlage bieten, etwas daran ändern werden, wäre ein interessanter Untersuchungsgegenstand.

2 Begründung und Ziele von Physik und Chemie in der Volksschule

Nachdem erläutert wurde, was die Lehrpläne an physikalisch-chemischen Themen vorgeben, gilt es zu erörtern, wieso diese Inhalte überhaupt relevant für die Volksschule sind. Voglhuber zeigt beispielsweise auf, dass viele Schüler*innen erst in der 8. Schulstufe mit schulischer Chemie in Berührung kommen. Also in einem Alter, wo die kindliche Begeisterung für derartige Themen deutlich nachgelassen hat:

> „Gerade das Vor- und Volksschulalter sind die günstigsten Zeitpunkte, Kindern Naturphänomene näherzubringen. Mit großer Begeisterung und Interesse setzen sie sich damit auseinander und erleben dabei ein enormes Glücksgefühl [...]. Solche tiefen persönlichen Erfahrungen in dieser Altersstufe sind für ein Kind besonders prägend [...]." (2011, 247)

Das zuerst angeleitete, in weiterer Folge selbstständige Arbeiten, ermöglicht durch alltägliche Materialien, biete eine ausgezeichnete Möglichkeit, Kinder für physikalisch-chemische Themen zu begeistern. Verpasse man die Gelegenheit dieser Frühförderung, sei es kaum mehr möglich, dies bei Jugendlichen zu kompensieren (vgl. ebd., 247).

Abgesehen von der reinen Interessenförderung hat der physikalisch-chemische Sachunterricht noch eine Reihe weiterer Ziele und Aufgaben. Ein zentrales Ziel ist natürlich die Vermittlung von klassischem Fachwissen. Das schließt den Umgang mit Materialien ebenso ein wie die Schulung eines altersadäquaten Abstraktionsvermögens sowie Faktenwissen und Arbeitsweisen. Es geht ferner darum, Schüler*innen zum logischen Denken zu erziehen und die Fähigkeit, komplexe naturwissenschaftliche Probleme durch induktives oder deduktives Vorgehen zu lösen, zu entwickeln (vgl. Sommer & Pfeifer 2018, 139 ff.; Barke et al. 2018, 13 ff.). Hier setzt auch der in den Lehrplänen eingearbeitete Ansatz des forschenden Lernens an, wonach dieses nicht nur Fachwissen vermitteln muss, sondern den Schüler*innen auch aufzeigt, wie Wissenschaft funktioniert (vgl. Krumbacher 2009, 2 f.; Bertsch et al. 2011, 239 f.; Hofer & Lembens 2021, 4).

Ein drittes Ziel ist das Erreichen von sogenannten Schlüsselqualifikationen. Dies schließt eine auf dem Arbeitsmarkt hochgradig nachgefragte naturwissenschaftliche Grundbildung bzw. eine entsprechende Interessenförderung mit ein. In der Planung, Durchführung und Ergebnissicherung von Experimenten finden sich unzählige allgemeine wie auch für den späteren Beruf relevante Fertigkeiten. So werden dabei Sozialkompetenzen wie Teamführung, Zusammenarbeit und Kooperation genauso vermittelt wie sorgfältiges Arbeiten und Geduld. Im Bereich der Kommunikation lernen Schüler*innen, Sachverhalte fachlich richtig und genau zu beschreiben und Forschungsergebnisse vor ihren Mitschüler*innen zu präsentieren (vgl. Sommer & Pfeifer 2018, 139 ff.).

Ein vierter Aspekt ist die in der Berufsorientierung teilweise unterschätzte Rolle des physikalisch-chemischen Unterrichts, wenn es darum geht, junge Menschen für einschlägige Berufe zu begeistern. So weist Kriegseisen (vgl. 2019, 1) auf den Umstand hin, dass der physikalisch-chemische Sachunterricht auch eine begabungsfördernde und berufsinformierende Aufgabe hat. Im Zuge des Arbeitskräftemangels würden beispielsweise Wirtschaftsverbände verstärkt Maßnahmen zur Frühförderung in den Bereichen Naturwissenschaften und Technik einfordern. Fehlende oder negative Erfahrungen im physikalisch-chemischen Erstunterricht führen dazu, dass sich beispielsweise in Österreich trotz glänzender Berufsaussichten und im Vergleich zu anderen Branchen guter Einkommensmöglichkeiten weniger Pflichtschulabsolvent*innen für eine Lehre im MINT-Bereich bewerben, als es Lehrstellen gäbe (vgl. Ostermann 2021).

Damit einhergehend hat der physikalisch-chemische Sachunterricht die Aufgabe, Schüler*innen die Wertfreiheit dieser Naturwissenschaften zu demonstrieren. Physik und Chemie haben ein Imageproblem, obwohl sie in unzähligen Bereichen unseres Lebens für den technischen Fortschritt und eine permanente Verbesserung unseres Lebensstandards mit- oder hauptverantwortlich sind. Ziel muss es sein, jungen Schüler*innen klarzumachen, dass alles um uns herum mit diesen beiden Fächern in Verbindung gebracht werden kann. Dies schließt auch Chancen und Risiken für das Individuum und für die Gesellschaft mit ein. Reiners (vgl. 2017, 22 f.) fordert beispielsweise dazu auf, Kinder dazu zu befähigen, jene technischen Errungenschaften des Lebens, wie wir es führen, auch verstehen zu können. Für Landwehr et al. (2021, 7) ist in diesem Zusammenhang „eine technische Literalität anzustreben, um ein technikmündiges Individuum in einer technikorientierten Gesellschaft auszubilden". Lengauer (2021, 66) führt ergänzend aus, dass Kenntnisse im physikalisch-chemischen Bereich „in Zeiten von ‚chemiefreien' Lebensmitteln, Klimawandel oder mit Halb- oder Unwissen gefüllten Social-Media-Kanälen als nüchterne, objektive, die Welt miterklärende Wissenschaften" essenziell sind.

3 Erklärungen für die Vernachlässigung

Die Gründe für die geringe Akzeptanz von physikalisch-chemischem Unterricht in der Volksschule sind breit gefächert (vgl. Lembens & Abels 2018, 78 ff.; Voglhuber 2011, 247). Demnach handelt es sich bei diesen beiden Disziplinen um Schulfächer, die sich bei Personen, welche sich für ein Primarstufenlehramt interessieren, einer geringeren Beliebtheit erfreuen (vgl. Krumbacher 2009, 1 ff.). Die negative Konnotation führt somit auch zu einem Ignorieren der Bedeutung dieser Disziplinen für den Unterricht. So gaben in einer von Amon et al. (vgl. 2009, 9) durchgeführten Studie zum physikalisch-chemischen Sachunterricht 46 % der befragten Volksschullehrkräfte aus Niederösterreich an, chemische Inhalte in der Volksschule als nicht sinnvoll zu erachten. Problematisch ist dies insofern, als, wie erwähnt, physikalisch-chemischer Sachunterricht generell bei Kindern sehr populär ist (vgl. Lück & Köster 2006, 247; Amon et al. 2009, 5 ff.).

Ein weiterer von Lehrpersonen angegebener Grund für die Vernachlässigung von physikalisch-chemischen Themen im Sachunterricht ist die fehlende Ausstattung. In der Studie von Amon et al. (vgl. 2009, 8 f.) gaben 30 % der befragten Lehrpersonen an, selten oder nie mit Kindern zu experimentieren. Von diesen Lehrpersonen wiederum begründeten dies 32 % mit der schlechten Ausstattung des Schulstandortes. Lengauer (vgl. 2022, 188) konnte in einer qualitativen Studie zeigen, dass Volksschullehrkräfte durchaus bereit sind, mit Kindern physikalisch-chemische Themen zu bearbeiten, wenn man sie mit dem Material und dem Handwerkszeug ausstattet, das sie dafür brauchen. Dabei konnte auch gezeigt werden, dass es mittlerweile eine Reihe von Möglichkeiten gibt, kostengünstigen Experimentalunterricht anzubieten. Exemplarisch sei hier die Volksschulzeitschrift *Mole-cool-Lino* erwähnt, welche vom Verband der Chemielehrer*innen vierteljährlich herausgegeben wird.

In der Literatur (vgl. Amon et al. 2009, 9) findet sich auch ein Verweis auf die geringe Bedeutung von Physik und Chemie in der Aus-, Fort- und Weiterbildung von Volksschullehrpersonen. Berücksichtigt man das Alter der erwähnten Studie, so lässt sich sagen, dass die Pädagogischen Hochschulen im Zuge der PädagogInnenbildung NEU ihre Ausbildungskonzepte von Grund auf überarbeitet haben. Die PH Wien verschrieb sich beispielsweise dem Forschungsschwerpunkt „forschendes und entdeckendes Lernen" (Pädagogische Hochschule Wien, o. J.) und verfügt über ein eigenes Regionales Kompetenzzentrum (RECC) für Naturwissenschaften und Mathematik, dessen Aufgabe die Entwicklung und Ausarbeitung von facheinschlägigen didaktischen Konzepten und Unterrichtsmaterialien für die Aus-, Fort- und Weiterbildung sind. Auch in den Fortbildungskatalogen der Pädagogischen Hochschulen Österreichs zeigt sich ein deutlich angewachsenes Angebot für interessierte Lehrpersonen.

Der vierte genannte Grund gegen physikalisch-chemische Inhalte in der Studie von Amon et al. ist ein Mangel an Zeit (vgl. 2009, 9). Lengauer (2022, 186) griff diesen Einwand in seiner Studie auf und befragte Volksschullehrpersonen dazu. Es zeigte sich, dass Sachunterrichtsstunden mit physikalisch-chemischem Inhalt für viele Lehrkräfte aufgrund des fehlenden Faktenwissens und der fehlenden Themenbegeisterung vorbereitungsintensiver sind, als dies beispielsweise für Stunden mit biologischem Inhalt gilt. Hinzu kommt, dass vor allem Experimente einen erhöhten Vor- und Nachbereitungsaufwand darstellen.

4 Lernräume als Räume für Physik und Chemie

Klar ausgewiesene Lernräume sind eine Möglichkeit, vernachlässigte Fachbereiche sicht-, aber auch greifbar zu machen und somit auch der Physik und der Chemie innerhalb des Sachunterrichts Raum zu geben (vgl. Holub 2015, 18). Die PH Wien hat bereits vor zehn Jahren eine Forscher*innenwerkstatt implementiert. Das Konzept sieht vor, dass mit Material sowie Experimentier- und Versuchsanleitungen gefüllte Forschungskisten für Kinder bereitgestellt werden. Mit diesen Kisten soll es den Schüler*innen ermöglicht werden, selbstständig an verschiedenen Themen aus dem naturwissenschaftlichen Sachunterricht zu arbeiten. Wie Bertsch et al. (vgl.

2011, 240) betont auch Holub (vgl. 2015, 18 f.) die Bedeutung des physikalisch-chemischen Sachunterrichts, der über die reine Experimentierphase hinausgeht. Entsprechend sieht das Konzept neben dem Durchführen von Experimenten auch diskursive Arbeitsphasen vor. So beginnt eine Einheit in der Forscher*innenwerkstatt mit einem einleitenden Gesprächskreis, in dem der Ablauf sowie die zentralen Arbeitsregeln besprochen werden. Danach folgt die Forschungsphase, in der die Kinder mit dem bereitgestellten Material arbeiten. Im Anschluss daran gibt es eine Vorbereitungszeit, in der die einzelnen Arbeitsgruppen festlegen, was im folgenden Forscher*innenkreis präsentiert werden soll. Abgerundet wird dieser Ablauf durch die Aufräumphase. Jeder dieser Abschnitte ist bedeutsam: „Dem ForscherInnenkreis [sic!] wird daher mindestens ebenso viel Bedeutung beigemessen wie der Forschungs- und Experimentierphase." (ebd., 19) Dies ist insofern relevant, als sich forschendes Lernen, wie bereits diskutiert, nicht nur auf das Aneignen von Fachwissen beschränken darf, sondern vielmehr auch einen Einblick in die wissenschaftliche Arbeitsweise vermitteln soll. Ein zentrales Element der wissenschaftlichen Praxis ist die Kooperation zwischen Forschenden.

Kritisch merkt Holub (vgl. 2018, 225) einige Jahre später an, dass das Konzept der starren Vorgabe von Forschungsfrage, methodischer Vorgehensweise und dem Hinarbeiten auf die endgültige Lösung überholt sei. Entsprechend wurde 2018 an der PH Wien mit der Lernwerkstatt NAWI eine offener gestaltete naturwissenschaftliche Alternative zur Forscher*innenwerkstatt entwickelt. Im Sinne des forschenden Lernens sollen vor allem die Arbeitsanleitungen globaler und weniger kleinschrittig gestaltet werden: „Beim forschenden Lernen im naturwissenschaftlichen Unterricht geht es darum, ähnlich wie beim wissenschaftlichen Forschen, Erkenntnisse und Antworten zu finden, um daraus Schlussfolgerungen zu ziehen [...]. Abstraktionsschritte sollen hier nicht vorgegeben sein, sondern von den Lernenden selbst vollzogen werden [...]." (ebd.) Entsprechend soll die Lernwerkstatt NAWI ein Raum zum selbstständigen Arbeiten sein. Daher bietet dieser Raum auch kein fertig zusammengestelltes Material. Vielmehr soll jenes Material den Kindern zur Verfügung gestellt werden, welches ein freies, selbstgeleitetes und eigenverantwortliches Arbeiten ermöglicht. Holub (ebd.) definiert dementsprechend die Lernwerkstatt als einen „Ort der Selbstbildung".

5 Zusammenfassung

In diesem Artikel sollte zum einen der Raum, der dem physikalisch-chemischen Unterricht in der Volksschule zugestanden wird, beschrieben werden. Zum anderen sollten auch physische Räume präsentiert werden, die diesen beiden Fächern mehr Präsenz verschaffen können. Es wurde gezeigt, dass im alten wie auch im neuen Lehrplan sowohl der Physik als auch (wenngleich mit Abstrichen) der Chemie innerhalb des Sachunterrichts Platz eingeräumt wird. Kritisch ist dabei anzumerken, dass die Physik schnell auf technologische Einsatzmöglichkeiten reduziert wird und sich die Volksschulchemie stellenweise auf die Gefährlichkeit von Stoffen beschränkt. Als problematisch darf die Inhaltsübersicht im neuen Lehrplan angesehen werden. Diese ist derart allgemein gehalten, dass für Lehrende, die keine Affinität zu Physik und Chemie haben, nicht klar sein dürfte, was sie nun unterrichten sollen, was zu einem Zurückdrängen dieser beiden Disziplinen führen könnte. Abgesehen von den Räumen im übertragenen Sinn muss den physikalisch-chemischen Inhalten an den Schulen auch tatsächlicher Raum gegeben werden. Mit der Forscher*innenwerkstatt und der Lernwerkstatt NAWI erarbeitete die PH Wien zwei Konzepte, die auch an Schulen bereits implementiert wurden und so zu einer gestiegenen Präsenz von Physik und Chemie an Volksschulen beigetragen haben.

Abbildungsverzeichnis

Abb.: Physikalisch-chemische Inhalte in der Lehrstoffbeschreibung des neuen Lehrplans, Quelle: eigene Darstellung in Anlehnung an BMUKK 2012

Literaturverzeichnis

Amon, M., Amon, F., Rafetseder, U. & Reisinger, H. (2009). „Naturwissenschaftlicher Koffer für den Sachunterricht der Volksschulen". Abrufbar unter: https://www.imst.ac.at/imst-wiki/index.php/Naturwissenschaftlicher_Koffer_f%C3%BCr_den_Sachunterricht_der_Volksschulen (11.11.2022)

Barke, H.-D., Harsch, G., Kröger, S. & Marohn, A. (2018). Chemiedidaktik kompakt: Lernprozesse in Theorie und Praxis (3. Aufl.). Heidelberg: Springer.

Bertsch, C., Kapelari, S. & Unterbruner, U. (2011). „Vom Nachkochen von Experimentieranleitungen zum forschenden Lernen im naturwissenschaftlichen Unterricht am Übergang Primarstufe/Sekundarstufe". *Erziehung & Unterricht* 3-4 (161), S. 239-245.

Bundesministerium für Unterricht, Kunst und Kultur (2012). Lehrplan der Volksschule. BGBl. Nr. 134/1963 zuletzt geändert durch BGBl. II Nr. 303/2012. Wien.

Bundesministerium für Bildung, Wissenschaft und Forschung (2022). Verordnung des Bundesministers für Bildung, Wissenschaft und Forschung, mit der die Verordnung über die Lehrpläne der Volksschule und Sonderschulen […] (Begutachtungsentwurf): Anlage A. Abrufbar unter: https://www.ris.bka.gv.at/ Dokumente/Begut/BEGUT_29087208_1955_485A_9CB3_25E1CF5935D3/Anlagen_0001_3154420C_ B800_4A10_9120_B1BB5D16EA36.pdf (11.11.2022)

Hofer, E. & Lembens, A. (2021). „Forschendes Lernen: Eine Einführung". *Plus Lucis* 1, S. 4-7.

Holub, B. (2015). „Die ForscherInnenwerkstatt als Lernort für den Nawi-Unterricht". Krainer, K. & Senger, H. (Hrsg.). *IMST-Newsletter* 44, S. 18-20.

Holub, B. (2018). „Lernwerkstatt als Herausforderung, Angebot und Chance". In: Peschel, M. & Kelkel M. (Hrsg.): Fachlichkeit in Lernwerkstätten: Kind und Sache in Lernwerkstätten. (S. 213-226). Bad Heilbrunn: Klinkhardt.

Kahlert, J. (2022). Der Sachunterricht und seine Didaktik (5. Aufl.). Bad Heilbrunn: Klinkhardt.

Kriegseisen, J. (2019). „Physik und Chemie im Sachunterricht der Österreichischen Volksschule: Eine Bestandsaufnahme". Abrufbar unter: http://www.physikdidaktik.info/data/_uploaded/Delta_Phi_B/2019/ Kriegseisen(2019)Physik_und_Chemie_im_Sachunterricht_der_Volksschule_DeltaPhiB.pdf (10.11.2022)

Krumbacher, C. (2009). „‚Harte' Naturwissenschaften im Sachunterricht. Eine Diskussionsgrundlage". Widerstreit Sachunterricht 13, S. 1-6.

Landwehr, B., Mammes, I. & Murmann, L. (2021). „Editorial". In: Dies. (Hrsg.). Technische Bildung im Sachunterricht der Grundschule: Elementar bildungsbedeutsam und dennoch vernachlässigt. (S. 7-10). Bad Heilbrunn: Klinkhardt.

Lembens, A. & Abels, S. (2018). „Lerngelegenheiten gestalten, die der Diversität der Lernenden Rechnung tragen". In: Rehm, M. (Hrsg.). Wirksamer Chemieunterricht: Unterrichtsqualität – Perspektiven von Expertinnen und Experten. (S. 65-77). Baltmannsweiler: Schneider.

Lengauer, A. (2016). „Gifte: Alle Dinge sind Gift, und nichts ist ohne Gift". *Molecool: Die Welt der Naturwissenschaften* 43, S. 4-7.

Lengauer, A. (2021). Die professionelle Selbstwahrnehmung von Chemielehrenden der Sekundarstufe zu unterschiedlichen Zeitpunkten ihrer Berufslaufbahn. Eine empirisch-quantitative Studie. Masterarbeit. Baden: Pädagogische Hochschule Niederösterreich.

Lengauer, A. (2022). „Volksschullehrende und ihre professionelle Selbstwahrnehmung im physikalisch-chemischen Sachunterricht: Eine qualitative Studie". In: Neuhold, P., Pühringer, A., Rudloff, C., Weinlich, W. (Hrsg.). Journal für Elementar- und Primarpädagogik. (S. 182-19). Wien: Pädagogische Hochschule Wien.

Lück, G. & Köster, H. (2006). „Ein Plädoyer für Themen der unbelebten Natur". In: Lück, G. & Köster, H. (Hrsg.). Physik und Chemie im Sachunterricht. (S. 7-14). Bad Heilbrunn: Klinkhardt.

Ostermann, G. (2021). „Weniger Bewerber für MINT-Lehrstellen". *Der Standard*. Abrufbar unter: https://www. derstandard.at/story/2000125384272/weniger-bewerber-fuer-mint-lehrstellen (27.11.2022)

Pädagogische Hochschule Wien (o. J.). „Forschungsschwerpunkte". Abrufbar unter: https://phwien.ac.at/ forschungsschwerpunkte-2/ (16.11.2022)

Pokorny, B. & Schmidt-Hönig, K. (2015). „Sachunterricht. Zentrales Kernfach im Fächerkanon der Grundschule mit spezieller Charakteristik". In: Krainer, K. & Senger, H. (Hrsg.). *IMST-Newsletter* 44, S. 2-4.

Reiners, C. S. (2017). „Wissensvermittlung als Bildungsauftrag". In: Reiners, C. S. (Hrsg.). Chemie vermitteln: Fachdidaktische Grundlagen und Implikationen. (S. 21–32). Heidelberg: Springer.

Sommer, K. & Pfeifer, P. (2018). „Ziele des Chemieunterrichts und Chemiedidaktische Leitlinien". In: Sommer, K., Wambach-Laicher, J. & Pfeifer, P. (Hrsg.). Konkrete Fachdidaktik Chemie: Grundlagen für das Lernen und Lehren im Chemieunterricht. (S. 139–174). Seelze: Aulis.

Voglhuber, H. (2011). „Das Chemobil. Volksschulkinder experimentieren, ihre LehrerInnen profitieren". *Erziehung & Unterricht* 3–4 (161), S. 246–251.

Autor

Alexander Lengauer, MA MEd

Hochschullehrperson im Fachbereich Sachunterricht am Institut für übergreifende Bildungsschwerpunkte der PH Wien

alexander.lengauer@phwien.ac.at

Soziales Lernen durch den Einsatz von Bilderbüchern

Perspektiven für den Sachunterricht

Marlene Obermayr

Abstract

Im vorliegenden Beitrag wird der Zugang zum Sozialen Lernen durch das Bilderbuch thematisiert und dessen Bedeutung für den Sachunterricht präsentiert. Ausgewählte Bilderbuchgeschichten zu Aspekten wie Klassengemeinschaft, Freundschaft, Konflikt etc. können einerseits einen kindgerechten Zugang zum Themenfeld anhand von Geschichten schaffen, andererseits laden die Geschichten zur Weiterarbeit und persönlichen Auseinandersetzung mit der Thematik ein. Folgend wird die Anschlusskommunikation mit Rollenspielen vorgestellt, die wiederum einen wesentlichen Beitrag zum Sozialen Lernen ermöglichen.

Einleitung

Der Erfahrungs- und Lernbereich Gemeinschaft (vgl. Lehrplan 2012, 84) stellt einen Teilbereich des Sachunterrichts in der Primarstufe dar. In diesem Kontext können durch das Medium Bilderbuch Brücken zu sozialen Lernräumen geschaffen werden (vgl. Kraft & Müller 2019, 134), um bestimmte soziale Themenfelder aufzugreifen und in der Klasse zu thematisieren sowie zu diskutieren. Speziell Rollenspiele bieten sich an dieser Stelle für die Anschlusskommunikation zu Bilderbüchern an und ermöglichen zugleich einen kindgerechten Zugang zum Sozialen Lernen. In den folgenden Punkten wird näher auf das Bilderbuch und dessen Einsatzmöglichkeiten im Sachunterricht sowie auf die Anschlusskommunikation mit der Methode des Rollenspiels eingegangen.

1.1 Soziales Lernen im Sachunterricht

Im oben angeführten Lernbereich Gemeinschaft kann u.a. Soziales Lernen in unterschiedlichen Lernsettings stattfinden, das durch verschiedene Impulse/Spiele/Methoden im Unterricht angeregt werden kann. Petillon (2017, 28) erläutert, dass „[...] die Grundschulzeit als ‚sensible Phase' für die soziale Entwicklung, insbesondere des sozialen Verstehens und sozialer Sensibilität, betrachtet werden kann". Die Entwicklung der sozialen Kompetenz, die auch die nachfolgenden Aspekte miteinbezieht, steht u.a. in verschiedenen Lernbereichen im Fokus des Sachunterrichts. Fünf zentrale Dimensionen wie „Kontaktfähigkeit [...], Kommunikationsfähigkeit [...], Perspektivenübernahme [...], Kooperationsfähigkeit [...], Konfliktfähigkeit [...]" (ebd., 29) sind dem Konstrukt der sozialen Kompetenz zugeordnet; diese stellen folglich auch die vielfältigen Lernkontexte des Begriffes dar. Speziell ausgewählte Bilderbücher mit den Themenschwerpunkten auf Klassengemeinschaft, Kooperation, Freundschaft, Konflikt etc. können als Impulsgeber eingesetzt werden, um in das Themenfeld in Form einer Geschichte einzuführen, um folglich die genannten Dimensionen auch (weiter-) zu entwickeln.

1.2 Das Medium Bilderbuch im Sachunterricht

Sachbilderbücher als auch Bilderbuchgeschichten eignen sich durch ihre Text-Bild-Verbindung (vgl. Staiger 2019, 18 f.) für die Erarbeitung von Sachthemen als auch Themenfelder des Sozialen Lernens in besonderer Weise. Als erzählende Instanz im Bilderbuch wirken sowohl die Bild- als auch die Textebene ineinander und erzählen mit beiden Ebenen die Geschichte (vgl. ebd., 18.) – mit Ausnahme des Bilderbuchs ohne Text, in dem die Geschichte nur mit Bildern erzählt wird. Die Ebene des Bildes bedient sich an Zeichnungen, Illustrationen, Abbildungen u.a.; auf dieser Ebene werden Personen, Landschaften, Gegenstände zur Geschichte dargestellt (vgl. ebd., 21).

Die Sprache „eignet sich zur Darstellung von abstrakten Begriffen, von Gedanken und von Handlungsabläufen" (Staiger 2014, 21). Die Bildebene unterstützt einerseits die Textebene, andererseits kann diese weitere Informationen enthalten, die die Geschichten bereichern und ergänzen (vgl. Staiger 2019, 19 f.). Durch die Erzählung einer Geschichte in Bilderbüchern wird ein individueller Zugang zu Themenfeldern geschaffen, indem auch Fragen während des Vorlesens zur Thematik eingebunden werden können, wie Kraft und Müller (2019, 133) erläutern. Beim Sozialen Lernen sei wichtig,

> „sich möglichst intensiv der Lebenswelt der Kinder zu nähern, um deren individuelle Fragen und Probleme mit der gesellschaftlichen Relevanz soziokultureller Kompetenzen im Unterricht zu verknüpfen. Die Primarstufe legt so den Grundstein für eine spätere gleichberechtigte und souveräne Partizipation in der Gesellschaft. Schon für das schulische Zusammenleben und -lernen sind der Aufbau eines Wir-Bewusstseins und die Erweiterung der Selbstkompetenz essentiell."

Becker (2019, 156 f.) nennt vier große Potenzialfelder durch den Einsatz von Bilderbüchern im Unterricht, die die sprachliche, literale, textuelle und psychosoziale Lernebene (vgl. ebd.) umfassen. Bezüglich der psychosozialen Lernebene werden Aspekte wie Aufmerksamkeit oder soziales Lernen/Verhalten erläutert (vgl. ebd., 156). Hierzu wird ergänzt, dass das Bilderbuch „allerdings nicht per se eine Lerngelegenheit [ist], sondern muss – um eine solche zu werden – rezipiert werden" (ebd.). Die Rezeption einer Geschichte kann durch ausgewählte Fragen während des Vorleseprozesses unterstützt werden, das im folgenden Punkt näher erläutert wird.

1.3 Einbindung von Fragen während des Vorleseprozesses

Während des Vorlesens können offene Fragen zum Nachdenken anregen sowie einen eigenen Bezug zum Gegenstand ermöglichen. Das Dialogische Vorlesen (vgl. Kranz 2019, 19) kann hier einen Schlüsselpunkt für die Anschlusskommunikation darstellen. Offene Fragen zur Geschichte und zum eigenen Lebensweltbezug laden zum Gespräch ein, das wiederum zu weiteren Auseinandersetzungen mit der Thematik im gemeinsamen Dialog führen kann. Alt (2013, 37) erläutert in Bezug auf das Konzept des Dialogischen Lesens:

> „Der Kern der dialogischen Bilderbuchbetrachtung ist das Gespräch, nicht die Vermittlung einer Geschichte. Das Ziel ist, die Freude der Kinder dafür zu stärken, sich auszutauschen, Argumente zu suchen und Fragen zu entwickeln. Dialogische Fähigkeiten wie Sprecher-Hörer-Wechsel werden nebenbei erworben."

Besondere Fragetypen, wie offene W-Fragen oder Fragen zu persönlichen Erlebnissen bzw. Erfahrungen, eröffnen ein Gespräch; auch Fragen der Kinder können für einen weiterführenden Dialog aufgegriffen werden. Im Sinne einer Anschlusskommunikation an die Geschichte und das anschließende Gespräch bietet sich die Methode des Rollenspiels an, um handlungsorientiert weiterzuarbeiten (vgl. Kranz 2019, 20).

1.4 Der Einsatz von Rollenspielen im Sachunterricht

Durch offene Fragen wie beispielsweise *Wie würdest du dich in dieser Situation fühlen? Wie fühlt sich die Person / die Gruppe in dieser Situation?* wird ein Lernraum für das Rollenspiel geöffnet. Durch das Rollenspiel können mögliche Handlungssituationen aus der Sicht der Schüler*innen aufgezeigt und sprachlich diskutiert werden. Es findet gleichzeitig eine individuelle Auseinandersetzung mit dem Themenfeld statt. Andresen (2011, 14) beschreibt das Rollenspiel mit folgenden Grundzügen:

> „Die Erzeugung von Fiktion ist zentral für das Rollenspiel. Ein weiteres konstitutives Merkmal liegt darin, dass es sich um eine kooperative Spielform handelt: Die Kinder agieren in ihren Rollen und entfalten gemeinsam die Handlung."

Die Entwicklung des Rollenspiels beginnt bereits in der frühen Kindheit mit dem Symbol- oder Fiktionsspiels, in denen die Kinder auf elementarste Weise ihre Spielhandlung entfalten. In weiterer Folge rückt der Einsatz von Gegenständen im kindlichen Rollenspiel in den Vordergrund. Zwischen dem 4. und 6. Lebensjahr werden die

Rollenspiele unabhängiger von den Gegenständen, und Spiel- und Sprachhandlungen werden im Rollenspiel komplexer (vgl. ebd.).

Im gemeinsamen Rollenspiel steht die Kooperationsfähigkeit im Fokus, u.a. werden gleichermaßen die Perspektivenübernahme, die Kommunikations- wie auch die Konfliktfähigkeit geschult (siehe Punkt 1.1). Durch den Einsatz von Sprachstrukturen im Rollenspiel findet zudem ein Lernen auf der sprachlichen Ebene statt, welches wiederum mit der sprachlichen Bildung verknüpft werden kann. Andresen (ebd., 14 f.) argumentiert zudem:

> „Beim Rollenspiel sind Kinder bestrebt, die Grenzen zwischen Fiktion und Realität aufzuheben, markieren aber diese Grenzen deutlich. Der Wunsch nach Aufhebung ergibt sich aus dem Bestreben, so zu tun, als führe man Handlungen aus, die einem real nicht möglich sind. Dieses Bestreben liegt dem Rollenspiel zugrunde und bildet die wesentliche Triebkraft dafür, dass Kinder überhaupt solche Spiele spielen. Sie nehmen ihr Spiel ernst."

Durch Rollenspiele zu Geschichten können Perspektiven im kindlichen Spiel präsentiert und verarbeitet werden, was wiederum eine Komponente des Sozialen Lernens darstellt. Die Vielseitigkeit von Rollenspielen im gesamten Unterricht wird an dieser Stelle hervorgehoben, da die Methode Bereiche wie Wahrnehmung, Flexibilität, Kooperation, Kommunikation, Spracherwerb und Soziales Lernen schult (vgl. ebd., 18 ff.).

1.5 Der Mehrwert des Bilderbuchs für das Soziale Lernen

Bilderbücher können eine Bereicherung für den Sachunterricht durch den kindgerechten Zugang zu einer Thematik (insbesondere auch zum Sozialen Lernen) darstellen, wie dies in dem vorliegenden Beitrag thematisiert wird. Durch den Impuls einer Geschichte mit der Unterstützung von Fragen wird eine Perspektivenübernahme und ein Lebensweltbezug ermöglicht. Die Bildebene im Bilderbuch kann die Rezeptionsfähigkeit (auf Textebene) unterstützen und in besonderer Weise auch einen Beitrag zur sprachlichen Bildung im Kontext des Sachunterrichts leisten (vgl. Becker 2019, 156 f.).

Die Methode des Rollenspiels als Möglichkeit der Anschlusskommunikation bietet zudem einen weiteren Ansatzpunkt, um kindliche Perspektiven und Lösungsansätze besser zu verstehen. Für Schüler*innen ermöglicht das Rollenspiel, im Spiel die Handlungsoptionen in Kooperation mit anderen Schüler*innen zu präsentieren, auszuhandeln und im Anschluss zu reflektieren. Bilderbücher bieten durch Text- und Bildstellen Möglichkeiten, den Verstehensprozess anzuregen, über Sachverhalte oder Themen zu sprechen, eigene Erfahrungen und Perspektiven im Dialog darzustellen und mit diesen in der Anschlusskommunikation (z.B. mit dem Rollenspiel) kreativ weiterzuarbeiten.

Literaturverzeichnis

Alt, K. (2013). Dialogisches Vorlesen in der Kita. Sprachbildungsprozesse über Bilderbücher fördern. Abrufbar unter: https://www.uni-bremen.de/fileadmin/user_upload/fachbereiche/fb12/fb12/pdf/D-Dd/Alt/alt_dialogisches_lesen.pdf. (07.12.2022)

Andresen, H. (2011). Erzählen und Rollenspiel von Kindern zwischen drei und sechs Jahren. München: Deutsches Jugendinstitut.

Becker, T. (2019). „Sprachliches Lernen an Bilderbüchern". In: Knopf, J. & Abraham, U. (Hrsg.), BilderBücher. Bd. 1 Theorie. (S. 155-165). 2., vollständig überarb. u. erw. Aufl. Baltmannsweiler: Schneider Verlag Hohengehren.

Kraft, T. & Müller, A. K. (2019). „Soziokulturelles Lernen mit Bilderbüchern". In: Knopf, J. & Abraham, U. (Hrsg.), BilderBücher. Bd. 1 Theorie. (S. 132-137). 2., vollständig überarb. u. erw. Aufl. Baltmannsweiler: Schneider Verlag Hohengehren.

Kranz, C. (2019). „Dialogisches Vorlesen und Anschlusskommunikation. Die Bedeutung des Vorlesens für die Entwicklung der Lesefähigkeit". In: Knopf, J. & Abraham, U. (Hrsg.), BilderBücher. Bd. 2 Praxis. (S. 19-23). 2., vollständig überarb. u. erw. Aufl. Baltmannsweiler: Schneider Verlag Hohengehren.

Lehrplan der Volksschule (o. J.). „Sachunterricht". Abrufbar unter: https://www.bmbwf.gv.at/Themen/schule/schulpraxis/lp/lp_vs.html. (07.12.2022)

Petillon, H. (2017). Soziales Lernen in der Grundschule – das Praxishandbuch. Weinheim: Beltz Verlag.

Staiger, M. (2019). „Erzählen mit Bild-Schrifttext-Kombinationen. Ein fünfdimensionales Modell der Bilderbuchanalyse". In: Knopf, J. & Abraham, U. (Hrsg.). BilderBücher. Bd. 1 Theorie. (S. 14-25). 2., vollständig überarb. u. erw. Aufl. Baltmannsweiler: Schneider Verlag Hohengehren.

Autorin

Marlene Obermayr, BEd MEd

Hochschullehrerin für den Bereich Sprachsensibler Unterricht (im Deutsch- und Sachunterricht) und Lesen in der Primarstufe an der PH Wien, Zudem ist sie im Fortbildungsbereich für den Elementar- und Primarstufenbereich tätig

marlene.obermayr@phwien.ac.at

Die Werkstatt als Ort des Lernens: gestern – heute – morgen

Susanne Frantal

Abstract

In dem Beitrag über die Werkstatt als Ort des Lernens wird der Wissenstransfer in den Werkstätten des europäischen Raumes kurz dargelegt. Ausgehend von den Zünften des Mittelalters bis zur gegenwärtigen Situation der Werkstätten von Bildungseinrichtungen, wird die Aufgabe dieser Lernräume aufgezeigt. Abschließend werden Überlegungen zur Entwicklung der Werkstätten im Kontext von Aus-, Fort- und Weiterbildung vorgenommen.

Einleitung

Als Lehrende, Künstlerin und im persönlichen Alltag stellt sich mir immer wieder die Frage nach der Wertigkeit des Handwerks.[1] Damit verbunden ist auch der Wissenserwerb der manuellen Techniken, um die erforderlichen Kenntnisse und das handwerkliche Geschick zu erlernen. Wie vor Jahrhunderten auch in Europa üblich, werden heute noch in industriell weniger entwickelten Ländern von Hand gefertigte Waren hergestellt (mit den damit einhergehenden sozialen Problemen und Umweltbelastungen). Dort werden unter anderem noch in Heimarbeit – an alten Webstühlen – Stoffe für den eigenen Gebrauch sowie für den Verkauf angefertigt. Die zeitaufwendigen Herstellungsverfahren werden häufig von angelernten Handwerker*innen ausgeführt – oft schon im Kindesalter. Da Kinder in vielen Teilen der Welt von ihren arbeitenden Müttern in die Werkstatt mitgenommen werden (müssen), wachsen sie sozusagen in manche Tätigkeiten hinein. In vorindustrieller Zeit allgemein üblich, finden sich auch gegenwärtig – wie bei den usbekischen Ikat-Weberinnen (webende Männer wurden nicht gesichtet) – noch diese Arbeitsbedingungen (vgl. Abb. 1).

Abb. 1: Werkstatt für Ikat-Weberei, Usbekistan, Quelle: eigene Aufnahme, 2014

---

1   Die Verfasserin untersucht gegenwärtig diese Fragestellung in ihrer Dissertation „Manuelle textile Techniken als künstlerisches Ausdrucksmittel in Wien 1915 bis 2015".

Das erforderliche handwerkliche Können für den komplizierten Ikat-Webvorgang[2] setzt jahrelange Übung der Technik und Kenntnisse der Materialeigenschaften voraus. Gegenwärtig werden diese zeitintensiven Verfahren immer seltener manuell ausgeführt. Andere aufwendige manuelle textile Handwerkstechniken wie Klöppeln, Weben oder Stricken haben ebenfalls die Werkstätten verlassen und werden nur noch im privaten Zusammenhang angewandt. So wird etwa das Sticken von Hand als Freizeitbeschäftigung gegenwärtig wieder aufgegriffen, wie auf Internetplattformen zu sehen ist (z. B. Pinterest).

1 Die Werkstatt als Ort des Lernens: gestern

Es stellt sich nun die Frage, wie handwerkliches Können im Laufe der Geschichte in den Werkstätten erlernt wurde. Im europäischen Raum des Mittelalters war die Werkstatt ein Ort, an dem ein Meister sein Wissen an die folgende Generation übertrug. Dies geschah durch Ausführung der manuellen Arbeitsprozesse. Der Meister wirkte auch als autoritärer Erzieher, da Leben und Arbeiten ineinander übergingen (vgl. Sennet 2009, 91). Bereits etwa um das sechste Lebensjahr kamen die jungen Menschen in die Werkstatt, um ein Handwerk zu erlernen. Dass es sich dabei ausschließlich um männliche Kinder handelte, entsprach über Jahrhunderte bis in unsere Gegenwart der gängigen Praxis. Die Lehrlinge verbrachten ihre ganze Jugend in der gleichen Ausbildung und erreichten so ein hohes handwerkliches Geschick. Allerdings ohne eine andere Art von Bildung zu erhalten. Dabei stand nicht der Individualisierungsprozess im Vordergrund, sondern die Qualität der gefertigten Werke. Über die Beziehung zwischen dem Meister und seinen Lehrlingen schreibt Richard Sennett (ebd., 197):

> „Die Trennung zwischen Kunst und Handwerk in der Renaissance veränderte diese soziale Beziehung, und die Werkstatt erfuhr einen weiteren Wandel, als die dort ausgeübten Fertigkeiten zu einer höchst individuellen, einzigartigen Praxis wurden. Die Individuation innerhalb der Werkstatt führte allerdings zu noch größerer Abhängigkeit von der Gesellschaft als ganzer – eine langsame und lang anhaltende Veränderung, die zu Störungen in der Weitergabe praktischer Fertigkeiten und technischen Wissens führte. Die Folge war eine Fragmentierung des sozialen Raums der Werkstatt. Die Bedeutung von Autorität wurde problematisch."

Erst in der Renaissance spalteten sich demnach die Kunstproduktion vom Handwerk ab. Jene, die ein Handwerk betrieben, waren hauptsächlich für die Gemeinschaft tätig. Handwerkliches Können findet sich auch gegenwärtig in zahlreichen Berufen und Tätigkeiten wieder – auch die Bedienung einer Tastatur erfolgt (noch) von Hand.

2 Die Werkstatt als Ort des Lernens: heute

Gegenwärtig wird der Erwerb handwerklicher Fähigkeiten oftmals vernachlässigt, manches oft nicht mehr gelehrt. Viele historische Handwerkstechniken werden daher nicht mehr angewandt. Auch im Ausbildungskontext der zukünftigen Lehrenden ist dies der Fall. Für manche Techniken fehlen bereits die Vorerfahrungen, auf welchen aufgebaut werden sollte. Die Covid-Pandemie und die damit verbundenen Schließungen der Werkstätten über mehrere Semester haben diese Entwicklung beschleunigt (vgl. Abb. 2).

In den Lehrveranstaltungen der höheren Semester können die fehlenden Grundlagen – u. a. aus Zeitmangel – nicht immer substituiert werden. Bei manchen Techniken stellt sich natürlich auch die Frage nach der gegenwärtigen Relevanz. Selbstverständlich sind nicht alle Techniken/Verfahren erhaltungswürdig und praktikabel. Manche Herstellungsverfahren bieten ein gutes Anschauungsbeispiel, um in den Werkräumen der Ausbildungsstätten der Gegenwart gelehrt zu werden. Unter anderem eignen sich dazu Verfahren, welche aus Einzelfasern

---

2   Bei einem Ikat-Gewebe werden entweder die längs verlaufenden Kettfäden (Kett-Ikat) oder die mit den im rechten Winkel durchgehenden Schussfäden (Schuss-Ikat) vor dem Webvorgang musterbildend partiell eingefärbt. Für die komplizierteste Variante, einen Doppel-Ikat, werden Kett- und Schussfäden dem Muster entsprechend partiell gefärbt.

Flächen bilden – wie das Filzen oder Papierschöpfen. Bei der manuellen Technik der Papierherstellung ist der Vorgang relativ einfach nachvollziehbar (vgl. Abb. 3).

Abb. 2: Leerer Werkraum an der PH Wien während der Covid-Pandemie, Quelle: eigene Aufnahme, 2021

Abb. 3: Manuelle Papierherstellung, China 2016, Quelle: eigene Aufnahme, 2016

Abb. 4: Schulgebäude in Ladakh, Quelle: eigene Aufnahme, 2012

Perfektioniertes Handwerk und Kenntnisse von Materialeigenschaften beruhen auf Wissen und Übung. Durch die wiederholte Anwendung wird dieses Vorwissen verfestigt und – im wahrsten Sinn des Wortes – begriffen. Im Ausbildungskontext erfolgt die Fächervernetzung in der Werkstatt durch die erforderliche Anwendung von Vorwissen – wie z. B. der Mathematik. Die Lernräume dazu befinden sich mancherorts auch außerhalb des Klassenraumes (vgl. Abb. 4). Neben dem Messen, Rechnen und Schreiben sowie der Benützung von Formeln wird beim manuellen Arbeiten theoretisch Erlerntes in der Praxis angewandt.

3 Die Werkstatt als Ort des Lernens: morgen

In der Werkstatt von morgen wird gemeinschaftlich gearbeitet, experimentiert, und historische Techniken werden in neue Kontexte transferiert. Angesichts der weltweiten Umweltzerstörungen und der Klimakrise sowie der aktuellen Energiekrise in Europa werden gegenwärtig historische Techniken wieder interessant. So wird in Internetforen das über Jahrhunderte angewandte Stopfen – das Reparieren von textilen Fehlstellen – als *Visible Mending* wieder gesellschaftsfähig (zuvor war es ein Zeichen von Armut). Anhand dieser textilen Techniken – dem Flicken und Stopfen – lässt sich auch die Anwendung in diversen Kulturen vermitteln. In Japan war diese Technik als Boro-Stickerei bekannt und eine Notwendigkeit, um Textilien zu erhalten.

Durch Kontextualisierung von handwerklichen Techniken und dem Experimentieren in der Werkstatt (der Ausbildungsstätte) kann so der Sinn und die Anwendbarkeit im Alltag erfasst, erprobt und erlernt werden. Das exemplarische Lernen – die vertiefende Lernhandlung in einem Medium, einer Sache – versteht sich fast von selbst, angesichts der limitierten Zeiteinheiten.[3] Wird diese intensive Auseinandersetzung an einem Werkstück erfahren, lässt sie sich aber in anderen Abläufen anwenden.

Daher gilt auch in der Werkstatt für morgen: weniger ist mehr.

Zukunftsorientiertes Handeln drückt sich auch durch die Wahl des Materials aus. Hier sollte in der Werkstatt auf vorhandenes, nachhaltiges und regionales Material zurückgegriffen werden. Auch hinsichtlich der Materialkosten lohnt sich bei der Planung ein Blick auf das lagernde Material in den Werkräumen. Für kreatives und experimentelles Werken eignet sich auch Material, welches sonst keine Verwendung findet (vgl. Abb. 5).

Eine weiter Möglichkeit ist das bereits praktizierte Sammeln von Material (z. B.: Altkleidung, Wachsreste, Material aus der Natur). Dieses nachhaltige Vorgehen ist besonders relevant für die Lehrenden der Primarstufe. Sie sind Multiplikator*innen, welche die jungen Menschen meist besonders prägen.

Abb. 5: TEX_perimente an der PH Wien, Quelle: eigene Aufnahme, 2022

---

3   Dies gilt für die Werkfächer an der Primar- und Sekundarstufe sowie den Ausbildungsstätten der Lehrenden gleichermaßen.

4 Fazit: Die Werkstatt als Ort des Lernens

Die Werkstätten im Kontext von Aus-, Fort- und Weiterbildung sind gegenwärtige besonders wichtige Lernräume. Lernende bringen immer weniger Vorerfahrungen aus dem privaten Lebensbereich mit. Sie wachsen nicht mehr, wie noch vor Jahrzehnten üblich, mit manuellen Tätigkeiten, wie z. B. Nähen, Heimwerken oder Reparieren, auf. Gelegentlich werden manche Techniken zwar als Freizeitbeschäftigung wieder aufgegriffen, aber meist nur in vereinfachten Varianten und oft ohne materialgerechte Technik. Diese Entwicklung wurde durch die Covid-Pandemie und die damit verbundenen Schließungen der Ausbildungsstätten beschleunigt. Das Vorwissen (aus anderen Fachbereichen) über Materialeigenschaften, Funktionen und Techniken kann aber nur in den Werkstätten praktisch erprobt, geübt und vertieft werden. Hier kann auch das gemeinsame Lösen von Aufgaben gelehrt werden. In den Werkstätten findet auch der Wissenstransfer für die praktische Anwendung im Alltag statt. Kurz gesagt: Exemplarisches Werken mit nachhaltigem Material ist zukunftsorientierten Handeln.

Abbildungsverzeichnis

Abb. 1: Webstühle in der Werkstatt für Ikat-Weberei, Usbekistan, Quelle: eigene Aufnahme, 2014

Abb. 2: leerer Werkraum an der PH-Wien während der Covid-Pandemie (Raum 4.1.037), Quelle: eigene Aufnahme, 2021

Abb. 3: manuelle Papierherstellung in einem Museumsdorf, Region Chongquing, China 2016, Quelle: eigene Aufnahme, 2016

Abb. 4: Schulgebäude in Ladakh (Nordindien) in der Nähe von Leh, Quelle: eigene Aufnahme, 2012

Abb. 5: *TEX_perimente* an der PH Wien in der Lehrveranstaltung zum Orientierungsmodul Schwerpunkt Kreativität, Quelle: eigene Aufnahme, 2022

Literaturverzeichnis

Sennett, R. (2009). Handwerk. Berlin: Berliner Taschenbuch-Verlag

Autorin

Prof. Mag [a] art. Susanne Frantal

Hochschullehrperson für Fachdidaktik Werkerziehung Textil am Institut für Elementar- und Primarbildung (IEP) der PH Wien, ist auch Textilchemikerin, Textilrestauratorin und Künstlerin

susanne.frantal@phwien.ac.at

Die Farben von Salzburg[1]
Ein transformatorisches Forschungsprojekt

Alrun Pacher

Abstract

Das Projekt *Die Farben von Salzburg* basiert auf einer Forschungsarbeit, die Pädagogik, Kunst und Wissenschaft miteinander verbindet. Den Ausgangspunkt bildete die Phantasia in c-Moll, KV 475 von Wolfgang Amadé Mozart. Ein transformatorisches Arbeiten in unterschiedlichen Disziplinen wurde durch die Kooperation zwischen der Universität Mozarteum Salzburg und dem Oberösterreichischen Landesmusikschulwerk möglich. Der folgende Text reflektiert den vielschichtigen pädagogisch-künstlerischen Prozess.

Einleitung

„Ästhetische Transformationen können in dreifacher Weise in pädagogischen Situationen fruchtbar gemacht werden: in der Kunstproduktion, in der Kunstrezeption und als Thema von Unterricht" (Brandstätter 2013, 133). In diesem Sinne entstand in Kooperation zwischen der Universität Mozarteum Salzburg (Spot On MozART) und dem Oberösterreichischen Landesmusikschulwerk (Landesmusikschule Bad Ischl) das Projekt *Die Farben von Salzburg*. Es handelt sich dabei um eine vertiefende, transformatorische Gemeinschaftsarbeit unterschiedlicher Disziplinen, ausgeführt von einem zehnköpfigen Team, bestehend aus Mitarbeiter*innen und Student*innen der Universität Mozarteum, sowie achtzehn Schüler*innen der Landesmusikschule Bad Ischl des Unterrichtsfaches Klang und Farbe unter der Leitung der Autorin dieses Beitrags. Den Ausgangspunkt bildete die Phantasia in c-Moll, KV 475 von Wolfgang Amadé Mozart, im Mai 1785 in Wien komponiert, die auf Grund prägnanter Harmoniewechsel bildliche Vorstellungen wachzurufen vermag.

Nach einigen einleitenden Überlegungen zu ästhetischen Transformationsprozessen werden im Folgenden die einzelnen Phasen dieses Projekts, das im Zeitraum von April 2021 bis Oktober 2022 in Bad Ischl und Salzburg stattfand, beschrieben. Dabei soll der Schwerpunkt auf den pädagogischen sowie den künstlerischen Teil gelegt werden. Die wissenschaftliche Auswertung des erarbeiteten Materials soll an anderer Stelle publiziert werden. Die Beschreibung dient auch der Anregung für eigenes Tun: In reduzierter Form und an die jeweilige Unterrichtssituation angepasst, kann das Projekt in Schulklassen ab der Grundstufe II umgesetzt werden.

Auf die Frage, was ihm von der Projektarbeit besonders in Erinnerung geblieben sei, hebt der Projektassistent und Schulmusiker Andreas Neubacher[2] als ersten Punkt die „Feinfühligkeit" der Teilnehmer*innen hervor und spricht von „einer anderen Welt", in die er zusammen mit seiner Kollegin Anna Hemetsberger während des Klang und Farbe-Unterrichts eingetaucht sei. Auf Rückfragen, ob Feinfühligkeit ein Grundcharakteristikum sei, das die Schüler*innen schon mitgebracht hätten, oder ob da etwas im Unterricht angelegt sei, was dazu geführt hätte, dass man besonders feinfühlig würde, konstatierte Neubacher dass, abgesehen von einer gewissen Kunstaffinität der Teilnehmer*innen, diese Feinfühligkeit durch den intensiven Reflexionsprozess im Unterricht hervorgerufen worden sein könnte.

---

1 Unter demselben Titel erschien ein Kurzbericht über dieses Projekt: Pacher, A. (2022): „Die Farben von Salzburg". In: Musikpädagogik. Jg. 75, Heft 2. Hg. v. AGMÖ Arbeitsgemeinschaft Musikpädagogik Österreich. S. 30-31.

2 Siehe Interview von Dr. Michaela Schwarzbauer mit Andreas Neubacher am 13.10.2022.

Abb. 1: Schüler*innen der LMS Bad Ischl während der Exkursion in Salzburg, Quelle: Archiv Pacher, 2021

Im Zuge der Suche nach gestalterischen Lösungen, bei der Übertragung eines künstlerischen Mediums in ein anderes, aber auch während der persönlichen künstlerischen Reaktion auf ein bestehendes Kunstwerk werden mehrere Sinne angesprochen und Denkprozesse angeregt. Dabei kann auch die Rezeptionsfähigkeit der beteiligten Menschen verfeinert werden. Die Musikpädagogin und Wissenschaftlerin Ursula Brandstätter beleuchtet die „erkenntnisstiftende Funktion ästhetischen Handelns" aus verschiedenen Perspektiven. Ästhetische Transformation ermögliche die Arbeit mit verschiedenen Denk- und Erkenntnisformen, so Brandstätter. Auf Grundlage dieser These komme den künstlerischen Fächern im Kontext der Allgemeinbildenden Schulen eine neue Bedeutung zu. Sie dienten nicht länger nur mehr dem Ausgleich, der Entspannung, sozusagen als Gegengewicht zu den kognitiven Hauptfächern, sondern würden in sich die Möglichkeit bergen, verschiedene Formen des reflektierenden Umgangs mit der Welt kennenzulernen. Ästhetisches Denken erweitere die Möglichkeit der Erkenntnis, indem das analoge Denken, das Denken in Ähnlichkeiten als gleichberechtigte Denkform anerkannt wird (vgl. Brandstätter 2013, 143 f.).

Als zweiten entscheidenden Punkt hob Andreas Neubacher „Flexibilität" hervor. Das Projekt war einem steten Entwicklungsprozess unterworfen, „und wir haben eigentlich [in einer] Woche nicht gewusst, was dann in zwei Wochen sein wird". Neubacher spricht die stete Balance zwischen präziser Planung und dem Umsetzungsfreiraum der Schüler*innen an.

Für mich persönlich war das die größte und zugleich schönste Herausforderung. Ich hatte zu Beginn des Projekts ein gut durchdachtes Konzept erstellt, war aber immer bereit, davon abzuweichen, wenn es sich ergeben hat, dass eine neue Entscheidung durch die Anregung eines Teammitglieds zu treffen war, oder sich durch die Wege, die die Schüler*innen beschritten, ein notwendiger Richtungswechsel ergab.

1 Musik- und kunstpädagogischer Prozess

Die Phantasia in c-Moll, KV 475 von Wolfgang Amadé Mozart aus dem Jahr 1785, als Teil der Sonate in c-Moll, KV 457 konzipiert, bot sich auf Grund prägnanter Harmoniewechsel für das intermediale Projekt an, das mit einer Gruppe von sechs erwachsenen Schülerinnen und zwölf Kindern im Alter von zehn bis fünfzehn Jahren meiner Klang und Farbe-Klasse der Landesmusikschule Bad Ischl realisiert wurde. In einem ersten Schritt wurden beim Erklingen der Phantasia Empfindungen und Eindrücke, wie Farbempfindungen oder Hell-Dunkel-Assoziationen, notiert und in Beziehung zu ausgewählten Harmoniefolgen des Werkes gesetzt. In einem weiteren Schritt wurden während zweier Salzburg-Exkursionen Fotos und akustische Impressionen in der Stadt aufgenommen. Die Schüler*innen reagierten in einem dritten Schritt mittels Graffititechnik künstlerisch auf die Fotos. Aus diesem

Material entstand auf Grundlage der Einspielung der Phantasia auf Hammerflügel (Tzu-Yu Yang), Tonaufnahme (Sascha Tekale), ein Film in Form von Videomontage (Andreas Steger) und Soundcollage (Erik Stocker). Zwei Studierende der Schulmusik (Anna Hemetsberger und Andreas Neubacher) wurden in das Projekt miteinbezogen. Die wissenschaftliche Betreuung übernahm Dr. Michaela Schwarzbauer.

Die Uraufführung des Films fand am 20. 5. 2022 während der Langen Nacht der Forschung an der Universität Mozarteum Salzburg statt. Weitere Präsentationen, die auch eine Ausstellung der originalen Graffitis und der Forschungstagebücher integrierten, gab es am 8. 10. 2022 im Kongress & TheaterHaus in Bad Ischl im Rahmen der Jubiläumsfeier *Klang und Farbe. 30 Jahre im Oö. Landesmusikschulwerk*[3] sowie am 13. und 14. 10. 2022 im Rahmen von Spot On MozART (Franziska Wallner, Magdalena Karner und Thomas Ballhausen) an der Universität Mozarteum Salzburg.

1.1 Annäherung an die Phantasia in c-Moll

Bereits am Anfang des Projekts stand das aktive Hören der Phantasia im Mittelpunkt. Während des ersten Abspielens des dreizehnminütigen Klavierwerkes notierten die Schüler*innen im Atelier der Landesmusikschule Bad Ischl stichwortartig ihre Assoziationen in einem Forschungstagebuch, das zu Beginn ausgeteilt wurde. Der Auftrag „Falls ihr Farbempfindungen habt, schreibt sie bitte auf" wurde vorsichtig formuliert, da nicht zwangsläufig Farben assoziiert werden mussten. Die Assoziationen, die die Schüler*innen formulierten waren beispielsweise:

> „Mysteriös, Schlange, Orient, Flöte, Balletttänzer, starker Wind, Sturm, Krieg, Regen, der auf den Boden aufprallt, Gefühle, Ozean, Feen, Ruhe, Verrücktheit, Gelb, Blau Schwarz, Prinzessin, Tanzen, Natur, Blut, Ritter, Wut, Ball, erinnert mich an meine Gitarrenkonzerte vor vielen Menschen, Zärtlichkeit, Yin-Yang, Böses und Gutes, viel Farbe, große Vorstellungskraft, Hai, Gefahr, Wolf, Fluss, Nervös sein, Universum, La La Land, Jazz, LA, Steine, gute Freunde, Horizont, Horrorgeschichte, Krimi, Menschlichkeit" (Noelia). Oder: „Trauer – Freude, Wiederkehr, Leben, Geborgenheit, Gemeinschaft, hell – dunkel, hart – weich, schnell – langsam, Zuhause, um einander werben, seine Schulter als liebgewonnener Platz zum Verweilen wählen, so viel Schmerz – kaum erträglich, doch plötzlich klärt sich der Himmel, die Seele wird frei, der Geist leicht" (Anita).

Danach wurde an die Schüler*innen die Frage gerichtet: „Gibt es Farb- oder Hell-Dunkel-Beschreibungen in euren Notaten?" Wenn Farben vorkamen, sollten sie diese mit Farbstiften kennzeichnen. Dann verfertigten sie ein abstraktes Nass-in-nass-Aquarell zu ihren jeweiligen Assoziationen (vgl. Abb. 2). Die Anmerkung eines Schülers in seinem Forschungstagebuch zu dieser Aufgabenstellung: „Kein Bild, weil ich finde, dass es einfach zu umfangreich ist und man es in einem Bild nicht wirklich zum Ausdruck bringen kann", hatte dabei genauso seine Berechtigung.

Danach wurde Andreas Neubacher gebeten, einzelne Akkorde bzw. Akkordfolgen aus den Takten eins bis fünfundzwanzig der Phantasia auf dem Klavier vorzuspielen, und die Schüler*innen versuchten beim Betrachten der Aquarelle Verbindungen zwischen Gehörtem und Dargestelltem zu schaffen. Elisabeth, eine erwachsene Schülerin der Klang und Farbe-Klasse, beschreibt ihren durch das Projekt veränderten Zugang zur Phantasia im Gespräch folgendermaßen:

> „Es war sehr schwierig für mich, Sympathie für dieses Musikstück aufzubauen und je länger ich es gehört habe, [...] wahrscheinlich nur durch diese Akkorde, habe mir das jetzt ein paarmal heute gedacht, ich werde mich freuen, wenn ich dann einmal im Konzert sitze [und die Phantasia höre], und welche Bilder dann kommen, weil ich mich so intensiv damit auseinandergesetzt habe."

---

3   Das Unterrichtsfach Klang und Farbe wurde 1990 am Oberösterreichischen Landesmusikschulwerk eingeführt. Die 30-Jahre-Jubiläumsfeier konnte Covid-19-bedingt erst zwei Jahre später stattfinden.

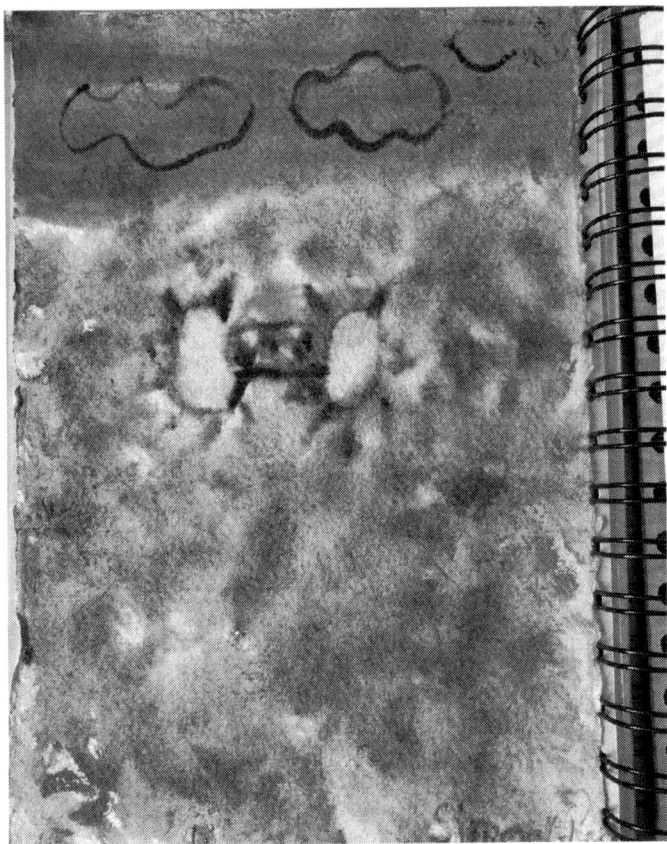

Abb. 2: Farbassoziationen zur Phantasia von Simon (15 Jahre) im Forschungstagebuch, Quelle: Archiv Pacher, 2021

1.2 Vorarbeiten für die *Farbakkorde*

Die in Form von Fotos festgehaltenen *Farbakkorde*, die durch die *Farben von Salzburg* inspiriert werden sollten, wurden mittels verschiedener Kunstwerke zuvor thematisiert und angeregt: Eine Auseinandersetzung mit dem Bild *Ländliche Idylle* (auch *Ländliches Konzert*) von Giorgione (Giorgio da Castelfranco, um 1475–1510), fertiggestellt von Tizian (Tiziano Vecellio, um 1489–1576), das der Kunsthistoriker Ludwig Justi mit Mozarts Sonate in c-Moll vergleicht (Würtemberger 1979, 24, und Justi 1936, 238), bot den Schüler*innen Anschauungsmaterial im Sinne einer ästhetischen Analyse von Bildaufbau, Form, Farbkomposition und Kontrasten. Die Schüler*innen legten Transparentpapier über eine Farbkopie des Bildes, verbanden mit Lineal und Bleistift markante Punkte und verfolgten mit einer Linie die Blickrichtungen der dargestellten Figuren (vgl. Abb. 3). Daraus ergaben sich Erkenntnisse in Hinblick auf die formale Komposition des Bildes, die ebenso wie die Farbwahrnehmungen (z.B. der im Bild vorkommende Komplementärkontrast rot – grün) in die eigenen Aufnahmen von Salzburg einfließen konnten. Im Zuge der Bildbeschreibung und Bildinterpretation entstanden anregende Diskussionen. Zum Beispiel störte eine Schülerin „ein bisschen", dass die Frauen nackt waren. „Nicht vom Anblick, aber einfach, weil *sie* nackt sein mussten und nicht die Männer." (Noelia, Forschungstagebuch).

Die Einbeziehung eines Lautenisten mit der Frage, welchen Akkord der Lautenspieler auf dem Bild spiele, sowie die dargestellte Blockflöte führten uns wieder zur Musik zurück.[4]

---

4 „Aus der Abbildung sind nur wenige Wirbel ersichtlich, aber um 1510 war die Standardlaute bereits 6-chörig. Die Größe ist schwer zu bestimmen, es könnte eine Laute in E sein, da das Gehäuse größer erscheint als eine Laute in G. Wenn es in G ist, dann: g'-d'-a-f-c-G, wenn es in E ist: e'-h-f # -d-A-E. Die Stellung ist realistisch, wenn man den kleinen Finger der linken Hand nicht spielt: F-Dur (genau der Dreiklang f-a-c') für Laute in G und D-Dur (d-f#-a) für Laute in E. Die rechte Hand ist nach dem Spielen des Akkordes dargestellt." (Anm. des Lautenisten Pietro Prosser, 06.05.2021).

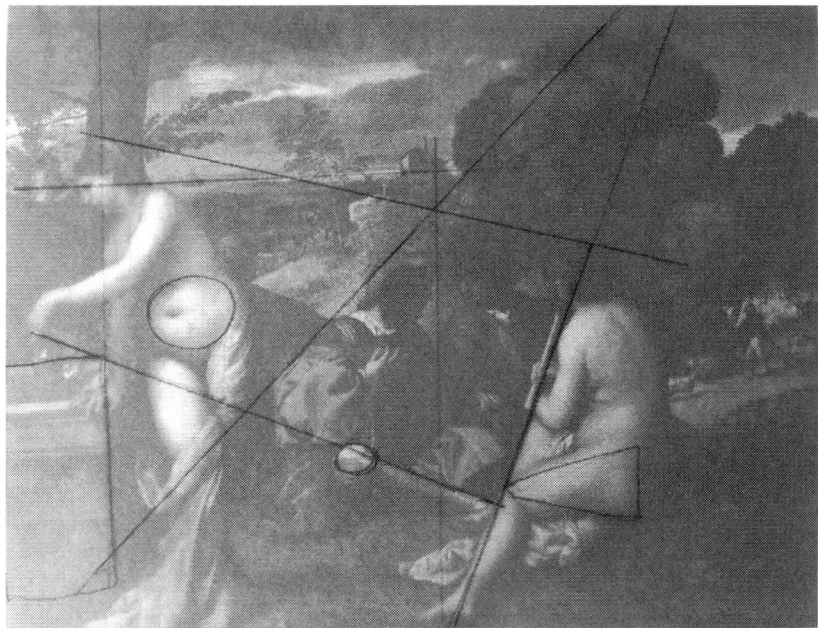

**Abb. 3: Bildkompositionsstudien zum Gemälde *Ländliche Idylle* von Giorgione,
Quelle: Archiv Pacher, 2021**

Als weitere Inspiration diente eine Auseinandersetzung mit Möglichkeiten der Verbalisierung von Farbe, wie sie sich – unmittelbar durch die Stadt Salzburg geprägt – in Gedichten von Georg Trakl auf inzwischen zehn (Stein-) Tafeln an verschiedenen Orten in Salzburg und Anif finden. Dabei untersuchten wir besonders das Gedicht „Die schöne Stadt" im Hinblick auf die Nennung von Farben (für die Schüler*innen waren zunächst die Farben „Gold und Blau" markant) und sprachen über die subjektiven Farbassoziationen zu den im Gedicht verwendeten Substantiven.

Andreas Neubacher hielt die unterschiedlichen Vorstellungen der Schüler*innen in seinem Forschungstagebuch fest: „Nonnen: grau, dunkelblau, schwarz, weiß; Kirchen: grün und grau (kupfergrün), weiß, braun und rot, rot, weiß, rosa; Träume: sandig, ocker, blau, gelb, bunt, hellrosa, perlmutt; Lippen: rot, rosa, violett; Fremde: braun und grau, dunkle Farben; Gärten: hellgrün und rosa, grün, verschiedene Grüntöne; Fenster: weiß."

Nach den einschlägigen Assoziationen der Schüler*innen zu „den Fremden" wurden die Kinder mit einer Zeile aus einem anderen Gedicht von Georg Trakl, „Ein weißer Fremdling tritt ins Haus" (Gedichttafel „Musik im Mirabell"), konfrontiert, was wieder zu anregenden Diskussionen und einer Relativierung von Vorurteilen führte.

1.3 Salzburg-Exkursionen

Nach all diesen Vorarbeiten kamen die Schüler*innen, aufgeteilt in zwei Gruppen, an zwei Samstagen im Mai 2021 nach Salzburg, um für *Die Farben von Salzburg* Fotos zu erstellen (vgl. Abb. 1). Sie suchten unter meiner Begleitung und mit der Assistenz der beiden Schulmusiker*innen Orte auf, an denen Mozart gewesen war. Es ging bei dem Erkundungsspaziergang um ein sensibles Einfühlen sowohl in das, was Mozart vor ca. 250 Jahren gesehen und wahrgenommen haben könnte, als auch um das, was wir heute wahrnehmen. Im Sinne einer Momentaufnahme wurden speziell in dem Monat, in dem die Phantasia komponiert wurde, die Farben von Salzburg festgehalten.

Auf allen Fotos sollte in Anspielung auf Marina Abramovics in Salzburg platzierter Mozart-Installation *Spirit of Mozart*, in der der hohe Stuhl für Mozart ein Stück Himmel einrahmt, immer auch ein Stück Himmel zu sehen sein (vgl. Abramovic 2004).

Eine Graffitiwand entlang der Eisenbahnbrücke in Lehen lieferte den Anstoß für die anschließende künstlerische Reaktion auf die Fotos (vgl. Abb. 4). Anna Hemetsberger erinnert sich im Gespräch an einen zusätzlichen Aspekt:

> „Alrun hat auch immer davon gesprochen, nicht nur das vermeintlich *Schöne* zu fotografieren, sondern ruhig auch einmal eine Baustelle, oder so, weil das auch zu Salzburg genauso dazugehört, und so ist es ja irgendwie auch bei der Phantasia. Da sind nicht nur *schöne* Teile, fröhliche, sondern es ist einfach so facettenreich."

Abb. 4: Graffitiwand in Lehen während der Exkursion in Salzburg, Quelle: Archiv Pacher, 2021

1.4 Künstlerische Umsetzung der Fotos

Wieder im Atelier wählten die Schüler*innen unter ihren eigenen Fotos zehn aus, druckten sie im Format DIN A4 aus und setzten sie in Verbindung zu den Harmonien der Phantasia in c-Moll. Lili begründete ihre Reihung auf die Frage, ob es ihr schwer gefallen sei, die Bilder zu den ersten Takten der Phantasia zu ordnen und ob es einen Zusammenhang zur Musik gäbe, folgendermaßen:

> „Ja, es war schon sehr schwer, aber ich habe mit einem sehr starken Bild begonnen, [...] die Wolken sind schon gleich da und kommen nicht erst langsam herein, weil das war eben auch bei der Musik so, dass es nicht langsam begonnen hat und immer schneller wurde, sondern es war gleich so laut und hier bin ich sozusagen, aber dann wurde es wieder melodischer und sanfter, deswegen habe ich [als zweites] ein eher märchenhaftes Bild genommen – das mit dem Pegasus." (Video-Aufzeichnung, Archiv Pacher).

Durch Verfremdung und Erweiterung der Fotos mittels Schablonentechnik und Graffiti (farbiger Sprühlack auf Karton, ca. 40 x 30 cm) sowie malerisch-zeichnerischer Reaktion auf die Fotos wurde ein zusätzlicher künstlerisch-kreativer Aspekt eingebracht (vgl. Abb. 10). Das Beispiel (vgl. Abb. 5–9) zeigt die Vorgangsweise einer erwachsenen Schülerin, die für ein Dreifarbengraffiti mehrere Schablonen hergestellt hat, die sie nacheinander beim Sprühen über das Bild legte. Die Auswahl von dreißig Graffitis durch Andreas Steger bildete in Folge die Grundlage für den Film *Die Farben von Salzburg*.

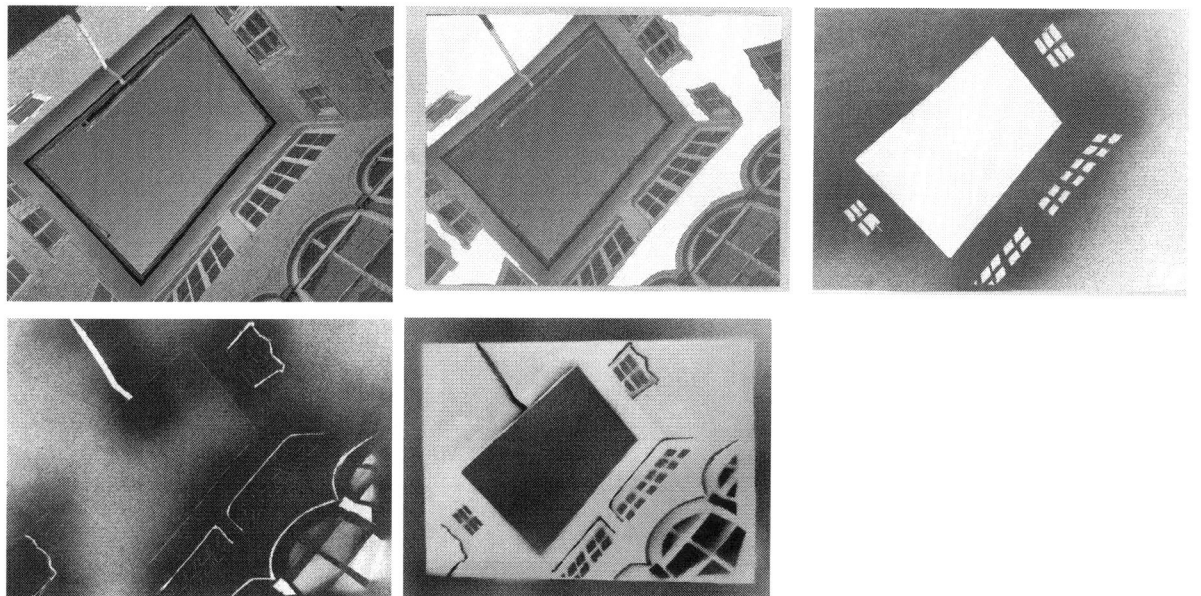

Abb. 5–9: Vorgangsweise beim Dreifarbengraffiti vom Foto zum fertigen Bild, Innenhof Mozartplatz 4, Gudrun, Quelle: Archiv Pacher, 2021

2 Künstlerischer Prozess Film

Die Farben von Salzburg ist das Resultat der intensiven Auseinandersetzung mit Mozarts Phantasia in c-Moll, KV 475. Der Filmemacher Andreas Steger bekam das gesamte Material, das aus den Graffitibildern, den Fotoschablonen, den Fotos, Zeichnungen, Tonspuren sowie Fotos der Exkursionen bestand, und traf eine Auswahl. Er entschied sich dafür, ausschließlich die Graffitis der Schüler*innen zu verwenden und sortierte sie in einer für ihn stimmigen Reihenfolge zur etwas gekürzten Musik. Zunächst layerte er die als PDF gespeicherten Graffitis. Das bedeutet, dass er die Bilder in Hintergrund, Mittelgrund und Vordergrund unterteilte und diese Ebenen gesondert digital speicherte, damit er sie animieren konnte. Danach versetzte er die Bilder in Bewegung und schuf mit der Musik kommunizierende Übergänge und Verbindungen zwischen den einzelnen Kunstwerken.

In einem weiteren Arbeitsschritt reagierte der Komponist und Sounddesigner Erik Stocker auf den Film und entwickelte eine zweite Tonspur. Er beschreibt seine Vorgangsweise während des Transformationsprozesses folgendermaßen:[5]

> „Ich habe mich an den abstrakten Bildern der Kinder orientiert und drei Grundfarben herausgenommen: Blau, Rot und Grün. Diese habe ich dann als Frequenzen adaptiert, beziehungsweise als Frequenzband […] und habe aus Mozarts Stück […] gewisse Zitate herausgefiltert, manipuliert und aneinandergereiht, je nachdem wie es zur Animation passt."

Ausgehend vom Original der Phantasia, ergaben sich verschiedene Aspekte der Interpretation: Wie geht der*die Interpret*in mit Mozarts Musik um, wie begegnen Schüler*innen und wie der zeitgenössische Künstler (Filmemacher) dem Werk, und schließlich wie reagiert der Filmkomponist darauf? Es entstanden Reflexionsfolien zu Mozart, die ihre ganz besondere Aussage aus dem Phänomen von Nähe und Distanz zum Original speisen. Die größte Nähe boten der Notentext und dessen Verklanglichung, und die größte Entfernung erstand in der medialen Ausdeutung. Im Changieren zwischen diesen Polen erhob sich die Frage: Was könnten diese Klänge für uns heute bedeuten, nicht nur als Rezipierende oder Interpretierende, sondern als künstlerisch Handelnde? Da ist der Anspruch des Originalklanges, der in der Interpretation am historischen Hammerflügel in den Kontext

---

5 Siehe Interview von Alrun Pacher mit Erik Stocker am 11.05.2022.

des 21. Jahrhunderts gestellt wird. Selbst die größtmögliche Nähe zum Werk dient als Interpretationsquelle zum Weiterdenken. Der Film spielt mit dem Spannungsfeld zwischen Sounddesign und Komposition, indem der Rezipierende frei, auch innerhalb des Stücks, zwischen der Interpretation einer Spezialistin für Alte Musik und der Transformation von Mozarts Musik durch einen zeitgenössischen Komponisten changieren beziehungsweise beide Spuren gleichzeitig erklingen lassen kann. Die Rolle des Komponisten verschiebt sich. Der Rezipient*die Rezipientin wird selbst zum Komponisten*zur Komponistin: Die drei Soundtracks (Mozart, Stocker und *Stockzart*) können zum achtminütigen Film gleichzeitig, hintereinander oder im Switchmodus gehört werden.

Abb. 10: Pegasus, Graffiti, 40 x 30 cm, 2021, Lili, Quelle: Archiv Pacher, 2021

3 Der wissenschaftliche Prozess

In dem Projekt *Die Farben von Salzburg* wurde der gesamte künstlerisch-pädagogische Prozess mittels ganz persönlicher Projekttagebücher durch Lernende und Lehrende wissenschaftlich begleitet. Kurze Interviews sollen Einblicke in den Verlauf ästhetischer Prozesse ermöglichen. Unter Einbezug von Methoden der Aktionsforschung (vgl. Altrichter et al. 2018) werden in der Projektstudie Analogien zwischen den Harmonien in Mozarts Phantasia c-Moll, KV 475 und in Form von Fotos festgehaltenen Farbakkorden, die durch die Farben von Salzburg inspiriert wurden, diskutiert und interpretiert. Das verbindende Anliegen von pädagogischen, künstlerischen und wissenschaftlichen Zugangsweisen ist, zu reflektieren, was während dieses Transformationsprozesses geschieht.

Die wissenschaftliche Auswertung gründet auf folgenden Forschungsfragen: Wie spiegeln sich Entscheidungen für ästhetische Transformationen in der Arbeit der Schüler*innen wider, und inwiefern gestatten Analogiebildungen zwischen den Künsten eine vertiefte Auseinandersetzung mit künstlerischen Ausdrucksmöglichkeiten? Wie empfinden Lernende harmonische Wechsel in einem ausgewählten Werk W. A. Mozarts? Wie gelingt es ihnen, ihre Eindrücke in einer kreativen Gestaltung zu visualisieren? Was bedeuten die Klänge von Mozarts Phantasia in c-Moll, KV 475 für uns heute, nicht nur als Rezipierende oder Interpretierende, sondern auch als künstlerisch Handelnde? Andreas Steger sagt auf die Frage, wie sich sein Bezug zu Mozarts Komposition im Laufe des Projekts verändert habe:[6]

> „Ich würde mich persönlich nicht trauen, diese Musik irgendwie anzufassen, weil es eben *Mozart* [geflüstert] ist und man muss es nehmen wie *ein Geschenk Gottes* [geflüstert][...]. Und dann habe ich Eriks Interpretation so super gefunden, weil er [...] diese Brücke gebaut hat ins 21. Jahrhundert mit den Mitteln, die wir jetzt haben."

---

6   Siehe Interview von Alrun Pacher mit Andreas Steger am 09.05.2022.

Auf Grundlage der empirischen Sozialforschung soll das gesammelte Material, das aus achtzehn Forschungs-tagebüchern der Schüler*innen, Interviews mit Mitarbeiter*innen des Teams (den zwei Assistent*innen, dem Filmkomponisten und dem Filmemacher), zehn Interviews mit den älteren Schüler*innen und acht von den jüngeren Schüler*innen ausgefüllten Fragebögen besteht, ausgewertet werden. Zur Uraufführung während der *Langen Nacht der Forschung* an der Universität Mozarteum Salzburg wurden ebenfalls Fragebögen ausgeteilt, in denen das Publikum als Rezipient*innen des Films ihre jeweiligen Eindrücke vermerken konnten.

Die Forschungstagebücher der beiden Assistent*innen und die kurzen Mitschnitte von Unterrichtssequen-zen bieten wichtige Ergänzungen, da dadurch eine Außenperspektive ermöglicht wird. In der Erforschung des eigenen Unterrichts liegt die Problematik zumeist in der Doppelfunktion, gleichzeitig Unterrichtende*r und Forschende*r zu sein. Während des Unterrichtsgeschehens können dadurch Begebenheiten unbemerkt blei-ben, durch partielle Wahrnehmungsprozesse aus dem Kontext gerissen werden, oder in der Interpretation zu Voreingenommenheit der Lehrperson führen. Die Psychotherapeutin und Autorin Bärbel Wardetzki bedauert, dass vielen Menschen der wertfreie Zugang zu ihrer Kreativität verschlossen ist und schreibt über die Vorzüge kreativen Ausdrucks:

> „Sein Vorteil ist die Wert- und Leistungsfreiheit, weil er nur um seiner selbst willen und nicht für das Erreichen eines bestimmten Ziels eingesetzt wird. Zu erfahren, dass ein Mensch sich in Bewegung, Farben, Klängen, Tönen, Bildern oder Worten ausdrücken kann, ist selbstwertstärkend." (Wardetzki 2022, 186).

Das Projekt *Die Farben von Salzburg* lieferte einen Beitrag zur Findung persönlichen künstlerischen Ausdrucks auf Grundlage individueller Wahrnehmungen und Empfindungen, oder wie eine Klang und Farbe-Schülerin es ausdrückte: „Das Gute an ‚Klang und Farbe' ist: es gibt kein ‚Richtig' und kein ‚Falsch'."

Abbildungsverzeichnis

Abb. 1: Schüler*innen der LMS Bad Ischl während der Exkursion in Salzburg, Quelle: Archiv Pacher, 2021

Abb. 2: Farbassoziationen zur Phantasia von Simon (15 Jahre) im Forschungstagebuch, Quelle: Archiv Pacher, 2021

Abb. 3: Kompositionsstudien zum Gemälde *Ländliche Idylle* von Giorgione, Quelle: Archiv Pacher, 2021

Abb. 4: Graffitiwand in Lehen während der Exkursion in Salzburg, Quelle: Archiv Pacher, 2021

Abb. 5–9: Vorgangsweise beim Dreifarbengraffiti vom Foto zum fertigen Bild, Innenhof Mozartplatz 4, Gudrun, Quelle: Archiv Pacher, 2021

Abb. 10: Pegasus, Graffiti, 40 x 30 cm, 2021, Lili, Quelle: Archiv Pacher, 2021

Literaturverzeichnis

Altrichter, H., Posch, P. & Spann, H. (2018). Lehrerinnen und Lehrer erforschen ihren Unterricht. Bad Heilbrunn: Klinckhardt.

Brandstätter, U. (2013). Erkenntnis durch Kunst. Theorie und Praxis der ästhetischen Transformation. Wien: Böhlau.

Brandstätter, U. (2010). „Transformationen: Zwischen musikalischem und bildnerischem Denken". In: Hiekel, J. P. (Hrsg.): Neue Musik und andere Künste. Kapitel IV. Schnittstellen zur Bildenden Kunst. (Veröffentlichungen des Instituts für Neue Musik und Musikerziehung Darmstadt, Bd. 50). (S. 195-219). Mainz: Schott.

Justi, L. (1936). Giorgione (Bd. 1), Berlin: Reimer.

Pacher, A. (2022): „Die Farben von Salzburg". In: Musikpädagogik, Jg. 75, Heft 2, hg. v. AGMÖ Arbeitsgemeinschaft Musikpädagogik Österreich.

Wardetzki, Bärbel (2022): Ohrfeige für die Seele. München: dtv.

Würtenberger, F. (1979). Malerei und Musik. Die Geschichte des Verhaltens zweier Künste zueinander. Bd. 1. Frankfurt am Main: Peter Lang.

Quellenmaterial

Giorgione (Giorgio da Castelfranco) (um 1510). Ländliche Idylle (auch Ländliches Konzert, prob. Zuschreibung). Abrufbar unter: https://www.mein-italien.info/kunst/laendliches-konzert.htm (13.11.2022)

Trakl, Georg (o.J.). Die ‚Salzburg'-Gedichte. Broschüre zu den neun Gedichttafeln in Salzburg und Anif. Hg. vom Internationalen Trakl-Forum der Salzburger Kulturvereinigung. Salzburg.

Abramovic, Marina (2004). Spirit of Mozart (Sammlung Würth). Abrufbar unter: https://salzburgfoundation.at/walk-of-modern-art/marina-abramovic-2004/ (10.11.2022)

Mozart, Wolfgang Amadé (1986). Phantasia in c-Moll, KV 475. Hg. v. Plath, W., Rehm, W. Neue Mozart-Ausgabe. Serie IX, Werkgruppe 25. Kassel: Bärenreiter. Abrufbar unter: https://imslp.hk/files/imglnks/euimg/e/ed/IMSLP425745-PMLP01868-nma_197_70_79.pdf (02.11.2022)

Autorin

Mag [a] art. Alrun Pacher

geboren in Salzburg, ist Blockflötistin und Musik- und Tanzpädagogin. Ihr Schwerpunkt liegt auf dem interdisziplinären Unterrichtsfach Klang und Farbe, das sie seit 2007 in der Landesmusikschule Bad Ischl (OÖ) unterrichtet. Sie lehrt an der PH Wien im Bereich Musikerziehung und schreibt derzeit eine Dissertation an der Universität Mozarteum Salzburg über Analogiebildungen und Transformationsprozesse in Musik und Bildender Kunst.

alrun.pacher@aon.at

Die „Reparatur-Rallye"

Ein Unterrichtsprojekt zur Reparatur von Kleidung mit Schüler*innen der Primarstufe

Katharina Kugler

Abstract

Textile Reparaturkompetenzen und Wissen zum nachhaltigen Umgang mit Kleidung bereits in der Primarstufe zu vermitteln, sind Ziele des 2022 initiierten Unterrichtsprojekts „Reparatur-Rallye". Der vorliegende Beitrag beinhaltet eine Darstellung des dazu entwickelten didaktischen Konzepts und dessen praktischer Umsetzung. Zur Kontextualisierung werden die Zusammenhänge von Reparatur und Nachhaltigkeit sowie die Rolle des Werkunterrichts in einer Bildung für nachhaltige Entwicklung skizziert.

Einleitung

Ein zentraler Inhalt des Werkunterrichts ist die Beschäftigung mit Dingen, die uns im Alltag umgeben: Produkte, die entworfen, hergestellt, verkauft, benutzt, entsorgt oder wiederverwertet werden. Durch Instandhaltungsmaßnahmen und der damit einhergehenden verlängerten Nutzungsdauer können die Umweltauswirkungen von Gegenständen effektiv reduziert werden. Das Fach Werken (ab 2023 *Technik und Design*) kann dazu beitragen, Wissen über Produktkreisläufe und Fähigkeiten zum Reparieren zu vermitteln. Insbesondere das Verändern und Ausbessern von Textilien erfordern nur wenige Materialien bzw. Werkzeuge und sind damit niederschwellig zugänglich. Dennoch zeigt sich, dass das Reparieren von Kleidung heute für viele Menschen keine alltägliche Praxis ist und die nötigen Kenntnisse dafür häufig nicht vorhanden sind (vgl. Derwanz 2018, 200 ff).

Die bislang entwickelten Unterrichtskonzepte zur Förderung von Reparaturkompetenzen richten sich vorrangig an Schüler*innen der Sekundarstufen oder Studierende (BNTextillabor 2021, Eichelberger & Holliger 2020, RepaNet 2020, Retibne 2022). Welche didaktischen Gestaltungsformen lassen sich finden, die sich an den Interessen jüngerer Kinder orientieren und deren handwerklichen Fähigkeiten entsprechen? Zu dieser Fragestellung wurde im Wintersemester 2022/23 mit den Studierenden des Primarstufenlehramts in Kooperation mit der Praxisvolksschule der PH Wien ein didaktisches Konzept entwickelt und umgesetzt. Der Werkunterricht bietet dabei einen Raum, in dem Sicherheit und Selbstvertrauen im Umgang mit Materialien und Werkzeugen sowie Wissen zu den Umweltauswirkungen von Kleidung erworben werden, um nachhaltige textile Praktiken in den Alltag übertragen zu können.

1 Die Rückkehr der Reparatur

In unserer aktuellen (Waren-)Welt ist die Neuanschaffung eines Gegenstands im Falle eines Schadens meist kostengünstiger als dessen Instandsetzung. Trotz oder gerade aufgrund des von vielen Menschen als widersinnig empfundenen Status quo, bei dem der Einsatz von Zeit und Ersatzteilen mehr Kosten und individuellen Aufwand verursacht, als Dinge neu herzustellen sowie zu kaufen, erlebt das Reparieren seit einigen Jahren eine Renaissance. Auf Internetplattformen, wie beispielsweise YouTube oder ifixit, finden Interessierte unzählige Anleitungen zur selbstständigen Behebung von Defekten aller Art. Reparatur-Cafés, in denen fachkundige Expert*innen ihr Wissen und Können ehrenamtlich zur Verfügung stellen, existieren mittlerweile in fast jeder Stadt. Neben solchen Graswurzelbewegungen gibt es auch behördlich organisierte Förderungen, wie den vom Bundesministerium für Klimaschutz vergebenen Reparaturbonus. In den Wirtschafts- und Sozialwissenschaften wird das Thema Reparatur im Zusammenhang mit einer Post-Wachstumsökonomie und der Kreislaufwirtschaft diskutiert (Krebset al. 2018; Jaeger-Erben & Hielscher 2022). Zwei Beweggründe für das verstärkte Interesse am

Thema Reparatur in den genannten Bereichen sind das Bemühen um einen umweltschonenden Umgang mit materiellen Ressourcen sowie die Infragestellung eines Wirtschaftssystems, das auf Gewinnmaximierung durch immer steigende Produktionsmengen ausgerichtet ist.

2 Reparieren als nachhaltige textile Praxis

Die Textilindustrie ist eine Branche, die insbesondere seit der Jahrtausendwende durch enorme Produktionssteigerungen gekennzeichnet ist. Auf dem Sektor der sogenannten Fast Fashion werden in großer Geschwindigkeit modische Kleidungsstücke aus billigen Synthetik- oder Mischfasern hergestellt und zu niedrigen Preisen vertrieben. Diese werden in vielen Fällen nur kurz genutzt und rasch wieder entsorgt, was sich weltweit an den steigenden Mengen von Alttextilien auf Mülldeponien zeigt. Insgesamt steht die Textilproduktion in Verbindung mit Umweltverschmutzung, menschenunwürdigen Arbeitsbedingungen und hohen Treibhausgasemissionen (vgl. Thomas 2019, o.S.).

Angesichts der niedrigen Preise für neue Ware scheint sich die Reparatur von Kleidung kaum zu lohnen – zumindest im Sinne einer rein ökomischen Kosten-Nutzen-Rechnung. Wenn im Kontext westlicher Wohlstandsgesellschaften heute noch Kleidung repariert wird, kann das als eine Gegenbewegung zu der globalen Überproduktion von Textilien mit ihren umwelt- und klimaschädlichen Folgen gesehen werden. Zum einen werden durch die Verlängerung der Nutzungsdauer und die Vermeidung von Neuanschaffungen effektiv ökologische Einsparungen erzeugt. Zum anderen drückt das Reparieren auch eine Form von Nachhaltigkeit im Umgang mit Gegenständen aus, den die Sozial- und Wirtschaftswissenschaftlerinnen Jaeger-Erben und Hielscher (2022) mit einem neuen Begriff von Care-Arbeit in Verbindung setzen. Dieser solle „die Aufmerksamkeit auf die moralischen, sozialen und politischen Aspekte der Reparatur im täglichen Leben lenken" (ebd., 100). Caring wird als „als Modus des Seins in der Welt und als eine Form der Hinwendung zur Welt" (ebd.) beschrieben. Diese positiv konnotierte Definition von Care steht in Kontrast zu dem historischen Phänomen, dass textile Reparaturen über Jahrhunderte hinweg in unbezahlter und gesellschaftlich geringgeschätzter Care-Arbeit ausgeführt wurden, die traditionell von Frauen zu bewerkstelligen war (vgl. Derwanz 2019, 148). Die ökologisch und sozial motivierte Neubesetzung des Care-Begriffs korrespondiert mit den Überlegungen der Design-Forscherinnen Fletcher und Tham, die zu den Pionierinnen des nachhaltigen Modedesigns und der Slow-Fashion-Bewegung zählen. Sie plädieren für ein verändertes Verhältnis zu Mode, das sich in Opposition zum reinen Konsumieren durch einen nachhaltigen Umgang mit den vorhandenen Gegenständen auszeichnet:

> „The notion of care can radically transform our engagement with fashion. Care is an earth logic paradigmatic shift away from the binary construct of production versus consumption staged by market thinking. Care is intrinsically relational, implying unfolding practices that nurture, grow, maintain, heal as opposed to the abrupt constructs of 'selling, buying, binning'." (Fletcher & Tham 2019, 27)

In der Praxis findet diese Haltung ihren Ausdruck unter anderem in einer Reparaturtechnik, die als *Visible Mending* bezeichnet wird, als sichtbares Reparieren. Bei dieser Variante des Flickens oder Stopfens werden die ausgebesserten Stellen nicht wie beim traditionellen Kunststopfen verborgen, sondern besonders betont und durch auffällige Farben oder Musterungen hervorgehoben. Die Reparatur von Kleidung wird dabei als künstlerischer Ausdruck und politisches Statement gegen die Wegwerfgesellschaft begriffen. Verbreitung findet das Phänomen des *Visible Mending* seit den 2010er Jahren vor allem in den Sozialen Netzwerken (vgl. Derwanz 2018, 213 ff.).

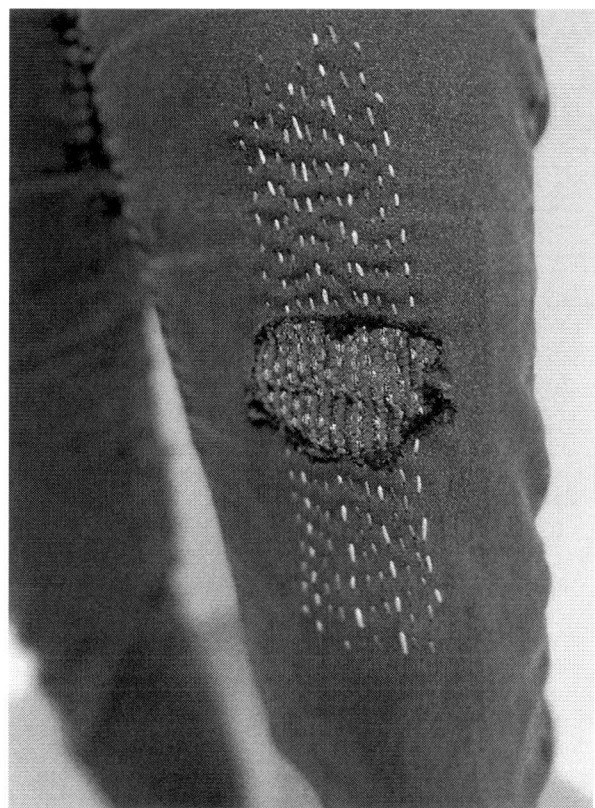

Abb. 1: Visible Mending, Quelle: Raunig, 2021

3 Textile Reparaturen als Unterrichtsthema?

Laut einer von Greenpeace 2022 in Deutschland durchgeführten repräsentativen Umfrage befürworten 69 Prozent der Befragten die Aussage, dass sie ihre Kleidung (häufiger) reparieren, umarbeiten oder etwas Neues daraus machen würden, wenn sie die handwerklichen Fähigkeiten dazu hätten (vgl. Greenpeace 2022, 13). Diese Fertigkeiten fehlen wohl auch deshalb, weil Tätigkeiten wie Flicken, Stopfen oder Ausbessern nicht mehr an Schulen vermittelt werden. Das Erlernen textiler Reparaturtechniken an Schulen hatte früher praktische Gründe – finanzielle Not und Materialknappheit betrafen weite Teile der Bevölkerung. Der Erhalt vorhandener Textilien war bis in die 1960er Jahre eine ökonomische Notwendigkeit (vgl. Derwanz 2018, 206). Durch die allgemeine Verfügbarkeit von Neuwaren zu sehr niedrigen Preisen im Zuge der industriellen Produktion und der Globalisierung des Textilhandels wurde das Reparieren von Kleidung obsolet – und damit auch die Notwendigkeit, die dazu entsprechenden Techniken zu beherrschen. Neben den vormals praktischen Motiven, die textile Reparaturtechniken zum Unterrichtsgegenstand machten, waren diese seit der Einführung des Schulfachs Handarbeiten für Mädchen ab den 1870er Jahren auch mit einer disziplinierenden und moralisierenden Funktion behaftet (vgl. Kolhoff-Kahl 2008, 22 ff.).

Aktuell findet sich das Thema Reparatur weder in dem seit 2007 in Österreich gültigen Lehrplan für die Volksschule noch in dessen 2023 erschienener Neufassung. Auch die Begriffe Flicken, Stopfen oder Instandhaltung kommen darin nicht vor. Genannt wird hingegen der Einsatz bereits vorhandener Textilien „[i]m Sinne des Umweltbewusstseins" (Volksschul-Lehrplan 2007, 196). In den im Lehrplan enthaltenen didaktischen Grundsätzen für den Unterrichtsgegenstand Textiles Werken ist vermerkt, dass „[...] eine kritische Auseinandersetzung mit textilen Produkten anzubahnen und zu fördern [ist]" (ebd., 194), ebenso wie ein sparsamer Umgang mit Material und ein kritisches Konsumverhalten (ebd.). Der neue Lehrplan für die Primarstufe enthält als eines der zentralen fachlichen Konzepte „den ganzheitlichen, sinnlichen, handelnden und reflektierten Umgang mit natürlichen Ressourcen und Rohstoffen sowie Erfahrungen mit Konsum- und Produktkreisläufen" (Volksschul-Lehrplan 2023, 97), woraus sich „Zugänge zu Ökonomie, Ökologie und Nachhaltigkeit sowie zu Technikfolgenabschätzung und Produktethik" (ebd.) ergeben sollen. Als ein didaktischer Grundsatz wird „[d]as Wissen über die Welt der Dinge und deren Herstellung, über die Beziehungen zwischen Mensch und Umwelt sowie der Transfer dieses Wissens in die Lebens- und Arbeitswelt" (ebd., 96) genannt. Alle angeführten Lehrplaninhalte lassen sich anhand des Themenbereichs Reparatur exemplarisch behandeln, dessen Bildungspotenzial in einem handlungsorientierten Werkunterricht mit unmittelbaren Bezügen zu einer Bildung für nachhaltige Entwicklung realisiert werden kann.

4 Textiles Werken als Teil einer Bildung für nachhaltige Entwicklung

Aus den 17 Zielen für eine nachhaltige Entwicklung beinhaltet das Thema Kleidungsreparatur insbesondere die Bereiche 12 „Nachhaltiger Konsum und Produktion" sowie 13 „Maßnahmen zum Klimaschutz". Methodisch bietet es Zugänge, die ein forschendes und selbstbestimmtes Lernen ermöglichen. Damit lassen sich bei Umsetzung textiler Reparaturen transformative Lernprozesse initiieren, die den Erwerb von neuem Wissen, Fertigkeiten und Einstellungen zum Ziel haben: „Durch das Erlernen praktischer Fähigkeiten, also aktives und erfahrungsbasiertes Lernen, kann die Wertschätzung für die eigene Kleidung und deren Herstellungsprozess verändert werden." (BNTextil, 4 f.) Die Kulturwissenschaftlerin Heike Derwanz drückt es pointierter aus: „Der Textil- oder Technikunterricht endet nicht beim Plakatemalen zum Thema nachhaltiger Konsum, sondern kann nachhaltige textile Alltagspraktiken tatsächlich einüben." (Derwanz, 2022, 219). An anderer Stelle argumentiert sie, dass das Erlernen textiler Reparaturtechniken im Kontext der Wissensvermittlung über die klimaschädlichen Auswirkungen der Modeindustrie dazu beitragen könne, den Werkunterricht in allen Schulstufen als wesentlichen Bestandteil einer Bildung für nachhaltige Entwicklung zu positionieren:

> „Kleidungsreparatur könnte auch heute noch Thema des Textilunterrichts sein, in der Grundschule, wie in der Oberschule. Sie könnte mit der Thematisierung von Kleidungskonsum – von Fast Fashion und Slow Fashion – verbunden werden, wie es die fachdidaktischen Konzepte des Textilunterrichts seit den 1990er Jahren vorsehen, es aber in den Schulen aktuell nicht praktiziert wird. Soll Textilunterricht im 21. Jahrhundert noch Sinn machen, dann als Fach der Bildung für nachhaltige Entwicklung mit einer kritischen Reflektion seiner historischen Rolle." (Derwanz 2019, 150).

Auch der Fachdidaktiker Christian Becker sieht in der Hinwendung zum Alltag und dem „scheinbar Banalen" einen Bildungsauftrag für das Schulfach Textiles Gestalten, „das kritisch auf ein sozial, ökologisch, politisch und kulturell verantwortliches Leben vorbereiten will" (Becker 2020, 283).
Der Autor hat in die Textildidaktik das Konzept der *Material literacy* eingebracht, mit dem er die Befähigung zum kritisch-reflektierten Umgang mit textilen Alltagsgegenständen als Bildungsziel für den Werkunterricht definiert. Diese Kompetenzen werden durch die Verbindung von Wissen und Handeln im Unterricht und dem mehrperspektivischen Lernen am konkreten textilen Gegenstand erworben (vgl. ebd., 282). In dieser Kombination sieht Heike Derwanz im textilen Werkunterricht eine Erweiterung der Bildung für nachhaltige Entwicklung „um eine haptisch-praktische Handlungsebene, die besonders erfolgsversprechend nachhaltiges Handeln fördern könnte" (Derwanz 2022, 220).

5 Reparieren schon in der Primarstufe?

Das Thema Reparatur lässt sich sowohl im Sinne des Lehrplans als auch einer transformativen Bildung für nachhaltige Entwicklung in den Schulunterricht einbringen. Es existieren eigens dazu entwickelte didaktische Materialien bzw. solche, die das Reparieren von Kleidung im Zuge einer umfassenden Beschäftigung mit der Textilproduktion und deren Umweltauswirkungen enthalten. Diese Unterrichtssettings richten sich, wie eingangs erwähnt, vorrangig an Schüler*innen ab der Sekundarstufe I. Für die Primarstufe stellt sich die Frage, ob und wenn ja, in welcher fachlichen Form, Reparatur bereits in diesem Alterssegment zum Unterrichtsthema werden kann.

Grundsätzlich wird die Thematisierung eines nachhaltigen Umgangs mit Kleidung bereits in der Grundschule von den Textildidaktiker*innen Becker und Müller-Jentsch aus zwei Gründen für sinnvoll erachtet. Zum einen wird aus ökologischer Perspektive angeführt, dass bereits jüngere Kinder durch eine längere Nutzungsdauer von Textilien einen Beitrag zum Umweltschutz leisten können. Zum anderen argumentieren die beiden Autor*innen aus pädagogischer Sicht für eine frühe Beschäftigung mit Fragen der Nachhaltigkeit:

> „Ab dem 8. Lebensjahr entwickeln sie [die Kinder] ein kritisches Bewusstsein, das es ihnen ermöglicht, Zusammenhänge zwischen Werbung, Modemarken, eigenem Konsumverhalten und ökologischen Problemen zu erkennen. Nur wenn in diesem Alter die komplexen und für die Umwelt folgenreichen Vernetzungen aufgezeigt werden, können Schüler [sic!] ein kritisches Bewusstsein und ein nachhaltiges Konsumverhalten entwickeln." (Becker & Müller-Jentsch 2006, 25).

Als Beispiel für die praktische Implementierung des Themas in der Primarstufe nennen Becker und Müller-Jentsch die Umsetzung einer Kleidertauschbörse. Unterrichtskonzepte, die tatsächlich das Reparieren von Textilien mit Kindern im Grundschulalter vorsehen, lassen sich in der aktuellen Fachliteratur kaum finden. Eine Ausnahme bildet eine Ausgabe der Fachzeitschrift Grundschule Sachunterricht aus dem Jahr 2020, die sich schwerpunktmäßig mit Reparatur befasst. Das Heft bietet Vorschläge zur inhaltlichen Auseinandersetzung mit dem Thema und hebt dessen Gegenwartsbedeutung hervor, enthält aber kaum Ideen zur praktischen Umsetzung von Reparaturen in der Klasse. In einem Beitrag zum Thema „Schneiderwerkstatt in der Schule" wird empfohlen, Eltern, Großeltern oder Freiwillige aus einem Repair-Café zur tätigen Unterstützung in die Schule einzuladen (vgl. Dutz & Wegner 2020, o.S.). Zum einen wird hier der mit Sicherheit wesentliche Faktor des Betreuungsschlüssels angesprochen, wenn es um die Durchführung von in ihrer Komplexität nicht zu unterschätzenden Verbesserungen an Kleidung geht. Zum anderen zeigt das Fehlen methodischer Vorschläge, dass die Vermittlung textiler Reparaturtechniken im Unterricht in der Primarstufe noch einer fundierten didaktischen Ausarbeitung bedarf.

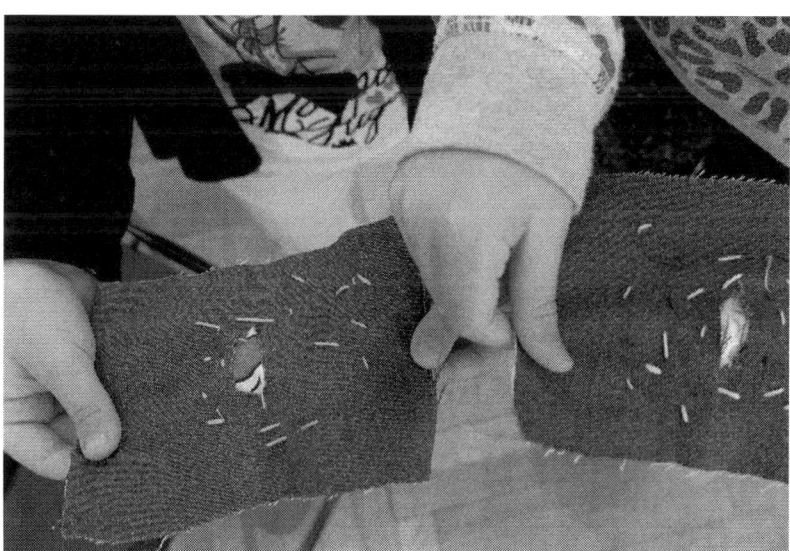

Abb. 2: Patches, gestaltet von Kindern einer 2. Klasse Volksschule, Quelle: Kugler, 2022

Auf der Suche nach Vermittlungsformen für die Altersgruppe der Acht- bis Zehnjährigen bot sich im Herbst 2022 die Gelegenheit, einen Reparatur-Workshop für Kinder zu besuchen, der im Rahmen des *Repair Festivals* im Wiener Volkskundemuseum stattfand. Bei dem Workshop konnte unter Anleitung der beiden Gründerinnen von RESI, einem Verein zur Förderung von nachhaltigem Kleiderkonsum, das bereits erwähnte *Visible Mending* als Möglichkeit zur Reparatur von Textilien kennengelernt werden. Die teilnehmenden Schüler*innen einer zweiten Volksschulklasse zeigten große Lust am Werken mit Nadel und Faden – für viele war es die erste Gelegenheit, selbst zu nähen und mit Stoffen zu hantieren. Die Kinder stellten sogenannte Patches her, also Flicken, die bei einer allfälligen Reparatur später an ein Kleidungsstück angebracht werden können. Der Workshop zeigte aber auch, dass gerade in der Arbeit mit jüngeren Kindern ein hoher Betreuungsschlüssel essenziell für die gelingende Umsetzung textiler Reparaturtechniken ist – im konkreten Fall wurden zwölf Kinder von drei Lehrpersonen betreut. Die praktische Arbeit wurde beim anschließenden Gang durch die Ausstellung historischer und gegenwärtiger Beispiele von Reparaturen an Alltagsgegenständen in Beziehung zu den ökologischen Aspekten des Themas gesetzt. Bei der dialogisch gehaltenen Führung war deutlich wahrnehmbar, dass die Schüler*innen ihre eigene Aktivität beim handwerklichen Arbeiten mit dem Motiv des achtsamen Umgangs mit materiellen Ressourcen in Verbindung brachten.

6 Textile Reparaturen in der Primarstufe: Die „Reparatur-Rallye"

Die „Reparatur-Rallye" ist ein erster Versuch, die geschilderten Überlegungen in eine praxistaugliche Form für den Werkunterricht zu übertragen. Ziel der Unterrichtsarbeit ist es, die Schüler*innen auf die vielfältigen Umsetzungsmöglichkeiten von Reparaturen aufmerksam zu machen, das Bewusstsein für die positiven Auswirkungen der verlängerten Nutzungsdauer von Textilien zu stärken und praktische Fertigkeiten so zu vermitteln, dass kleine Erfolgserlebnisse unmittelbar sichtbar werden. Es handelt sich um ein Unterrichtssetting, das Elemente von Stationenlernen und Freiarbeit enthält, um auf individuelle Interessen und Arbeitstempos der Schüler*innen eingehen zu können. Die Interaktion zwischen den Lernenden sowie deren Reflexionsvermögen zu fördern, sind pädagogische Intentionen, denen der geplante Unterricht gerecht werden soll.

Die Rallye besteht aus einem Warm-up zu Beginn, mehreren textilpraktischen Etappen und einem Finish, in dem die Ergebnisse und Erlebnisse des Unterrichts in einer altersadäquaten Form reflektiert werden. Die Praxisetappen beinhalten sowohl klassische textile Techniken, wie das Zusammennähen von Stoffen, das Annähen von Knöpfen oder das Stopfen von Löchern in Wollstoffen mit Hilfe der Filznadel, als auch das Arbeiten mit neueren Materialien, wie z. B. der Flexfolie, die beim Plotten von Motiven für den Textildruck zum Einsatz kommt und hier zur Versiegelung kleiner Löcher oder als Dekoration für Patches verwendet wird.

Das Unterrichtsprojekt richtet sich an Schüler*innen der Grundstufe II (3./4. Klasse in der Primarstufe) und wurde im November 2022 mit einer 4. Klasse erstmals erprobt. Die 16 Schüler*innen der 4A der Praxisvolksschule der PH Wien wurden in dem eineinhalbstündigen Workshop von 15 Studierenden begleitet, die im Wintersemester 2022 die Lehrveranstaltung Textile Materialwerkstatt belegt haben. Eine Besonderheit der ersten Umsetzung der „Reparatur-Rallye" war damit der Betreuungsschlüssel: Ein*e Studierende*r fand sich mit nur ein bis zwei Schüler*innen in einem Team zusammen. Damit war garantiert, dass den Kindern zu jedem Zeitpunkt eine Ansprechperson zur Verfügung stand, mit der die Aufgaben gemeinsam erarbeitet werden konnten. Im Vorfeld wurden Schüler*innen und Studierende gebeten, am Tag der „Reparatur-Rallye" ihr jeweiliges Lieblingskleidungsstück anzuziehen. Dieses diente als Gesprächseinstieg, bei dem sich Teams untereinander kennenlernen konnten. Der persönliche Bezug der Teilnehmenden und ihre Wertschätzung für die von ihnen ausgewählten Stücke leiteten zu folgender Frage über: „Was würdest du tun, wenn dein Lieblingsteil einen Riss, ein Loch oder einen Fleck hat?"

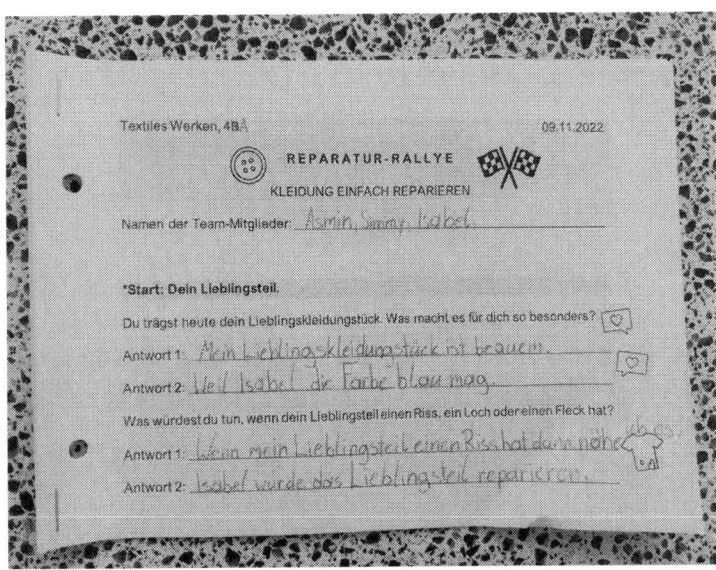

Abb. 3: Einstiegsfrage aus dem Booklet zur „Reparatur-Rallye", Quelle: Kugler, 2022

Um praktische Lösungen für mögliche Reparaturfälle kennenzulernen, konnten die Teams aus vier Aufgaben auswählen, die in einem für speziell diesen Unterrichtsanlass gestalteten Begleitheft erklärt wurden. Die „Etappen" konnten in beliebiger Reihenfolge absolviert werden, und es stand den Teilnehmenden frei, wie lange sie sich einer Tätigkeit widmen wollten. Im Unterschied zu einem klassischen Stationenbetrieb waren die Aufgaben nicht bestimmten Plätzen oder Tischgruppen zugeordnet. Die für eine Aufgabe benötigten Materialien konnten an einer „Material- und Werkzeugbar" abgeholt werden. Die Ausstattung für den Unterricht wurde zum einen nach ökologischen Gesichtspunkten gewählt, zum anderen galt es, möglichst einfach handhabbare Werkzeuge und Materialien zur Verfügung zu stellen. So ist beispielsweise Wollwalk ein Stoff, der zu 100 % aus Tierhaar besteht, ähnlich wie Filz nicht ausfranst und aufgrund seiner Beschaffenheit auch mit stumpfen Nadeln genäht werden kann. Das Wollvlies für das Stopfen der Löcher stammt von Tiroler Bergschafen und wurde in einem umweltschonenden Verfahren gefärbt. Für das „Knopftraining" wurden das durchlässige Naturmaterial Jute sowie Knöpfe aus Holz verwendet. Die Flicken aus Jeansstoff stammten von ausgemusterten Hosen. Die Bügelfolie aus Kunststoff hingegen muss als Mittel zum Zweck betrachtet werden, mit dem sich kleine Löcher einfach und effektiv abdecken lassen.

**Abb. 4: Schüler*innen der 4. Klasse beim Stopfen von Löchern mit Wollfasern,
Quelle: Kugler, 2022**

7 Fazit und Ausblick für die Weiterentwicklung der „Reparatur-Rallye"

Bei der Auswertung der ausgegebenen Begleithefte zeigte sich, dass insbesondere das Verschließen von Löchern mit Hilfe einer Filznadel als niederschwelliger Einstieg ins textile Reparieren geeignet ist. Acht von 16 Kindern gaben an, dass ihnen diese Etappe besonders Spaß gemacht hätte. Neben der Evaluierung der einzelnen Aufgaben wurden die Schüler*innen gebeten, eine Fortsetzung des Satzes „Reparieren ist …" zu schreiben. Während nur ein Kind eine Definition von Reparatur formulierte („Reparieren ist wieder schön machen"), wählten die meisten Kinder Adverbien, um ihre Erfahrungen mit den textilen Reparaturtechniken auszudrücken. Vier Kinder beschrieben Reparieren als „schön" und fünf Mal wurde das Wort „cool" gewählt. Eine weitere Antwort lautete „großartig", und ein Kind beschrieb Reparieren als „spaßig", wobei es dieses Urteil speziell auf das Annähen von Knöpfen bezogen wissen wollte. Ein Schüler beurteilte Reparieren als „schwer" und ergänzte, dass damit das Zusammennähen der Stoffteile gemeint sei. Einem anderen Kind wiederum erschienen die ausgeführten Tätigkeiten „leicht". Der Grundtenor der Antworten bestätigt, dass dieses Unterrichtsangebot zu einer positiven Besetzung des Themas Reparatur beitragen konnte.

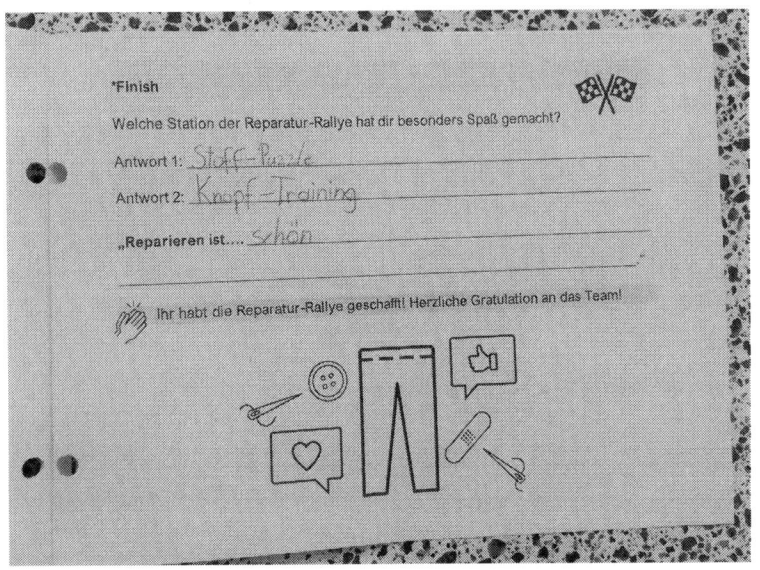

Abb. 5: Evaluation der Aufgaben und Reflexion des Unterrichtsthemas aus dem Booklet zur „Reparatur-Rallye", Quelle: Kugler, 2022

Um eine weitere Auseinandersetzung anzuregen, erhielten die Kinder eine Vorlage für ein Interview, anhand derer sie zu Hause ein Gespräch über den Umgang mit kaputten Dingen mit einer Person ihrer Wahl führen sollten. Ergänzt wurde das Thema auch im Mathematikunterricht mit speziell zum Thema entwickelten Aufgaben, bei denen beispielsweise der Wasserverbrauch bei der Produktion von Kleidung (und respektive dessen Reduktion bei der Vermeidung von Neukäufen) errechnet wurde. Ziel ist die Weiterentwicklung der „Reparatur-Rallye" zu einem Lernmaterial für den regulären Werkunterricht in der Primarstufe, der im Sinne einer Bildung für nachhaltige Entwicklung Handlungsmöglichkeiten für Schüler*innen bei ihrem alltäglichen Umgang mit Textilien eröffnet.

Abb. 6: Schülerin der 4. Klasse bei der „Reparatur-Rallye", Quelle: Kugler, 2022

Abbildungsverzeichnis

Literaturverzeichnis

Becker, C. (2020). „Textile Dingwelten erschließen". In: Stuiber, T. et al. (Hrsg.): Technik und Design. Grundlagen. 3. Aufl. (S. 280-287). Bern: hep Verlag.

Becker, C. & Müller-Jentsch, S. (2006). Bekleidung und Nachhaltigkeit. Die Zukunftswerkstatt als Methode der textilökologischen Bildung. Oldenburg: Oldenburger VorDrucke 539.

BNTextillabor. (2021). Guidebook. Bildung für einen nachhaltigen Textilkonsum. Abrufbar unter: https://www.uni-ulm.de/mawi/bntextillabor/projekt/ (27.10.2022)

Derwanz, H. (2018). „Zwischen Kunst, Low-Budget und Nachhaltigkeit. Kleidungsreparatur in Zeiten von Fast Fashion". In: Krebs, S., Schabacher, G., Weber, H. (Hrsg.). Kulturen des Reparierens. Dinge, Wissen, Praktiken. (S. 187-224). Bielefeld: transcript Verlag.

Derwanz, H. (2019). „Unsichtbares sichtbar machen. Zu Kleidungsreparaturen als eine Strategie zur Bildung nachhaltiger Entwicklung". In: Röben, P., Dutz, K., Wegener H. (Hrsg.): Reparatur in der Bildung für nachhaltige Entwicklung. Tagungsband der RETIBNE-Abschlusstagung. (S. 142-157). Ein Projekt der Arbeitsgruppe Technische Bildung. Oldenburg.

Derwanz, H. (2022). „Noch was? Die Bildung für nachhaltige Entwicklung als neue Herausforderung für den Textilunterricht". In: Eichelberger, E., Huber Nievergelt, V., Käser, A. (Hrsg.). Forschend lernen und lehren im Textilen und Technischen Gestalten. Tagungsband. (S. 211-222). Bern: hep verlag.

Dutz, K. & Wegner, H. (2020). „Schneiderwerkstatt in der Schule". Grundschule Sachunterricht Nr. 85/2020, S. 21-27.

Eichelberger, E. & Holliger, S. (2020). „Was tun, wenn das Lieblingsstück kaputt ist. Repair Café". Abrufbar unter: www.integrale-kunstpaedagogik.de/assets/ikp__kd_%c3%b6kologische_kp_textil_repair_eichelberger_2020.pdf (05.07.2021)

Fletcher, K. & Tham, M. (2019). Earth Logic: Fashion Action Research Plan. London: JJ Charitable Trust. Abrufbar unter: https://katefletcher.com/publications/books/earth-logic-fashion-action-research-plan/ (05.09.2022)

Greenpeace. (2022). „Nachhaltigkeit ist tragbar – Umfrage. Repräsentative Greenpeace-Umfrage zu Kaufverhalten, Tragedauer und Nutzung der Alternativen zum Neukauf von Mode". Abrufbar unter: https://www.greenpeace.de/infomaterial/nachhaltigkeitmode.pdf (12.11.2022)

Jaeger-Erben, M. & Hielscher, S. (2022). Verhältnisse reparieren. Wie Reparieren und Selbermachen die Beziehungen zur Welt verändern. Bielefeld: transcript Verlag.

Kolhoff-Kahl, I. (2008). Textildidaktik: Eine Einführung. 2. Aufl. Donauwörth: Auer.

Krebs, S. & Schabacher, G. & Weber, H. (Hrsg.) (2018). Kulturen des Reparierens. Dinge, Wissen, Praktiken. Bielefeld: transcript Verlag.

RepaNet (2020). „Let's fix it – Reparaturkultur im Schulunterricht". Abrufbar unter: www.repanet.at/letsfixit/ (07.07.2022)

Retibne – Arbeitsgruppe Technische Bildung / Carl von Ossietzky Universität Oldenburg. (2022). „Reparatur in der Bildung für eine nachhaltige Entwicklung". Abrufbar unter: http://retibne.de/ (07.07.2022)

Thomas, D. (2019). Fashionopolis: The Price of Fast Fashion and the Future of Clothes. London: Head of Zeus.

Volksschul-Lehrplan. (2007). Österreichisches Bundesministerium für Bildung, Wissenschaft und Forschung. Abrufbar unter: https://www.bmbwf.gv.at/Themen/schule/schulpraxis/lp/lp_vs.html (14.11.2022)

Volksschul-Lehrplan. Technik und Design. (2023). Österreichisches Bundesministerium für Bildung, Wissenschaft und Forschung. Abrufbar unter: https://www.paedagogikpaket.at/component/edocman/244-lehrplan-2/download.html?Itemid=0 (21.06.2023)

Autorin

Mag.ª art. Katharina Kugler

Lehrbeauftrage im Fachbereich Textiles Werken am Institut für Elementar- und Primarbildung an der Pädagogischen Hochschule Wien, Studium der Unterrichtsfächer Textiles Werken und Bildnerische Erziehung an der Universität für angewandte Kunst Wien sowie Russisch als Fremdsprache an der Universität Wien und der Staatlichen Universität Sankt Petersburg

katharina.kugler@phwien.ac.at

Eine Frage (ent)steht im Raum

Lernwerkstattarbeit an der Schnittstelle von Hochschullehre und inklusiver Schulpraxis

Claudia Ovrutcki, Sandra Puddu, Kornelia Lehner-Simonis

Abstract

Lernwerkstätten sind Räume, in denen offenes Forschendes Lernen ermöglicht wird, das heißt, dass an eigenen, persönlich wichtigen Fragestellungen geforscht werden kann. Das Entstehen solch einer Frage ist neben anderen Faktoren von der Lernumgebung abhängig. Hier können Fragen „an die Welt" entstehen. In diesem Artikel wird dargestellt, welche Fragen bei Studierenden aus dem Raum entstehen und wie sich die Annäherung an das Lernwerkstattthema „Zeit" gestaltet.

Einleitung

Forschungsfragen zu stellen, ist für Schüler*innen, Studierende wie auch Lehrende ein herausfordernder Prozess. Die meisten Unterrichtsformen bieten selten Gelegenheiten, dies zu üben. In der Lernwerkstatt, in der offenes Forschendes Lernen stattfinden kann, können Lernende, egal welchen Alters, innerhalb ihrer eigenen Interessengebiete lernen. Dieses offene Forschende Lernen kann im Raum Lernwerkstatt stattfinden. Dieser zeichnet sich durch ein offenes, freundliches Raumkonzept aus. Man findet hier unterschiedliche Materialien und Bücher, die neugierig machen und zum Forschen anregen. Um zu einem bestimmten Thema arbeiten zu können, werden spezifische Lernlandschaften vorbereitet, wie sie im folgenden vorgestellten Projekt zum Thema „Zeit" beschrieben sind. Offenes Forschendes Lernen (Level 3, Abb. 1) bedeutet, dass eigene Fragen gestellt und erforscht werden (Blanchard et al. 2010).

	Fragestellung	Methodenwahl	Interpretation der Ergebnisse
Level 0: bestätigend	Lehrperson	Lehrperson	Lehrperson
Level 1: strukturiert	Lehrperson	Lehrperson	Schüler*innen
Level 2: geführt	Lehrperson	Schüler*innen	Schüler*innen
Level 3: offen	Schüler*innen	Schüler*innen	Schüler*innen

Abb. 1: Level des Forschenden Lernens, Quelle: in Anlehnung an Blanchard et al., 2010, 581

Diese Lerngelegenheit, also das Fragenstellen zu üben und Verantwortung für den gesamten Forschungsprozess zu übernehmen, wird in der Lernwerkstatt geboten. Es wird hier zum Verknüpfen, Entdecken und Forschen angeregt, ausgehend von der Fragestellung, die die Richtung vorgibt.

Dieser Beitrag wird sich mit den Ausgangspunkten der gestellten Fragen in einer Lernwerkstatt zum Thema „Zeit" auseinandersetzen und bildet einen Teil des Forschungsprojekts „Lernend. Lehrend. Lernwerkstattarbeit an der Schnittstelle zwischen Hochschule und inklusiver Schulpraxis" ab, das die Autorinnen durchführen. Dieses Forschungsprojekt begleitete von Oktober 2020 bis Juni 2023 ein Seminar des Schwerpunkts Inklusion/Sonderpädagogik, in dem Studierende lernend und in den Pädagogisch-Praktischen Studien (Schulpraxis) lehrend Lernwerkstatt erleben und umsetzen (Ovrutcki 2021). Im Folgenden werden aus den seit Sommersemester 2020 gesammelten Daten die bearbeiteten Fragestellungen der Studierenden betrachtet und mit dem Raum Lernwerkstatt in Verbindung gesetzt. Die Forschungsfragen, die die Autorinnen begleiten, lauten: Was leitet den Prozess der Fragefindung ein? Welche Rolle spielen insbesondere der Raum Lernwerkstatt und die Lernlandschaft? Dabei soll zuerst auf die Begriffe Lernwerkstatt und Lernlandschaft näher eingegangen werden.

1 Der Raum Lernwerkstatt

An der PH Wien, wie auch im gesamten deutschsprachigen Raum, verfolgen Lernwerkstätten das Ziel, Lehre und Forschung zu vereinen und für die Lehrpersonenausbildung zu nutzen (vgl. Holub & Roszner 2021; Puddu et al. 2012). Im Zuge der „Pädagog:innenbildung NEU" wurden kompetenzorientierte Curricula umgesetzt und Entwicklungen in der Hochschuldidaktik (vgl. Holub & Roszner 2021) vorangetrieben. Forschungsergebnisse (vgl. Lehner-Simonis 2016; Varelija-Gerber & Varelija 2016) und deren praktische Umsetzung im Regionalen Kompetenzzentrum (RECC) an der PH Wien führten zur Einrichtung mehrerer Lernräume, wie der „NAWI-Lernwerkstatt". Diese werden als didaktische Räume verstanden, wo verschiedene Lehrveranstaltungen stattfinden.

Im Seminar „Sachunterricht: soziokultureller Bereich", das Teil des beschriebenen Projekts ist, wird die Lernwerkstatt als Beispiel für eine inklusivdidaktischen Methode thematisiert und durchgeführt, da auf die unterschiedlichen Bedürfnisse und Voraussetzungen der Lernenden eingegangen werden kann (vgl. Abels 2015; Biewer 2017). Lernwerkstätten ermöglichen den Studierenden, offene und individuelle Wege des Lernens zu beschreiten. Zu den Angeboten zählen Open House-Zeiten für Studierende, die Möglichkeit, Ideen zu sammeln, Diskurse mit Lehrenden zu führen oder Materialien vor Ort zu entlehnen (vgl. Lehner-Simonis 2019). Um zu einem bestimmten Thema arbeiten zu können, werden in dem Raum Lernwerkstatt themenspezifische Lernlandschaften vorbereitet, wie das Projekt zum Thema „Zeit" zeigen soll.

2 Die Lernlandschaft

Im Raum Lernwerkstatt wird, um Fragen zu provozieren und anzuregen, eine vielperspektivische Lernlandschaft zu einem Themengebiet aufgebaut. Diese Lernlandschaften sind Ausstellungen von Dingen oder Objekten, die als interessant, spannend oder merkwürdig empfunden werden. Diese Objekte bewirken etwas bei den Betrachter*innen. So kommt der Gestaltung der Lernlandschaft eine bedeutende Rolle zu.

Im dazu angebotenen Seminar bestimmt die Seminarleitung die Objekte in der Lernlandschaft und nutzt den virtuellen Raum der Videokonferenz oder den realen Raum der Lernwerkstatt selbst. Die Lernumgebung ist virtuell (wie z.B. durch ein Padlet, https://de.padlet.com/) oder analog durch das Angebot in der Lernwerkstatt (Materialien, Bücher etc.) bestimmt.

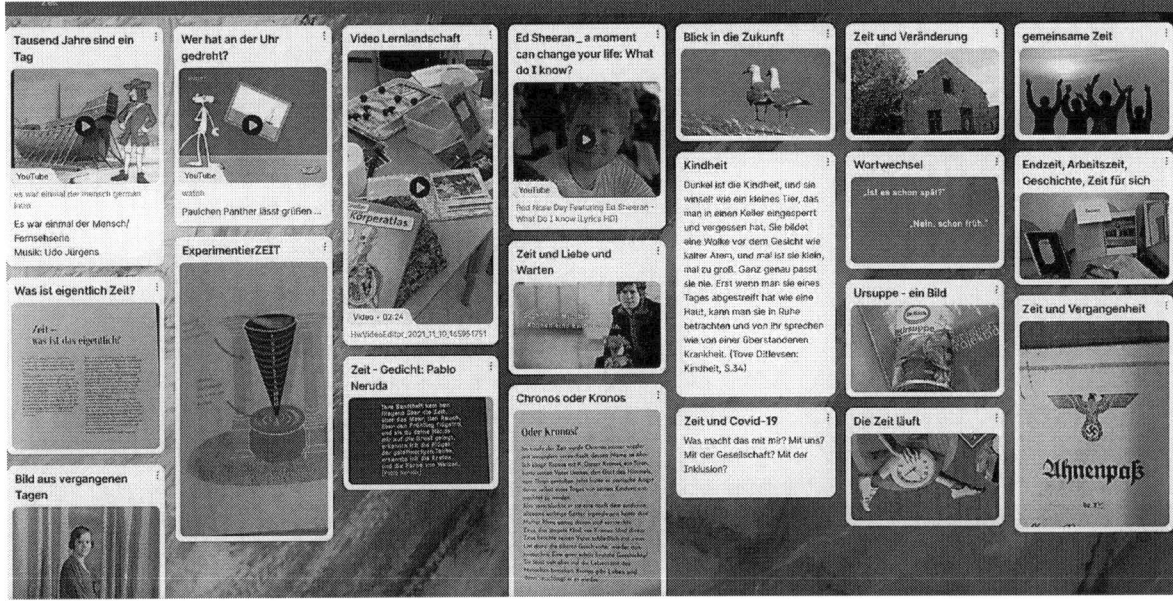

Abb. 2: Die Lernlandschaft in einem Padlet, Quelle: eigene Aufnahme, 2021

Weisshaupt et al. (2019) beziehen die unterschiedlichen Perspektiven, die Kinder- und die Erwachsenenperspektive, in den Überlegungen zur Gestaltung der Lernumgebung mit ein. Die Lernlandschaft zum Thema „Zeit" beinhaltet z. B. unterschiedliche Uhren, Skelette, Dinosaurier, Texte über die Sterblichkeit, alte Fotografien, Impulsbilder zum Thema Achtsamkeit, Verfall und Veränderungen und noch vieles mehr.

Ein wichtiger Aspekt, der im inklusiven Setting der Schulpraxis zum Tragen kommt, ist das Wissen um die Besonderheiten der Schüler*innen. Es werden vielleicht Hilfsmittel oder bestimmtes zusätzliches Material benötigt, um ein Forschen zu ermöglichen, d.h. es erfordert didaktische Arrangements, damit alle Schüler*innen daran aktiv teilnehmen können. So entwerfen Seminarbegleitung, Mentor*innen und zum großen Teil die Studierenden selbst die Landschaft (Abb. 3), die sich dadurch von der Lernlandschaft der Studierenden unterscheidet.

Abb. 3: Lernlandschaft mit Schüler*innen einer integrativen Mehrstufenklasse, Quelle: eigene Aufnahme, 2022

3 Fragen und Lernwerkstatt

Welche Fragen sollen nun in der Lernwerkstatt entwickelt werden? Elstgeest (1987) beschreibt im Zusammenhang mit dem Thema „Effektiver Unterricht in der Primarstufe" die Bedeutung von Fragen und ihre Relevanz für eingeleitete Lernprozesse. „Falsche" Fragen von Lehrpersonen werden als jene bezeichnet, bei denen Schüler*innen bei der Findung von Antworten in erster Linie nach im Vorfeld gelernten Texten (Inhalten) suchen. Sie animieren nicht zu aktiven Handlungen oder stellen kein eigentliches Problem dar, welches man aktiv lösen möchte. Im Gegensatz dazu verleiten produktive Fragen zu Untersuchungen, wie Messen oder Zählen, zum Beobachten oder zum Vergleichen von Situationen bzw. Eigenschaften unterschiedlicher Gegenstände. Fragen an die Kinder sollten an den Erfahrungen der Kinder zu einem bestimmten Thema anknüpfen. Ergänzungen wie „Was denkst du?" geben den lernenden Personen die Möglichkeit, über das Problem nachzudenken und den Lernprozess, aber auch die Schlüsse, die daraus gezogen werden, zu verbalisieren (vgl. Puddu 2017). Dieses Scaffolding trägt wesentlich zum Erfolg der Lernwerkstatt bei (vgl. Blanchard et al. 2010; Hmelo-Silver et al. 2007; Minner et al. 2010; van Uum et al. 2017). So werden Kinder ermutigt, Fragen zu stellen. Es wird ihnen Raum gegeben/ein Raum eröffnet, in dem sie keine Sanktionen in Bezug auf die gestellten Fragen zu erwarten haben. Im Gegenteil, der Raum, die Lernumgebung und das Scaffolding motivieren Lernende, zuerst Fragen zu stellen, um im zweiten Schritt Antworten auf ihre Fragen zu finden, denn von diesen wurden sie berührt.

Folgende zwei Beispiele sollen exemplarisch herangezogen werden, um zu zeigen, wie die Lernlandschaft auf die Fragestellung wirken kann. Das erste Beispiel beschreibt die Frage eines Schülers der Pädagogisch-Praktischen Studien. Eine Studentin nimmt die alte Schreibmaschine ihrer Großmutter mit. Vor dem Gebrauch werden Fachgeschäfte aufgesucht, um mit neuen Bestandteilen die Funktionsfähigkeit herzustellen. Und tatsächlich – es gelingt, die Schreibmaschine klappert wieder und findet ihren Platz in der Lernlandschaft. Der Schüler, diagnostiziert mit einer Autismus-Spektrum-Störung, „verliebt" sich in die alte Schreibmaschine, will sie erforschen und stellt sich folgende Fragen: Wie funktioniert sie? Wer hat sie erfunden? Aus welchen Teilen besteht sie? Kann man darauf einen Text verfassen?

Das zweite Beispiel betrachtet die Fragen einer Studentin[1]. Aufgrund der virtuellen Lernlandschaft (Padlet) wurden folgende Überlegungen angestellt:

> „Durch die verschiedenen Eindrücke des Padlets bzw. der Lernlandschaft konnte ersichtlich gemacht werden, dass „Zeit" auf den ersten Blick einen spannenden und auf den zweiten Blick einen sehr umfangreichen Komplex darstellt. (...) Die Wichtigkeit bestand vor allem darin, in sich zu gehen und überhaupt einmal über die individuelle Bedeutung und Rolle von Zeit für das eigene Leben zu reflektieren. Die in der Lernlandschaft bereitgestellten Anregungen und Materialien (z.B. Fotos, Lieder, Gedichte, Zitate etc.) halfen besonders bei diesem Reflexionsprozess. Vor allem das Foto eines Ahnenpasses, versehen mit einem Hakenkreuz ließ mich zurück an die durch den Nationalsozialismus geprägte Familiengeschichte meiner deutsch-jüdischen Oma denken." (Studierende, WS 2021, digitales Seminar, Auszug Forschungstagebuch, Hervorhebung: Autorinnen)

Wenn wir ihren Prozess weiterverfolgen, finden wir im Reflexionsbericht am Ende der Lehrveranstaltung folgenden Auszug daraus. Dieser beschreibt, wie sie zur Forschungsfrage kommt:

> „Zu Beginn meines Forschungsprozesses befinde ich mich im Wohnzimmer meiner Oma vor einem großen Stapel ungeordneter, teilweise poröser und historisch wertvoller Dokumente meiner jüdischen Familie mütterlicherseits. Zwischen vielen interessanten Gedichten, Büchern, Broschüren, Rechnungen, Ausweisen und Briefen der letzten 200 Jahre finde ich ein Foto von einem alten Haus mit Garten. [...] Ich versuche, mich an das Haus zu erinnern, an die Umgebung, an den Ort. Versuche, es schließlich einer Zeitepoche zuordnen zu können oder es zumindest in meiner Erinnerung als Teil einer der viel erzählten Familiengeschichten wiederzuerkennen. Erfolglos. Die ersten Fragen, die mir also durch den Kopf schießen ‚Wo befindet sich dieses Haus?', ‚Wer lebt(e) in diesem Haus?', ‚Wem gehört(e) dieses Haus?', ‚Existiert das Haus heute noch?', ‚Ist dieses Haus für meine Familiengeschichte überhaupt von Bedeutung?', ‚Wenn ja, wieso habe ich dann noch nie etwas davon erzählt bekommen?'" (Studierende, WS 2021, digitales Seminar, Auszug Reflexionsbericht).

Ihre Forschungsfrage lautet letztendlich: Welche Rolle spielte das Wochenendanwesen meiner in Deutschland zurückgebliebenen jüdischen Ururgroßeltern in der Zeit des Holocausts und welche für die nach Südamerika emigrierte Familie nach dem Krieg? Gerade an diesem Beispiel wird eine sehr persönliche Ebene sichtbar.

Abb. 4: Schüler*innen schreiben bzw. zeichnen ihre Beobachtungen aus der Lernlandschaft in ihr Forschungstagebuch, Lernbegleitung ist eine Studentin der Pädagogisch-Praktischen Studien, Quelle: eigene Aufnahme, 2022

---

1 Wir bedanken uns bei der Studentin, die uns erlaubt hat, ihr persönliche Fragestellung und ihre Entstehungsgeschichte verwenden zu dürfen.

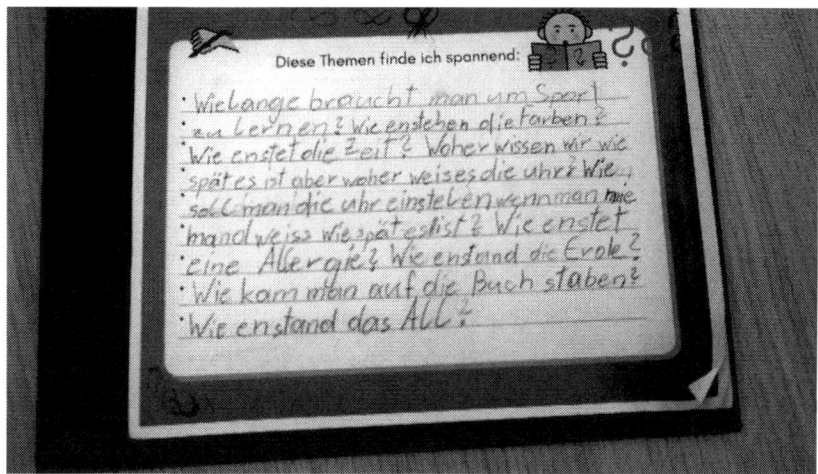

Abb. 5: Auszug aus dem Forschungstagebuch einer Schülerin, integrative Mehrstufenklasse nach dem ersten Gang durch die Lernlandschaft, Quelle: eigene Aufnahme, 2022

4 Hintergrund und Kategorisierung der Fragestellungen

Das Seminar „Aspekte des Sachunterrichts: soziokultureller Bereich", das im Bachelorstudium Primarstufenpädagogik Schwerpunkt Inklusion/Sonderpädagogik curricular eingebettet ist, gestaltete sich mit verschiedenen Gruppen, die zu unterschiedlichen Studienzeiten (Sommersemester 2020–Sommersemester 2022) stattfanden. Studierende erleben Forschendes Lernen als Methode zur Umsetzung einer inklusiven Didaktik in der reflexiven Auseinandersetzung. Sowohl das Seminar selbst als Lernwerkstatt wie auch literaturgestützte transformative Überlegungen im Hinblick auf eine inklusive Pädagogik ermöglichen einen Blick auf das Lernen und Lehren in heterogenen Gruppen.

Den Ausgangspunkt bildet die Durchführung der Lernwerkstattarbeit mit Studierenden der PH Wien, die zuerst selbst Lernende im Seminar „Sachunterricht: soziokultureller Bereich" und im nächsten Schritt Lehrende in den Pädagogisch-Praktischen Studien im Schwerpunkt Inklusion/Sonderpädagogik waren. Im ersten Setting entstehen Fragen bei den Studierenden, im zweiten bei den Schüler*innen, begleitet von den Studierenden als Lehrpersonen.

Da wir davon ausgehen, dass der Raum, die Lernumgebung und die Lernlandschaft für das Entwickeln einer Fragestellung eine Rolle spielen, rücken wir zwei Formen der Seminargestaltung in das Zentrum unserer Überlegungen. Wir fokussieren uns auf eine rein digitale und auf eine rein analoge Durchführung. Die Studierenden, die am digitalen Seminar teilnahmen, erlebten statt dem Raum Lernwerkstatt einen virtuellen Raum (Videokonferenz) und darin eine virtuelle Lernlandschaft, die teilweise aus einer Fotogalerie oder aus einer Dokumentensammlung in einem Padlet (Abb. 2) bestand. Die Studierenden, die an der analogen Lernwerkstatt teilnahmen, nutzten eine reale Lernlandschaft und den Raum der Lernwerkstatt. Einige Studierende aus diesen Seminargruppen wechselten im darauffolgenden Studienjahr ihre Rolle von Lernenden zu Lehrenden, um mit Schüler*innen in der inklusiven Schulpraxis Lernwerkstattarbeit im analogen Raum durchzuführen.

Das Thema aller Lernwerkstätten war „Zeit". Die gesammelten Fragestellungen der Studierenden wurden je nach Raum (digital oder analog) anhand eines an Tänzer und Hohnstein (2018) angelehnten Kategoriensystem betrachtet (Abb. 6). So finden sich in den Hauptkategorien naturwissenschaftliche, geschichtliche, soziologische und ethische Perspektiven.

Hauptkategorie	Inhaltliche Beschreibung
1. Naturwissenschaftliche Perspektive	Zeitmessung Experimente mit Beobachtung
2. Geschichtliche Perspektive	Erdzeitalter, historische Entwicklungen
3. Soziologische Perspektive	Gesellschaftliche Entwicklungen Zusammenleben
4. Ethische Perspektive	Wahrnehmung und Zeit, subjektive Zeitwahrnehmung, unterschiedliche Wahrnehmungen (Kinder/Erwachsene)

Abb. 6: Kategoriensystem in Anlehnung an Tänzer & Hohenstein, 2018

Exemplarisch soll hier die Zuordnung zu Kategorien „Geschichtliche Perspektive" an Ankerbeispielen von Studierenden veranschaulicht werden:

- Ankerbeispiel 1: „Seit wann beschäftigen sich Menschen mit dem Thema Zeitreisen, und ist ein Blick in die Zukunft überhaupt möglich?"
- Ankerbeispiel 2: „Welche Rolle spielte das Wochenendanwesen meiner in Deutschland zurückgebliebenen jüdischen Ururgroßeltern in der Zeit des Holocausts und welche für die nach Südamerika emigrierte Familie nach dem Krieg?"

5 Auswertung

Interessengeleitete fachliche Fragen und Fragen aus persönlicher Betroffenheit, wie z.B. aus der historischen Perspektive der Familienvergangenheit anhand eines Hauses, zeigen sich in der quantitativen Auswertung der Fragestellungen. Vereinzelt findet sich in der eigenen Fragestellung der direkte Bezug zum Berufsfeld wieder, wobei unterschiedliche Zugänge beachtet werden müssen: zum einen Experimente mit der Klasse (z. B. Beobachtung von Schimmelbildung am Toastbrot oder vom Keimling zur Pflanze), zum anderen Datenerhebungen aus der Klasse (Beobachtungen, Befragungen) zu einem Thema (z. B. Zeitwahrnehmung von Kindern, Erwachsensein aus Kinderperspektive).

Der eigene Forschungsprozess und nicht schon vorweg didaktische Überlegungen für ein späteres Setting rückten bei fast allen in den Vordergrund, wie es auch im Seminar ausdrücklich gewünscht war. Das eigene Lernen und Forschen sollten im Fokus stehen. Wie wirken sich nun digitale und analoge Lernumgebungen auf die Fragestellungen der Studierenden aus? Insgesamt gab es 33 Fragestellungen je Seminarform (digital oder analog), also insgesamt 66, wobei manche Fragestellungen doppelt kategorisiert wurden, da sie zwei unterschiedliche Perspektiven vereinten, z. B. historisch und ethisch. So kommt es in der folgenden Tabelle zum Wert 80.

	Fragestellungen Aufteilung nach Kategorien	Analog	Digital
Naturwissenschaftliche Perspektive	26	12	14
Geschichtliche Perspektive	17	8	9
Soziologische Perspektive	17	7	10
Ethische Perspektive	20	13	7
Summe		40	40

Abb. 7: Die Fragenstellungen, aufgeteilt auf die Kategorien, in Anlehnung an Tänzer & Hohenstein, 2018

Dabei gab es 40 Zuordnungen im analogen und im digitalen Raum, wobei die Anzahl der jeweiligen Zuordnungen der einzelnen Perspektiven sich kaum voneinander unterscheiden. Nur in der Kategorie Ethische Perspektive wurden fast doppelt so viele Fragen im analogen Raum als im digitalen Raum abgeleitet.

6 Interpretation

Um die erste Forschungsfrage der Autorinnen nach dem Auslöser der Forschungsfragen zu beantworten, kann gesagt werden, dass das Interesse von den Ausstellungsstücken direkt in der Lernlandschaft selbst ausgelöst wird. Die meisten Fragestellungen werden aus der naturwissenschaftlichen Perspektive herausgebildet (26 Fragestellungen), gefolgt von der ethischen Perspektive mit 20 Fragestellungen.

Für die Beantwortung der zweiten Forschungsfrage nach der Wichtigkeit des Raums muss etwas weiter ausgeholt werden. In virtuellen Räumen verläuft Kommunikation anders, schwieriger. Dies zeigt sich auch in der Entwicklung der Fragestellungen, da die unmittelbare Begegnung im Raum, also in der Lernumgebung und beim Gang durch die Lernlandschaft, nicht stattfindet. So finden sich Kooperationen im virtuellen Raum über die Videokonferenz durch die entwickelten Ideenbausteine am Padlet oder durch eine gemeinsame Vorgeschichte, die die Studierenden verbindet. So können Fragen dadurch entstehen, dass sich Lernende aus einem gemeinsamen Interesse an einem Objekt zusammenfinden, um an einer assoziierten Fragestellung gemeinsam zu forschen, oder aus Interesse an dem Miteinander arbeiten, oft unabhängig von der Forschungsfrage selbst. Hier steht die gemeinsame Arbeit (Freundschaft) zunächst im Vordergrund.

Für die Fragestellungen selbst scheint der Raum für die Studierenden weniger relevant zu sein. Die Fragestellungen im virtuellen und im analogen Raum finden sich in beiden Varianten in ähnlicher Weise wieder. Auch die Verteilung und Anzahl der Fragestellungen sind vergleichbar (siehe Abb. 7).

Bei den Schüler*innen ist es schwer vorstellbar, nicht in der unmittelbaren analogen Begegnung in Lernwerkstätten zu arbeiten, da ihre Zugangsweise für das Fragenstellen eine ganz andere ist und Kinder aus der konkreten Erfahrung Neugierde entwickeln, wie das Beispiel mit der alten Schreibmaschine zeigt. Wie Röbe ausführt „[entwickeln] Kinder aus ihren konkreten Erfahrungen heraus Strukturen [...], mit denen sie ihre soziale, sachliche und geistige Welt erfassen" (Röbe 2020, 202). Gerade in der integrativen Mehrstufenklasse, die Teil des Forschungsprojekts war, die Schüler*innen von der ersten bis dritten Schulstufe besuchen, musste in der Lernlandschaft auf die Lernvoraussetzungen in besonderer Weise reagiert werden. Haptische Materialien, Objekte, die zum Berühren anregten, Bilder und Experimente, aber auch die Lernumwelt des Raumes spielten eine wesentliche Rolle bei der Fragefindung.

7 Zusammenfassung

Neugierde, Interesse – die intrinsische Motivation – bringen eine Fragestellung hervor, die einen Forschungsprozess einläutet und so die Welt auch begreifen lässt. Räume spielen eine Rolle und in den Räumen selbst die Lernumgebung, die Lernlandschaft im Sinne der Lernwerkstattarbeit und die soziale Dimension des Raumes, in dem Begegnung stattfindet. Lernwerkstätten im hochschuldidaktischen Setting eines Seminars durchzuführen, um Studierende auf die (inklusive) Schulpraxis vorzubereiten, geht mit Forschendem Lernen und somit einem aktiven, erfahrungsorientierten Lernbegriff einher. Eine reflektierende und fragende Haltung gegenüber den eigenen Lernprozessen zu entwickeln, benötigt ein Wissen um das Lernen selbst. Für die Professionalisierung von Lehrerpersonen ist dieses Wissen von großer Bedeutung, und so bietet der Transfer des eigenen erlebten Lernens in das Lehren Möglichkeiten, Verständnis für verschiedene Lernprozesse/Lernwege zu gewinnen.

„Von einem abstrakten Arbeitsauftrag zu unserem gemeinsamen Projekt" (Logbuch, Studierende, SoSe 22) – so formuliert eine Studierende den Schritt von einer aus der Lernendenperspektive erlebten Lernwerkstatt zu einer, in der sie im Rahmen der Pädagogisch-Praktischen Studien selbst zur Lernbegleitung wurde.

Abbildungsverzeichnis

Literaturverzeichnis

Abels, S. (2015). „Scaffolding Inquiry-Based Science and Chemistry Education in Inclusive Classrooms". In: Yates, N. L. (Hrsg.). New Devolopments in *Science Education Research*. (S. 77-96). Hauppage, New York: Nova.

Biewer, G. (2017). Grundlagen der Heilpädagogik und Inklusiven Pädagogik. 3., überarb. u. erw. Aufl. UTB.

Blanchard, M. R., Southerland, S. A., Osborne, J. W., Sampson, V. D., Annetta, L. A. & Granger, E. M. (2010). „Is Inquiry Possible in Light of Accountability?: A Quantitative Comparison of the Relative Effectiveness of Guided Inquiry and Verification Laboratory Instruction". Science Education, 94 (4), S. 577-616.

Elstgeest, J. (1987). The right question at the right time. In: Harlen, W. (Hrsg.). Primary science ... Taking the plunge. How to teach primary science more effectively. Bd. 3. (S. 36-46). London: Heinemann Educ Books. Übers. v. Ilka Wentzcke. https://entdeckendes-lernen.de/3biblio/praxis/richtigefrage.htm (10.01.2023)

Hmelo-Silver, C. E., Golan Duncan, R., & Chinn, C. A. (2007). „Scaffolding and Achievement in Problem-Based and Inquiry Learning: A Response to Kirschner, Sweller, and Clark (2006)". *Educational Psychologist* 42 (2), S. 99-107.

Holub, B., & Roszner, S. (2021). „Hochschullernwerkstatt – Ausgangspunkt für persönlichkeitsorientierte Professionalisierung in der Ausbildung für Lehrpersonen". In: Lern.medien.werk.statt. Hochschullernwerkstätten in der Digitalität (S. 334–348). Bad Heilbrunn: Klinkhardt.

Lehner-Simonis, K. (2016). Forschungsprojekt „Kinder als Naturforscher/innen – KaN": Kompetenzentwicklung zukünftiger Volksschulpädagog/innen im Rahmen der naturwissenschaftsdidaktischen Ausbildung an der Pädagogischen Hochschule. Endbericht. Wien. http://media.obvsg.at/AC13312627-2001

Lehner-Simonis, K. (2019). „Kinder als Naturforscher/innen—KaN - Ein Konzept für die Lernwerkstattarbeit". In: Baar, R., Feindt, A. & Trostmann, S. (Hrsg.). Struktur und Handlung in Lernwerkstätten. (S. 167–173). Bad Heilbrunn: Klinkhardt.

Minner, D. D., Levy, A. J. & Century, J. (2010). „Inquiry-based science instruction – What is it and does it matter? Results from a research synthesis years 1984 to 2002". *Journal of Research in Science Teaching* 47 (4), S. 474–496. https://doi.org/10.1002/tea.20347

Ovrutcki, C. (2021). „Verändert sich die Liebe in Zeiten von Corona, wie verstehen Kinder Zeitmessung und wie lange fühlen sich drei Minuten an. Ein Beitrag zur analog-digitalen Lernwerkstattarbeit und inklusiven Hochschuldidaktik". *R & E Source: open online journal for research and education.*

Puddu, S. (2017). Implementing Inquiry-based Learning in a Diverse Classroom: Investigating Strategies of Scaffolding and Students' Views of Scientific Inquiry (Bd. 247). Berlin: Logos.

Puddu, S., Keller, E. & Lembens, A. (2012). „Potentials of Lernwerkstatt (open-inquiry) for pre-service teachers' professional development". In: Bruguière, C., Tiberghien, A., Clément, P., Psillos, D. & Sperandeo, R. M. (Hrsg.). E-Book Proceedings of the ESERA 2011 CONFERENCE. Science Learning and Citizenship. Part 12: Pre-service science teacher education. (S. 149–155). Lyon: European Science Education Research Association.

Röbe, E. (2020). „Frühe Kindheit im Sog der Digitalisierung". In: Hübner, E. & Weiss, L. (Hrsg.). Resonanz und Lebensqualität. Weltbeziehung in Zeiten der Digitalisierung. Pädagogische Perspektiven. (S. 177–233). Opladen: Barbara Budrich Publishers.

Tänzer, S., & Hohnstein, E. (2018). „Das Lernen von Kindern in gemeinsamer Verantwortung begleiten. Reflexionen aus einem interdisziplinären Seminar". In: Peschel, M. & Kelkel, M. (Hrsg.). Fachlichkeit in Lernwerkstätten. Kind und Sache in Lernwerkstätten. (S. 51-65). Bad Heilbrunn: Klinkhardt. http://nbn-resolving.de/urn:nbn:de:0111-pedocs-214196

van Uum, M. S. J., Verhoeff, R. P. & Peeters, M. (2017). „Inquiry-based science education: Scaffolding pupils' self-directed learning in open inquiry". *International Journal of Science Education* 39 (18), 2461–2481. https://doi.org/10.1080/09500693.2017.1388940

Varelija-Gerber, A. & Varelija, G. (2016). „Entdeckendes Lernen in ersten Gehversuchen provozieren. Eine kritisch-konstruktive Analyse zur Ausbildung der Primarstufenlehrer/innen im Bereich Mathematik – Hochschuldidaktischer Impuls". In: *PH Wien – Forschungsperspektiven*. (Bd. 8. (S. 49-62). Wien u.a.: LIT Verlag.

Weisshaupt, M., Schneider, R., Brumm, L., Griesel, C., & Klauenberg, L. (2019). Lernumgebungen in Hochschullernwerkstätten – Potenziale und Herausforderungen einer zweifachen Adressierung. Bad Heilbrunn: Klinkhardt. https://irf.fhnw.ch/handle/11654/27695

Autor*innen

Mag.ᵃ Claudia Ovrutcki

PH Wien, Büro für inklusive Bildung (BiB) Institut für Übergreifende Bildungsschwerpunkte (IBS)

claudia.ovrutcki@phwien.ac.at

Mag.ᵃ Dr.ⁱⁿ Sandra Puddu

PH Wien, Institut für Übergreifende Bildungsschwerpunkte (IBS), RECC NawiMa

sandra.puddu@phwien.ac.at

Mag.ᵃ Kornelia Lehner-Simonis

PH Wien, Institut für Übergreifende Bildungsschwerpunkte (IBS), RECC NawiMa

kornelia.lehner-simonis@phwien.ac.at

Lernraum *literacy*LAB
Raumkonzeptentwicklung als Kooperationsprojekt zwischen PH Wien und TU Wien

Linda Wöhrer, Susanne Martich, Christian Aspalter

Abstract

Dieser Beitrag beschäftigt sich mit dem Lernraum literacyLAB der PH Wien, welcher direkt in die Schulbibliothek der Praxisvolksschule integriert wurde. Im Zuge einer Kooperation mit der TU Wien (Studiengang Architektur) soll dieser Lernraum mit Blick auf die unterschiedlichen Nutzer*innen neu gestaltet werden. Im Laufe des Semesters entstanden insgesamt sechs Raumkonzeptentwürfe, die am 26. 6. 2022 im literacyLAB präsentiert wurden. Das favorisierte Projekt soll hier entsprechend vorgestellt und gewürdigt werden.

Einleitung: Das *literacy*LAB im Kontext der Lernräume der PH Wien

Das *literacy*LAB entstand in den letzten Jahren im Zuge des interregionalen Projektes CODES AT-HU 074[1] in den Räumlichkeiten der Praxisvolksschule der PH Wien und erweitert die bestehende Lernwerkstättenlandschaft der PH Wien um einen weiteren spezifisch genutzten Lernraum. Die Koordination des *literacy*LABs liegt am DiZeTIK (Didaktikzentrum für Text- und Informationskompetenz) der PH Wien. Gemeinsam mit Fachdidaktiker*innen des IEP (Institut für Elementar- und Primarbildung) sowie einem Team der Praxisvolksschule wurden ein didaktisches Konzept erstellt (vgl. Wöhrer & Martich 2020; Martich et al. 2021) und erste didaktische Lernszenarien zu kinderliterarischen Werken (vgl. Wöhrer & Martich 2022) entwickelt.

Im *literacy*LAB-Team arbeiten somit Kolleg*innen verschiedener Institute gemeinsam mit Lehrpersonen der Praxisvolksschule (PVS) und Studierenden der PH Wien, um innovative Lernszenarien (vgl. ebd., 81) für Schüler*innen der Primarstufe zu entwerfen und umzusetzen. Der Lernraum wird demnach sowohl von Lehrpersonen und deren Schüler*innen als auch von Lehrenden der PH Wien mit Studierendengruppen und Forschenden genutzt (werden).

Im Fokus dieser innovativen Lernwerkstatt steht unter anderem der Kompetenzerwerb von Schüler*innen der Primarstufe in verschiedenen Aspekten des literarischen Lernens im Zusammenhang mit der Förderung sprachlicher Bildung anhand von analogen und digitalen Medien. Um diesen Zielen gerecht zu werden, werden Lernszenarien entwickelt, die spannende Umsetzungsmöglichkeiten für literarisches Lernen und gleichzeitig sprachliche Förderung anbieten.

Das *literacy*LAB ist also nicht nur ein physischer Lernraum, der durch seine Ausstattung und Gestaltung zum Lesen und Lernen anregen soll, sondern muss auch anderen Anforderungen Rechnung tragen: Schüler*innen arbeiten alleine, in Gruppen und im Klassenverband mit analogen und digitalen Medien – somit müssen hier auch individuelle und soziale Aspekte berücksichtigt werden. Lehrer*innen planen und organisieren Unterrichtssettings anhand von Lernszenarien in diesem Raum, also muss dieser auch Möglichkeiten für den Einsatz unterschiedlicher Methoden bieten (vgl. Steixner 2015, 6 ff.). Um den vielfältigen Ansprüchen gerecht zu werden, wurde 2021 ein Kooperationsprojekt zwischen der PH Wien und der TU Wien gestartet, in dem Studierende der TU Wien im Rahmen einer Lehrveranstaltung konkrete Modelle für die Gestaltung des Raumes entwarfen. Das vom Bauherrn favorisierte Projekt soll auch umgesetzt werden, wodurch das *literacy*LAB der PH Wien ein weiteres Alleinstellungsmerkmal bekommt.

---

1   Competence-OrienteD Education for Elementary Schooling in the cross-border Region AT-HU (vgl. CODES 2018, online) Laufzeit des Projekts: 01.09.2018 bis 31.08.2021.

1 Lehren und Lernen im *literacy*LAB

Das *literacy*LAB als Lernraum wurde im September 2022 in der Praxisvolksschulbibliothek durch Institutsleiter*innen, Lehrende und Forschende der PH Wien, die VS-Direktorin und das gesamte Lehrer*innenkollegium der PVS eröffnet. Neben den Lehr- und Lernprozessen, die darin stattfinden, beschäftigt sich das *literacy*LAB-Team mit der Frage, welche räumlichen Voraussetzungen notwendig sind, damit eine ideale Lernumgebung literarische Lernerfahrungen unterstützt und die Bedürfnisse aller Akteur*innen berücksichtigt. Lehr- und Lernprozesse im Kontext von Kinderliteratur in enger Verzahnung mit sprachlicher Bildung spielen die zentrale Rolle im literacyLAB. Dabei ist die Funktion dieses besonderen Raumes in verschiedenen institutionellen Settings zu denken, nicht zuletzt deswegen, weil er an einem Bildungscampus angesiedelt ist und daher die verschiedensten Personengruppen darin lernen und lehren.

Als jüngste Interessengruppe und durch die Integration des literacyLABs in die Praxisvolksschulbibliothek stehen die Schüler*innen der Praxisvolksschule an erster Stelle. Deren Lernprozesse werden wiederum von Primarstufenpädagog*innen mit Hilfe von speziell entwickelten Lernszenarien initiiert mit dem Ziel, literarische und ästhetische Erfahrungen zu machen. Die Lernszenarien[2] wurden insbesondere von Studierenden der PH Wien, aber auch von Primarstufenlehrpersonen erstellt und versuchen, die Mündlichkeit und Schriftlichkeit der Schüler*innen zu fördern, indem die verschiedenen Kompetenzbereiche des Deutschunterrichts miteinander verknüpft werden. Studierende des Schwerpunkts Sprachliche Bildung werden in der Lehrveranstaltung „Sprachliche Bildung – Literaturvermittlung" in einem eigens designten Lehrveranstaltungskonzept an die Arbeit mit Kinderbüchern herangeführt, Literaturvermittlungsmöglichkeiten werden analysiert und Lernszenarien in Kleingruppen erstellt. Nach einer abschließenden Präsentation werden die Lernszenarien dem literacyLAB-Team der Praxisvolksschule übergeben, sodass Lehrpersonen diese künftig in ihrem Unterricht verwenden können. Aus diesem hochschuldidaktischen Anknüpfungspunkt und der schulpraktischen Umsetzung ergeben sich Forschungsfelder, zu denen bereits erste Untersuchungsideen und Forschungsfragen diskutiert werden. Die daraus gewonnenen Ergebnisse sollen wiederum sowohl in den Didaktisierungen als auch in forschungsbasierter Lehre umgesetzt werden. Nachgegangen wird unter anderem der Frage, wie die sprachliche Bildung von Primarstufenschüler*innen durch Kinderliteratur angeregt werden kann, sodass freudvolle Erfahrungen mit Literatur gemacht werden, welche wiederum zum eigenständigen Lesen von Kinderliteratur führen. Einhergehend mit der Vorstellung einer Umsetzung des Konzepts der „Durchgängigen Sprachbildung" (vgl. Gogolin & Lange 2010) gibt es weiterführende Überlegungen, wie pragmatische Texte Einzug ins literacyLAB finden können. Denn auch naturwissenschaftliche, mathematische und viele andere Texte sollen gelesen, verstanden, hinterfragt, diskutiert, kommentiert etc. werden. Anschlussmöglichkeiten an diesen Zugang ermöglichen wiederum die Verbindung zu den anderen Lernwerkstätten der PH Wien. Konkrete Forschungsprojekte, die aus dem literacyLAB erwachsen, sind für das Studienjahr 2023/24 angedacht.

2 Der Lernraum literacyLAB: Kooperationsprojekt mit der TU Wien

Um den vielfältigen Anforderungen Rechnung zu tragen, bedarf es einer besonderen räumlichen Gestaltung, sodass neben kognitiven und sprachlichen Fähigkeiten auch die motivationale, emotionale und soziale Ebene beim Lesen und Lernen angesprochen werden können. Dazu konnte im Herbst 2021 eine einschlägige Forscher*innen-Gruppe der TU Wien gewonnen werden. Im Jänner 2022 fand im Rahmen einer interaktiven Diskussionsrunde involvierter Lehrer*innen und Expert*innen die Auftaktbesprechung für dieses Kooperationsprojekt statt. Die TU Wien war durch Christian Kühn (Studiendekan für Architektur), Katharina Tielsch (Senior Scientist) und Claudia Walther (Bildungslandschaften in Bewegung) vertreten. In diesem ersten Meeting wurden die Möglichkeiten der Kooperation erörtert und auch die Rahmenbedingungen für die im Sommersemester 2022 folgende Lehrveranstaltung abgesteckt, in der Studierende konkrete Vorschläge für die Raumgestaltung erarbeiten sollten. Das vom *literacy*LAB-Team präferierte Projekt soll in der Folge auch umgesetzt werden.

---

2   Eine ausführliche Erklärung zur Erstellung von Lernszenarien bzw. zum grundgelegten Modell für die Entwicklung ebendieser sind in folgendem Skript zu finden (vgl. Wöhrer & Martich 2022).

Nachdem die Lehrveranstaltung für die Architekturstudierenden im Sommersemester 2022 begonnen hatte und die oben genannten Expert*innen der TU Wien Basisinformationen zum *literacy*LAB erhalten hatten, entstand die Notwendigkeit, weiterführende und spezifischere Informationen zu den Vorstellungen und Bedürfnissen der Akteur*innen im *literacy*LAB zu bekommen. Dafür wurde im März 2022 ein hybrides Online-Treffen mit Studierenden der TU Wien und Linda Wöhrer, der Koordinatorin des *literacy*LABs, angesetzt. Im Zuge dieses Termins konnten die Studierenden Fragen stellen, welche zu weiteren Spezifizierungen führten.

Im Mai 2022 folgten die Studierenden der TU Wien der Einladung der PH Wien zu Workshops mit Lehrer*innen und Schüler*innen der Praxisvolksschule und Lehrenden der PH Wien. Im *literacy*LAB konnten sie eine didaktische Umsetzung in Bezug auf die Arbeit mit einem literarischen Werk aus der Kinderliteratur beobachten und im anschließenden Gespräch mit den Lehrer*innen und Schüler*innen deren Wünsche betreffend die Raumgestaltung erfahren. Danach folgte ein Workshop mit Lehrenden der PH Wien, in dem ebenfalls über Ausstattungs- und Gestaltungsideen diskutiert wurde. Die Ergebnisse sollten in die Raumplanungskonzepte einfließen. Abschließend hatten die Studierenden der TU Wien die Möglichkeit, auch andere Lernwerkstätten der PH Wien[3] zu besuchen und einen Einblick in das umfassende Lernwerkstättenkonzept zu erhalten.

Insgesamt wurden im Rahmen der Lehrveranstaltung „Kleines Entwerfen – Literacy Lab" im Sommersemester 2022 an der TU Wien sechs Projekte von zwölf Studierenden entwickelt und vorgestellt. Die Präsentation der Projekte fand unter reger Teilnahme im Juni 2022 in der Schulbibliothek/*literacy*LAB der PVS statt. Die Entwürfe der Studierenden waren insgesamt beeindruckend und regten zum intensiven Austausch über Raumkonzepte des Lernens an. Folgende Projekte wurden von den Architekturstudent*innen erarbeitet:

- Nadine Do und Monja Marie Hintermeier: Lernzeile
- Anna Drees und Leonie Preiss: „Ich mag es groß und gemütlich!". LitLab ein Raumkonzept
- Angela Kaufmann und Sophie Schwarz: Literacy Lab an der Pädagogischen Hochschule Wien
- Jetlira Loshaj und Fatma Wahba: LIT.SCAPE
- Anna Majehrke und Julia Holl: LITERACY LAB – PH WIEN
- Omar Saif El Din und Franziska Schneeberger: LitLab

Das vom literacyLAB-Team favorisierte Projekt stammt von Nadine Do und Monja Marie Hintermeier und trägt den Titel „Lernzeile". Die beiden Kernfragen, die sich Do und Hintermeier in Bezug auf das Konzept des literacyLABs gestellt haben, lauten: Was muss der Raum bieten, um die Produktivität zu steigern, und was, um die Empfänglichkeit zu steigern? Von diesen beiden Fragen ausgehend, entwickelten sie ein klares, zeilenartiges Konzept des zukünftigen Lernraums (vgl. Abb. 1), das diesen in drei Zonen der Länge und Breite nach teilt und so das theoretische Konzept des literacyLABs perfekt umsetzt:

Abb. 1: Lernzonen im Raumkonzept, Quelle: Do & Hintermeier, 2022

3   Ein besonderer Dank gilt Monika Musilek-Hofer, Sandra Puddu und Klaus Himpsl-Guttermann für ihre Bereitschaft und Offenheit, die Lernräume aus ihren Disziplinen zu zeigen und auf Fragen der Studierenden einzugehen.

Durchbrüche an der Eingangswand sollen neue Ein- und Ausblicke in den Raum geben und eine fließende Grenze nach außen definieren. Die Lernzeile ist jener Bereich, in dem erkundbare Zonen und Platz für die Lernmaterialien entstehen sollen. Die in der Mitte befindliche große Fläche soll Platz zur individuellen Nutzung bereitstellen und so die variablen Lernsettings auch architektonisch unterstützen.

Im hinteren Bereich ist ein Bühnenelement untergebracht, das gut für Präsentationen/Bühnenspiel oder als Treffpunkt von Gruppen genutzt werden kann. Das Tischband an der großflächigen Fensterseite bietet für das Schreiben ideale Lichtmöglichkeiten, und unter diesem Band soll zudem Platz zum Verstauen von Tischen und Hockern sein (vgl. Abb. 2).

Auch in Sachen Belichtung und Auswahl der Materialien gingen die zukünftigen Architekt*innen einen überzeugenden Weg. Sowohl flächige Ausleuchtung als auch punktuelle Belichtungssituationen finden in ihrem Entwurf Beachtung. Primär besticht der Raum durch eine helle Farbgebung. Es werden warme Materialien verwendet, und es dominieren neben Naturholzfarben Grün und Flieder. Schallschutzelemente sind in die Deckenkonstruktion integriert.

Die Flexibilität des Raumes wird zudem erhöht, indem die Zonen auch durch Vorhänge abgetrennt werden können. Der Raum öffnet sich so unterschiedlichen Settings des Unterrichtens (vgl. Abb. 2 bis Abb. 5).

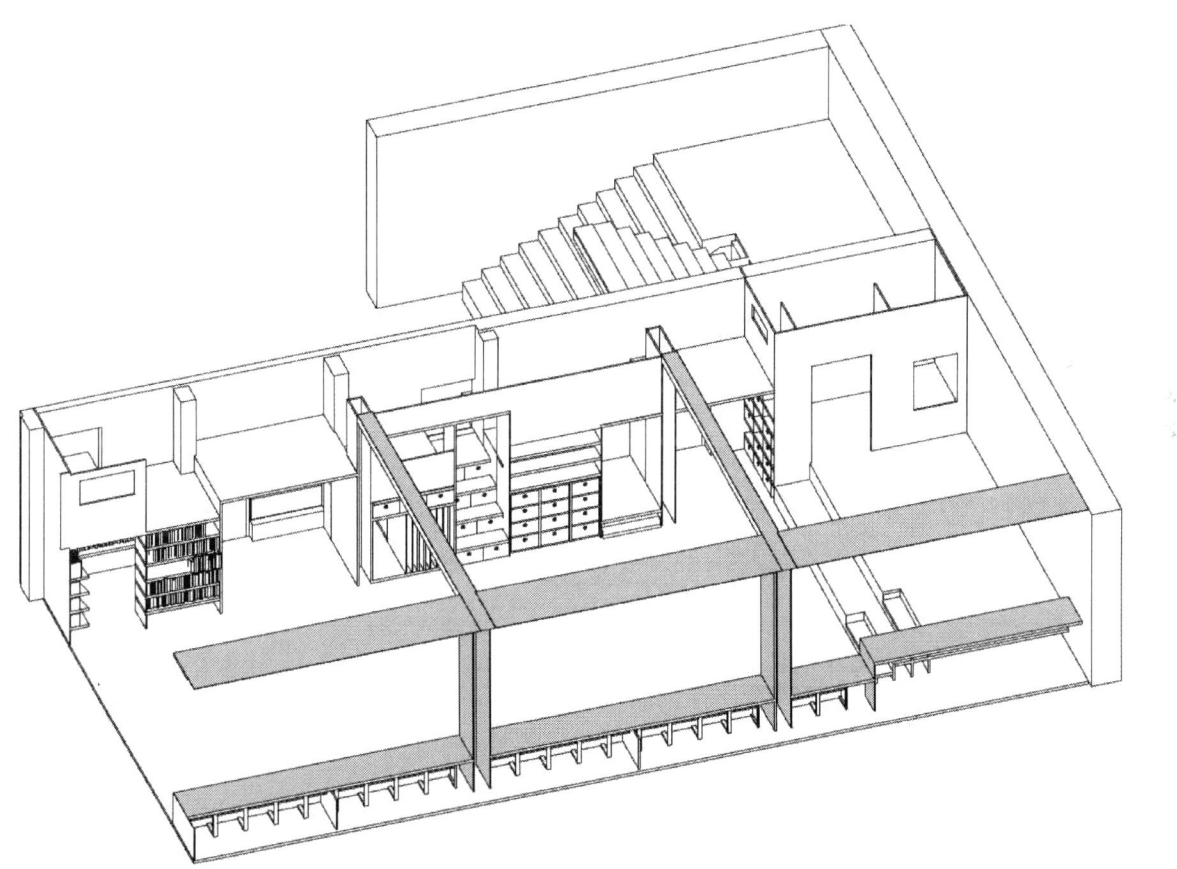

Abb. 2: Aufriss des Raumkonzepts, Quelle: Do & Hintermeier, 2022

SITUATION 1

Trennung des Raums mittels des vorderen Vorhangs in zwei Teile.

Hier kann der vordere Bibliotheksbereich unabhängig besucht werden, während im anderen Bereich beispielsweise Unterricht oder eine Aufführung stattfindet.

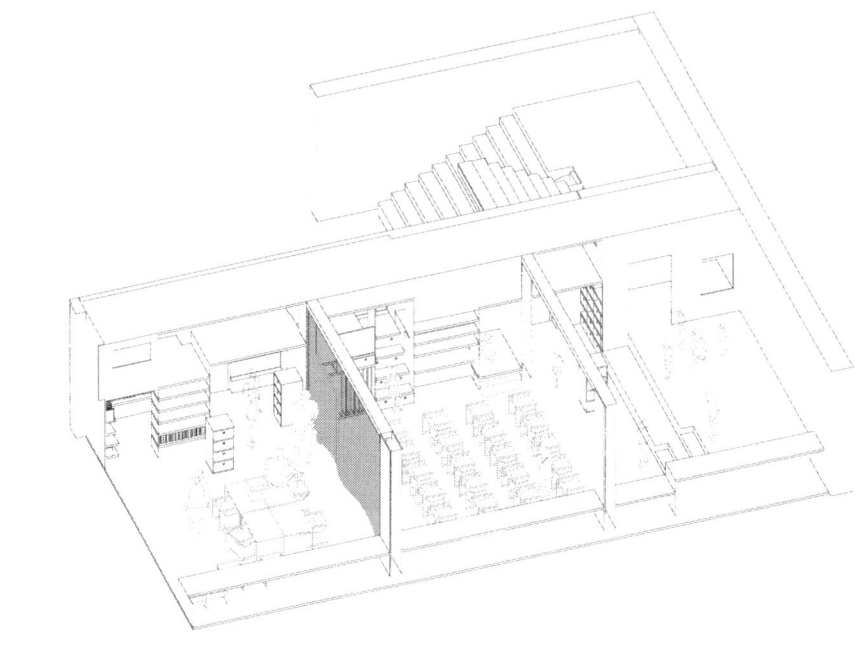

Abb. 3: Aufriss des Raumkonzepts, Quelle: Do & Hintermeier – Situation 1, 2022

SITUATION 2

Keine Trennung, der gesamte Raum wird bespielt.
In dieser Situation können zum Beispiel für eine Gruppe mehrere Stationen aufgebaut werden und die Kinder können sich frei im Raum und in der Lernzeile bewegen.

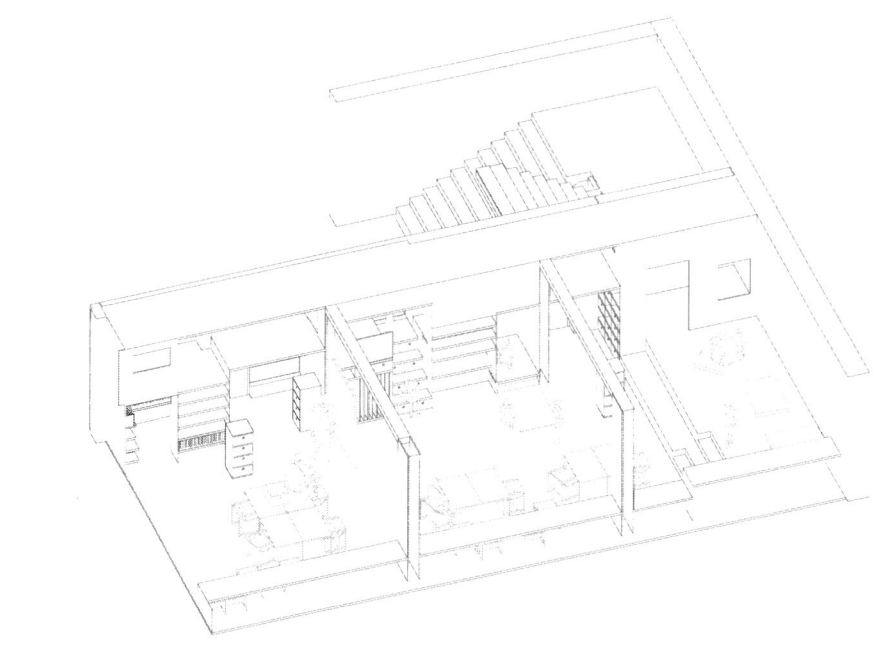

Abb. 4: Aufriss des Raumkonzept, Quelle: Do & Hintermeier – Situation 2, 2022

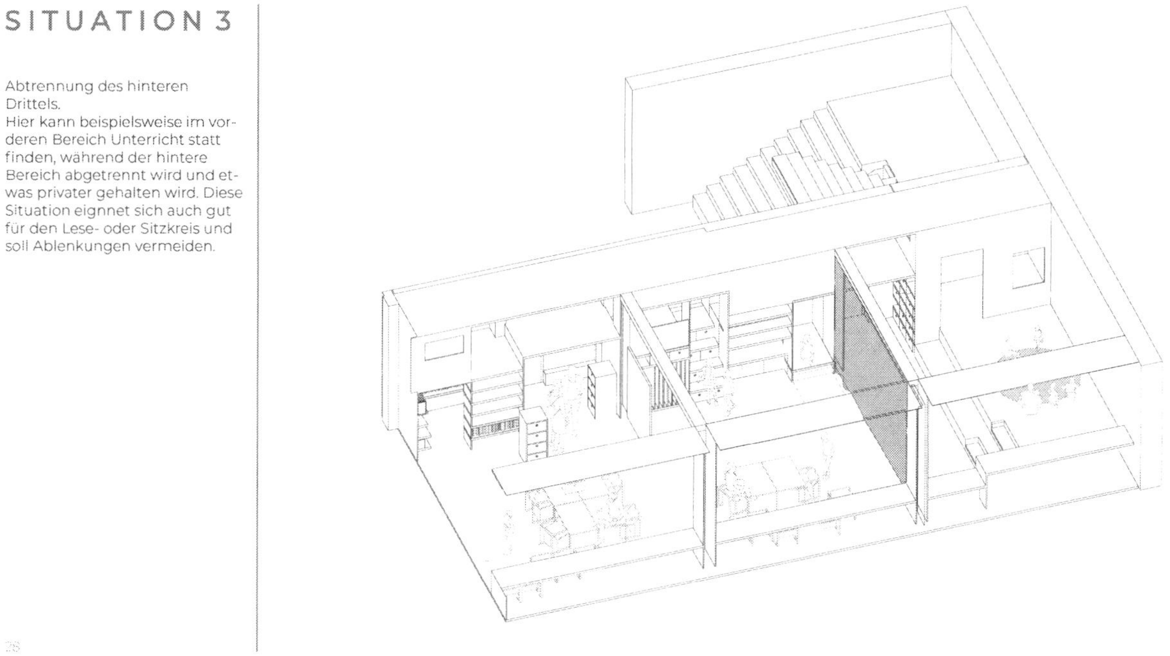

SITUATION 3

Abtrennung des hinteren
Drittels.
Hier kann beispielsweise im vorderen Bereich Unterricht statt
finden, während der hintere
Bereich abgetrennt wird und etwas privater gehalten wird. Diese
Situation eignnet sich auch gut
für den Lese- oder Sitzkreis und
soll Ablenkungen vermeiden.

Abb. 5: Aufriss des Raumkonzepts, Quelle: Do & Hintermeier – Situation 3, 2022

Zuletzt noch der Blick von der Bühne im hinteren Bereich des Raums nach vorn durch das gesamte *literacy*LAB
(vgl. Abb. 6).

COLLAGE
BÜHNE

Abb. 6: Innenansicht des Raumkonzepts, Quelle: Do & Hintermeyer – Bühne, 2022

Sehr deutlich ist bereits hier das Atmosphärische des Raums zu spüren und die klare Linienführung des Entwurfs zu sehen. Dementsprechend euphorisch äußerte sich das literacyLAB-Team der PH Wien in seiner Begründung, warum gerade dieses Projekt in eine Umsetzung gebracht werden soll:

> „Den Studierenden ist es in diesem Entwurf eindrucksvoll gelungen, das didaktische Modell zum literacyLAB räumlich umzusetzen. Ihr Raumentwicklungsmodell fügt sich schlüssig in die bereits bestehenden Strukturen ein und zielt auf eine möglichst effiziente Unterstützung produktiver wie rezeptiver Textkompetenz. Besonders überzeugend in diesem Entwurf war die reduzierte, aufgeräumte Linienführung in Verbindung mit der hohen Funktionalität der Ausstattung.
> Im Detail wird hervorgehoben, dass der Entwurf unterschiedliche LernZUGÄNGE besonders begünstigt und sich variable Lernsettings gut umsetzen lassen. Durch die ‚Zonierung' können verschiedene Lern- und Unterrichtssituationen (= Fertigkeiten Hören, Sprechen, Lesen, Schreiben) leichter organisiert werden und bieten damit ein Novum im Vergleich zu ‚herkömmlichen Schulklassenzimmern'. Somit kann Lernen sprichwörtlich auf unterschiedlichen Ebenen stattfinden und das eigens entworfene Mobiliar für Schüler*innen unterschiedlicher Schulstufen und Körpergrößen kann je nach Bedarf verwendet oder verstaut werden, sodass neben Kleingruppen-Lernsituationen durch die verstaubaren Wände problemlos auch zu plenaren Unterrichtsphasen gewechselt werden kann.
> Dieses Raumkonzept unterscheidet sich somit auch deutlich von konventionellen Schulbibliotheksräumen und bildet das räumliche Äquivalent zu unserem weiten Begriffsverständnis von literacy in einer globalisierten und sich permanent verändernden Welt des 21. Jahrhunderts." (Linda Wöhrer, Sabine Jakl, Christian Aspalter für das gesamte literacyLAB-Team)

3 Ausblick

Es stellt eine theoretische Herausforderung dar, ein didaktisches Konzept für einen spezifischen Lernraum wie dem literacyLAB zu entwickeln. Dass die Entwicklung dieses Projekts in einer dialogischen Verschränkung mit der Weiterentwicklung eines Raumkonzeptes (von der Schulbibliothek zum literacyLAB) passieren konnte, ist als Glücksfall zu betrachten, ebenso die fruchtbare Zusammenarbeit mit der TU Wien. Nachdem der konzeptionelle Prozess mit der Wahl eines favorisierten Projekts abgeschlossen ist, geht es nunmehr an die Umsetzung des Projekts. Es ist zu hoffen, dass auch der Prozess der Umsetzung unter ähnlich günstigen Bedingungen stattfinden kann. Das Ergebnis sollte ein Raum sein, in der die Theorie zum Werkstattlernen mit der Praxis eine beinahe ideale Symbiose eingehen kann.

Abbildungsverzeichnis

Abb. 1: Lernzonen im Raumkonzept, Quelle: Do, N., & Hintermeier, M. M. Lernzeile. Kleines Entwerfen – Literacy Lab an der PH Wien (SoSe 2022) [Booklet; unveröffentl.], 2022

Abb. 2: Aufriss des Raumkonzepts, Quelle: Do, N., & Hintermeier, M. M. Lernzeile. Kleines Entwerfen – Literacy Lab an der PH Wien (SoSe 2022) [Booklet; unveröffentl.], 2022

Abb. 3: Aufriss des Raumkonzepts, Quelle: Do, N., & Hintermeier, M. M. Lernzeile. Kleines Entwerfen – Literacy Lab an der PH Wien (SoSe 2022), Situation 1 [Booklet; unveröffentl.], 2022

Abb. 4: Aufriss des Raumkonzepts, Quelle: Do, N., & Hintermeier, M. M. Lernzeile. Kleines Entwerfen – Literacy Lab an der PH Wien (SoSe 2022), Situation 2 [Booklet; unveröffentl.], 2022

Abb. 5: Aufriss des Raumkonzepts, Quelle: Do, N., & Hintermeier, M. M. Lernzeile. Kleines Entwerfen – Literacy Lab an der PH Wien (SoSe 2022), Situation 3 [Booklet; unveröffentl.], 2022

Abb. 6: Innenansicht des Raumkonzepts, Quelle: Do, N., & Hintermeier, M. M. Lernzeile. Kleines Entwerfen – Literacy Lab an der PH Wien (SoSe 2022), Bühne [Booklet; unveröffentl.], 2022

Literaturverzeichnis

CODES (INTERREG-Projekt AT-HU 074) (2018). Abrufbar unter: https://www.interreg-athu.eu/codesathu/ (11.11.2022)

Gogolin, I. & Lange, I. (2010). Durchgängige Sprachbildung: Eine Handreichung (FörMIG Material). Münster: Waxmann. Martich, S., Wöhrer, L. & Kurtagic-Heindl, D. (2021). „Das literacyLAB der PH Wien – Lernort für mehrsprachige Schülerinnen und Schüler der Primarstufe mit DaZ". ÖDaF-Mitteilungen 1/2021, S. 121-128.

Steixner, M. (2015). Lernräume gestalten. Mit einfachen Mitteln nachhaltiges Lernen ermöglichen. VOGB (Hrsg.). Abrufbar unter: https://docplayer.org/49675720-Lernraeume-gestalten-mit-einfachen-mitteln-nachhaltiges-lernen-ermoeglichen-mai-trainerin-margret-steixner.html (11.11.2022)

Wöhrer, L. & Martich, S. (2022). „‚Jaguar, Zebra, Nerz' im literacyLAB der PH Wien". Journal für Elementar und Primarpädagogik 1 (1), S. 78-87. Abrufbar unter: https://jep.phwien.ac.at/index.php/JEP/article/view/24/18 (11.11.2022)

Wöhrer, L. & Martich, S. (unter Mitarbeit von S. Reitbrecht, C. Aspalter & D. Kurtagic-Heindl) (2020). „Das literacyLAB der PH Wien – Projektbeschreibung". Tag der Forschung. (Wissenschaftliches Poster). Abrufbar unter: https://journal.ph-noe.ac.at/index.php/resource/article/view/903/963 (11.11.2022)

Autor*innen

Mag.a Linda Wöhrer, BEd MA

Hochschullehrperson für den Bereich Bildungssprache Deutsch, Sprachsensibler Unterricht und Lesen in der Primarstufe an der PH Wien. Ihre Unterrichtserfahrung sammelte sie als DaZ-Lehrerin in verschiedenen Institutionen sowohl in der Primar- und Sekundarstufe als auch in der Erwachsenenbildung. https://dizetik.phwien.ac.at

linda.woehrer@phwien.ac.at

Mag.a Susanne Martich, BEd

Hochschullehrperson im Bereich Sprachliche Bildung und Fachdidaktik Deutsch an der PH Wien, Als ausgebildete Primarstufenpädagogin sammelte sie ihre Unterrichtserfahrung zunächst in der Primarstufe, später auch in der Erwachsenenbildung

susanne.martich@phwien.ac.at

HS-Prof. Mag. Dr. Christian Aspalter

Hochschulprofessor für (Fach-)Didaktik: Text- und Informationskompetenz mit Schwerpunkt Lese- und Schreibförderung und Leiter des Didaktikzentrums für Text- und Informationskompetenz (DiZeTIK) an der PH Wien. Er ist ausgebildeter AHS-Lehrer für Deutsch und Geschichte und hat zehn Jahre Unterrichtserfahrung in Unter- und Oberstufe (AHS, WMS). Erfahrung in Lehre und Forschung an der Terza Università in Rom, an der Universität Wien und an der PH Wien https://dizetik.phwien.ac.at

christian.aspalter@phwien.ac.at-

Das mAThELIER
Das Mathematik-Atelier an der Pädagogischen Hochschule Wien

Monika Musilek, David Stadler

Abstract

Das mAThELIER ist eine Wirkungsstätte für alle, die sich kreativ mit Mathematik und Mathematikdidaktik auseinandersetzen wollen. Als Seminarraum der Aus-, Fort- und Weiterbildung sollen Studierende unterstützt werden, mathematisches Handlungswissen zu entwickeln und zu erweitern. Klassische/analoge sowie moderne/digitale Arbeitsmaterialien können vor Ort verwendet und erprobt werden. Dabei werden auch Gelegenheiten geschaffen, Beliefs und Einstellungen zum Mathematiklernen positiv zu verändern.

Einleitung

Die Gestaltung neuer Lehr-/Lernräume war und ist eine zentrale Herausforderung für die Hochschulen. Auch an der PH Wien begann man im Zuge der Reform der Lehrer*innenbildung Lehr-/Lernräume zu installieren. Diese Räume sollten eine innovative, zukunftsfähige Hochschulbildung und praxisorientiert Forschendes und Entdeckendes Lernen ermöglichen. Es ist gelungen, dies im Primarstufenstudium mit Fokus auf Naturwissenschaften und auf Mathematik als übergreifenden Bildungsschwerpunkt zu verankern.

Im Jahr 2017 wurde mit der Lernwerkstatt NawiMa die Vorgängerin des heutigen mAThELIER geschaffen. In dieser Lernwerkstatt konnten Schwerpunkte für den naturwissenschaftlichen und mathematischen Unterricht gesetzt werden. Das Konzept war, zukünftige Lehrpersonen zum selbstständigen, offenen Arbeiten zu ermutigen und zu aktivieren, verstehens- und handlungsorientiert tätig zu sein. Durch die aktive Auseinandersetzung erfahren Studierende an sich selbst Forschendes und Entdeckendes Lernen und erweitern dadurch ihre mathematischen Kompetenzen (vgl. Holub & Musilek 2018).

Im Zuge der Generalsanierung der PH Wien (2018 bis 2022) wurde mit dem mAThELIER (Kofferwort aus Mathematik und Atelier) nun ein eigener mathematikaffiner Lernraum geschaffen, der zum offenen Arbeiten und zur intensiven Auseinandersetzung mit mathematischen Unterrichtsinhalten einlädt. Das mAThELIER versteht sich als Medium zur Anbahnung didaktisch wertvoller Unterrichtsszenarien zur Festigung eines tragfähigen mathematischen Fundaments in der Volksschule.

Im vorliegenden Beitrag werden folgende Leitgedanken vorgestellt:

- mAThELIER – das Raumkonzept
- mAThELIER – nur ein Seminarraum oder doch viel mehr?
- mAThELIER – ein zukunftsorientierter Lernraum

1 mAThELIER – das Raumkonzept

Wofür ein Raum genutzt werden soll, beeinflusst seine Gestaltung und umgekehrt. Daher standen zu Beginn Überlegungen, welche Merkmale das Raumkonzept aufweisen muss, damit es alle angestrebten Nutzungsvarianten ausschöpfen kann.

Das mAThELIER sollte ein Raum sein,

- in dem Lehrveranstaltungen, Übungen und Seminare zu mathematikdidaktischen Inhalten im Rahmen des Bachelor- und Masterstudiums für Primarstufenpädagogik abgehalten werden können,
- der für Veranstaltungen im Rahmen der Fort- und Weiterbildung von Lehrpersonen genutzt werden kann,

- in dem innovative hochschuldidaktische Konzepte entwickelt, erprobt und umgesetzt werden können,
- in dem Angebote initiiert werden, sodass Besucher*innen eigeninitiativ tätig werden können,
- in dem spontane oder geplante Begegnungen zum gemeinsamen Diskurs über fachdidaktische Mathematikthemen Platz finden.

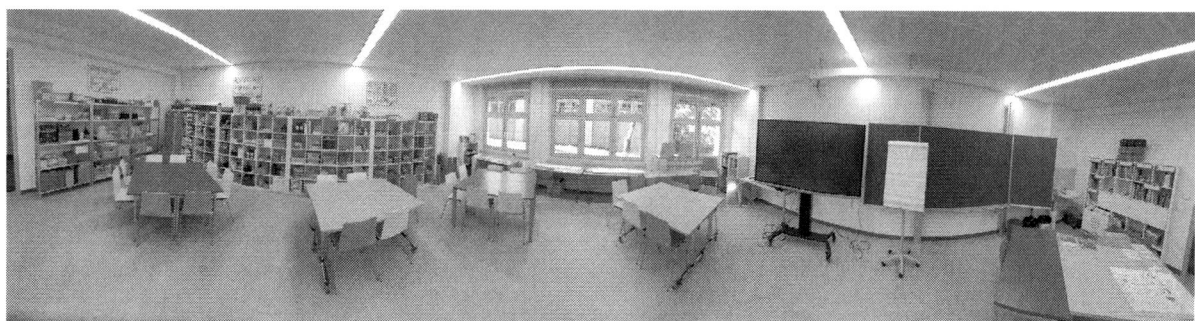

Abb. 1: Das mAThELIER, Quelle: eigene Aufnahme, 2022

Als Raum für Begegnungen sowie Lehr- und Fortbildungsveranstaltungen braucht es Tische und Sessel, sodass mindestens 27 Studierende ausreichend Platz finden. Zurzeit besteht das Mobiliar noch aus Altbeständen. Aber es ermöglicht trotzdem schon jetzt ein gutes seminaristisches Arbeiten: Es ist flexibel verwendbar und erlaubt ein rasches Umbauen und Adaptieren für unterschiedliche Arbeitsformen, sodass dynamische Unterrichtskonzepte umgesetzt werden können. Die Tische bieten ausreichend Platz für Bücher, Unterlagen und Arbeitsmaterialien. Einige der alten Tische haben idealerweise eine graue Oberflächenfarbe, die es den Raumnutzer*innen ermöglicht, einen sehr schlichten Untergrund bei der Arbeit mit Material zu haben, sodass das Material deutlich im Zentrum steht und sie nicht durch Muster und Farben abgelenkt werden.

Die klassische grüne Tafel zählt ebenfalls zum Mobiliar des mAThELIER. Die Vorteile beim Einsatz der Schultafel liegen klar auf der Hand: Sie findet sich nach wie vor in vielen österreichischen Schulklassen. Sie kann ohne technischen Aufwand immer durch Verwendung von Kreide genutzt werden. Die so wichtige Visualisierung in der Mathematik ist dadurch Schritt für Schritt möglich und verlangsamt das Präsentationstempo bei komplexen Sachverhalten auf ganz natürliche Art und Weise. Das Gestalten eines Tafelbilds muss aber geplant und geübt werden. Die Verwendung von Lineal und Zirkel kann real gezeigt und von den Studierenden erprobt werden. Auch gibt es einige Lehrmittel, die aufgrund ihrer magnetischen Eigenschaften an der Tafel befestigt werden können (Wendeplättchen, geometrische Formen usw.) und so als Kommunikationsanlass für das Betreiben von Mathematik genutzt werden können. Wird die Tafel geplant im Unterricht eingesetzt, können dadurch Situationen geschaffen werden, in denen die Kommunikation mit den Lernenden gestärkt wird. Zudem ermöglicht der Einsatz eines interaktiven Whiteboards dem Vortragenden, auch digitale Elemente einfach in die Arbeit im mAThELIER zu integrieren. Ein Flipchart, das ebenfalls für Präsentationen genutzt werden kann, rundet das Angebot ab.

Im mAThELIER wurde auch eine Fachbibliothek eingerichtet (siehe Abb. 2: Fachbibliothek im mAThELIER, Quelle: eigene Aufnahme, 2022). Sie umfasst mittlerweile über 200 Bücher und einige mathematikdidaktische Zeitschriften. Die Bandbreite der vorhandenen Werke reicht von Büchern zu Grundlagen der Fachdidaktik Mathematik der Volksschule über didaktische Bücher zu den Themen Arithmetik, Geometrie, anwendungsorientierter Mathematik bis zu wissenschaftlichen Mathematikbüchern. Es finden sich Bücher mit Ideen zum Gestalten von Mathematikunterricht, zum Fördern und Fordern im Mathematikunterricht, aber auch Bilderbücher, die im Mathematikunterricht gut eingesetzt werden können. Auch wurde versucht, einen Handapparat an gängigen Schulbüchern im mAThELIER aufzunehmen, z. B. einige Reihen von Volksschulmathematikbüchern wie auch Schulbücher für die Sekundarstufe I+II (für Mittelschulen, allgemeinbildende höhere Schulen und berufsbildende mittlere bzw. höhere Schulen). Als Präsenzbibliothek steht sie allen Studierenden und Mitarbeiter*innen der PH Wien, die Interesse an der Mathematikdidaktik haben, offen. In den Büchern kann vor Ort geschmökert werden, sie dürfen aber nicht aus dem Raum getragen werden.

Hinzuweisen ist aber auf eine gute Kooperation mit der Campusbibliothek der PH Wien: Beinahe jeder Buchtitel

Abb. 2: Fachbibliothek im mAThELIER, Quelle: eigene Aufnahme, 2022

in der mAThELIER-Bibliothek findet sich auch in der Campusbibliothek und kann dort entlehnt werden. Sinnvoll eingesetzte Medien und Materialien spielen beim Mathematiklernen in der Volksschule eine tragende Rolle. Daher wurde im Raumkonzept des mAThELIERs versucht, Materialien so bereitzustellen, dass Studierenden die Möglichkeit geboten wird, konkrete didaktische Materialien für den Mathematikunterricht kennenzulernen, sie zu erproben, eigene Ideen für den Unterricht zu entwickeln und zu lernen, sie reflektiert für den Unterricht zu nutzen. Aber welche Materialien braucht es für den Mathematikunterricht?

> „Mathematical manipulatives are artifacts used in mathematics education: they are handled by students in order to explore, acquire, or investigate mathematical concepts or processes and to perform problem-solving activities drawing on perceptual (visual, tactile, or, more generally, sensory) evidence." (Bartolini & Martignone 2014)

Die Auswahl der Mathematikmaterialien für das mAThELIER war geleitet von folgenden Gedanken: Viele mathematische Konzepte können mithilfe von fachspezifischen Materialien entwickelt und gefestigt werden. Aber Mathematikmaterialien lehren nicht von selbst, sie eröffnen nur Wege zum Lernen. Ihr erfolgreicher Einsatz klappt nur, wenn die Lehrperson weiß, wie sie dadurch Grundvorstellungen zu mathematischen Inhalten anbahnen kann, wie sie Schüler*innen zu Einsichten führt, die sie durch Sprache und Interaktion mit der Lehrperson und ihren Mitschüler*innen entwickeln. Das Mathematikmaterial wirkt dabei als ein Katalysator für das Lernen. Am Ende des Prozesses haben sich die Materialien nicht verändert, aber es ist anzunehmen, dass die Lernenden (und vielleicht auch die Lehrpersonen) positive Erfahrungen und zusätzliche mathematische Kompetenzen für ihre Schulpraxis mitnehmen.

Mathematikmaterialien sollen wiederholt auf verschiedenen Schulstufen und unter verschiedenen inhaltlichen Aspekten eingesetzt werden können. Jeder interagiert mit diesem Material aufgrund seiner Vorerfahrungen anders. Ideen können mit einem bestimmten Material vorgestellt und später erweitert und vertieft werden.Um die Raumkapazität und den finanziellen Rahmen nicht zu sprengen, wurde versucht, eine Vielfalt im mAThELIER anzubieten, aber auch die Möglichkeit, mit allen Lernenden an derselben Sache, mit demselben Mathematikmaterial gleichzeitig zu arbeiten. Im Rahmen vieler Diskussionsrunden wurde so eine Wunschliste der Materialien erstellt, die im mAThELIER verfügbar sein sollen. Die Mitarbeit im interregionalen Projekt CODES AT-HU 074[1]

---

1   Competence-OrienteD Education for Elementary Schooling in the cross-border Region AT-HU (vgl. https://www.interreg-athu.eu/codesathu/, 18.11.2022)

hat es mit ermöglicht, dass mittlerweile eine so große Zahl an Mathematikmaterialien zur Verfügung stehen. Gleichzeitig mit dem Material wurde ein Ordnungsschema entwickelt: Die Mathematikmaterialien sind in offenen Regalen untergebracht, damit sie jederzeit rasch und unkompliziert genutzt werden können. Um aber ein einfaches Wiedereinsortieren nach dem Gebrauch zu gewährleisten, enthält jedes Regalfach eine Liste jener Materialien, die dort jeweils vorgesehen sind.

 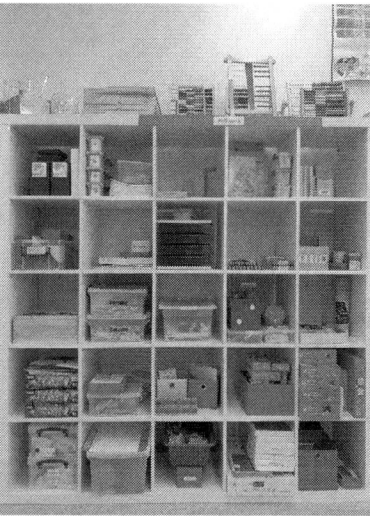 

Abb. 3: Mathematikmaterial im mAThELIER zur Geometrie, Arithmetik und Montessori-Material, Quelle: eigene Aufnahme, 2022

Im Bereich Arithmetik gibt es zurzeit Mathematikmaterial zu Zahlen und Operationen, wie etwa Fühlziffern, Zehnerfelder, Zwanzigerreihe, Rechenrahmen, Schüttelboxen, Bruchrechenbox, Material zum Erarbeiten des Stellenwertsystems, eine große Stellenwerttafel oder Hunderterfelder. Im Bereich der ebenen Geometrie finden sich verschiedenste (homogene und inhomogene) Legematerialien, transparente Spiegel, Eckspiegel oder Zeichengeräte. Für Inhalte der räumlichen Geometrie sind neben Körpermodellen auch Kantenmodelle und Flächenmodelle vorhanden, aber auch Somawürfel und weitere Konstruktionssets. Für Daten und Zufall gibt es eine Vielzahl an Würfeln, eine Wahrscheinlichkeitsbox, Glücksräder und kindgerechtes Material, um kombinatorische Aufgaben handlungsorientiert bearbeiten zu können. Und für den Bereich der anwendungsorientierten Mathematik gibt es Messgeräte zum Messen von Längen, Zeiten, Gewichten, Volumina etc. Durch die Kooperation mit dem Verein Haus der Mathematik (HdMa) ist es außerdem möglich geworden, den interessierten Lernenden weiteres mathematisches Lehr-/Lernangebot (wie z. B. antiquarische Bücher und einen Entdeckertisch zum 4-Farben-Problem[2]) anzubieten.

Die ersten Mathematikmaterialien, die vor mehr als acht Jahren in der Lernwerkstatt NawiMa zur Verfügung standen, waren Forscherkisten. Sie wurden im Rahmen eines Entwicklungsprojekts erarbeitet, um Entdeckendes Lernen im Mathematikunterricht für Volksschulkinder handlungsorientiert aufzubereiten. Die Forscherkisten beinhalten das gesamte Material, das man zum Forschen/Entdecken braucht, Forscherfragen leiten die Kinder zu selbstständigem und Forschendem Lernen an. Sie haben auch wieder einen Platz im mAThELIER gefunden. Insgesamt stehen rund 30 Forscherkisten zu den verschiedensten Themen zur Verfügung.

2 mAThELIER – „nur" ein Seminarraum oder doch (viel) mehr?

Das mAThELIER ist ein Lernort, wo Studierende auf ihrem Weg zur Professionalisierung für das Mathematikunterrichten unterstützt werden sollen. Aufgrund der räumlichen Gestaltung und Ausstattung lädt es ein, sich kreativ dem Mathematiklehren und -lernen zu nähern. Das handlungsorientierte Forschen und das Entdecken mathematischer Inhalte in vielfältiger Art und Weise stehen dabei im Zentrum.

---

2 Vgl. https://de.wikipedia.org/wiki/Vier-Farben-Satz (18.11.2022)

Das mAThELIER ist ein Seminarraum

Studierende lernen in Lehrveranstaltungen an der PH Wien offene und innovative Formen eines handlungsorientierten Mathematikunterrichts kennen. Die einfache Nutzung des oben beschriebenen didaktischen Angebots im mAThELIER ermöglicht es dabei, sich mit ihm verstehens- und handlungsorientiert auseinanderzusetzen, um dadurch didaktische Konzepte zu erproben und didaktische Professionalität aufzubauen (vgl. Müller-Naendrup 2013). Durch das Raumkonzept des mAThELIERs ist es möglich, in den Lehrveranstaltungen Wege aufzuzeigen, wie materialgestütztes Lernen in der Schule umgesetzt werden kann, wie es begleitet wird und wie man den größten Nutzen aus diesem Materialeinsatz herausholt. Daher wird versucht, einen großen Teil der mathematikdidaktischen Seminare und Übungen im mAThELIER stattfinden zu lassen. So soll es jeder*m Studierenden möglich sein, sich angeleitet intensiv mit dem Mathematikmaterial vor Ort auseinanderzusetzen. Beispielsweise kommen an der PH Wien bei der Übung „Mathematik: Geometrie" unterschiedlichste Materialien wie (MIRA-)Spiegel, Würfel in verschiedensten Varianten oder die Geostadt zum Einsatz. Fachspezifische Arbeitsweisen, Methoden und Fertigkeiten für den Geometrieunterricht werden dabei handlungsorientiert vermittelt. Beim Seminar „Forschendes Lernen in der Mathematik" werden unter anderem Geobretter und Pentominos eingesetzt, die dabei helfen sollen, mathematische Gesetzmäßigkeiten und Zusammenhänge nachzuvollziehen bzw. rückwärtsarbeitend zu rekonstruieren. Auch in den Lehrveranstaltungen „Grundlagen bzw. Vertiefung Entdeckendes Lernen" oder in den Seminaren „Aspekte des Mathematikunterrichts" lernen die Studierenden anhand moderner mathematischer Arbeitsmittel das nötige Handwerkszeug, um in ihrem späteren Berufsleben einen nachhaltigen, verstehens- und handlungsorientierten Unterricht anbieten zu können. Begleitet werden alle Lehrveranstaltungen durch die individuelle Entwicklung substanzieller Mathematikaufgaben sowie durch die Reflexion über fachdidaktische und pädagogisch-praktische Inhalte. Damit soll der Transfer in die spätere Schulpraxis unterstützt werden.

Das mAThELIER wird in die Schulen getragen

Im Rahmen von Fortbildungsveranstaltungen wird versucht, an Lehrpersonen Innovationen, Ideen und Erkenntnisse aus fachdidaktischer Forschung weiterzugeben. So wird zum Beispiel vom Institut für übergreifende Bildungsschwerpunkte der PH Wien jedes Semester die Fortbildung „Forscherkisten im Mathematikunterricht der Volksschule" angeboten. Ziel dabei ist es, dass die Teilnehmer*innen einerseits Entdeckendes Lernen im Mathematikunterricht der Volksschule theoriebasiert durchdenken, andenken und mitdenken. Sie lernen andererseits vorbereitete Lernumgebungen kennen und können sie dann in ihrem Unterricht (angepasst) einsetzen.

Das mAThELIER ist eine Hochschullernnwerkstatt

> „(Lehramts-)Studierende sowie Lehrkräfte spielen, explorieren, forschen und beobachten. Inspiriert durch Gegenstände und Phänomene stellen sie sich selbst Fragen und suchen nach Antworten. Sie zeichnen, konstruieren, messen und rechnen. Sie diskutieren und präsentieren ihre Ergebnisse. Kreativ und offen wie die Kinder, die sie später einmal begleiten werden, lernen sie aktiv, forschend und entdeckend." (Stadler-Altmann 2022)

Im Rahmen der Open House-Termine können Studierende der PH Wien im mAThELIER arbeiten. Die Mathematikmaterialien können erprobt und die Forscherkisten erkundet werden, in den Büchern kann geschmökert, das Zeichnen auf dem interaktiven Whiteboard und an der Schultafel geübt sowie der Unterricht vorbereitet werden. Im mAThELIER können Studierende eigenständig wertvolle Erfahrung im Umgang mit didaktischem Material sammeln, Lernsettings selbstständig ohne Zeitdruck erproben, eigene Ideen realisieren und so den reflektierten Einsatz dieser Materialien für den Unterricht planen.

Durch die aktive, individuelle Auseinandersetzung mit der Mathematik werden das eigene Fach- und Methodenwissen erweitert und ggf. fachliche Defizite ausgeglichen, um in der Volksschule einen fachlich korrekten, fundierten Mathematikunterricht anbieten zu können. Dadurch soll den Kindern ein spannender, motivierender und interessanter Einstieg in die wunderbare Welt der Muster – also in die Mathematik – ermöglicht werden. Das mAThELIER wird dabei zum Begegnungsraum: Austausch, Vernetzung, Diskussion und Reflexion mit Studierenden und/oder Lehrpersonen stehen hierbei im Mittelpunkt. In diesem Zusammenhang sollen auch mögliche Ängste und schlechte Erfahrungen vom eigenen Mathematikunterricht überwunden werden, die es erschweren, guten Mathematikunterricht zu gestalten bzw. sich auf einen fachdidaktischen Professionalisierungsprozess einzulassen (vgl. Blömeke, Kaiser & Lehmann 2010). Das mAThELIER soll als produktiver Lernort mathematischer Inhalte wahrgenommen werden, der als solcher auch einen positiven Einfluss auf Beliefs und Einstellungen zur Mathematik und zum Mathematiklernen haben kann.

Das mAThELIER ist ein Forschungsraum

Die Forschung an der PH Wien orientiert sich sowohl an Leitlinien als auch an breit angelegten Bildungszielen und konzentriert sich daher auf die Themen Politische Bildung, Diversität, Inklusion, Mehrsprachigkeit, Digitalisierung und Bildungsgerechtigkeit. In einem inter- und transdisziplinären Forschungskreislauf sieht es die PH Wien als zentrale Aufgabe an, Grundlagen- und Handlungswissen in verschiedenen Bereichen zu produzieren. Ein wesentliches Ziel ist (laut Profil- und Entwicklungsplanung) die enge Abstimmung von forschungsorientierter Lehre, Forschungsinitiativen sowie die evidenz- und forschungsbasierte Begleitung und Beratung von schulischen Entwicklungsprozessen (vgl. Pädagogische Hochschule Wien 2022). Für das mAThELIER als Forschungsraum ergibt sich darauf basierend ein Schwerpunkt auf mathematikdidaktische Forschung, die die Grundlage für die Lehre für angehende Lehrkräfte der Mathematik darstellt und auch die Entwicklung von Unterrichtsmaterialien miteinschließt. Mathematikdidaktische Forschung untersucht dabei einerseits das mathematische Denken und andererseits das Lehren und Lernen von Mathematik. Sie entwickelt als Wissenschaft für eine gelingende Praxis des Mathematikunterrichts Theorien und Konzepte. In wissenschaftlichen, mathematiknahen Arbeiten an der PH Wien findet dementsprechend Forschung zu hybriden Settings in Lernräumen, zum Einsatz von Mathematikmaterial, zum Entdeckenden Lernen und zu hochschuldidaktischen Forschungsprojekte ihre Abbildung.

3 mAThELIER – ein zukunftsorientierter Lernraum

Die Digitalisierung durchlebt mit dem geschaffenen Leitmedienwechsel einen tiefgreifenden, gesellschaftsrelevanten Prozess (ähnlich dem Buchdruck im 15. Jh.). Dieser durchdringt unsere Lebens- bzw. Berufswelt und hat somit auch wesentlichen Einfluss auf die Bildungsprozesse an Schulen (vgl. Döbeli Honegger 2017). Eine große Herausforderung stellt die Vermittlung digitaler Kompetenzen für Lehrpersonen dar, weil nicht selten im Schulalltag die Zeit fehlt, sich einerseits abseits des Unterrichts weiterzubilden und andererseits Neues im Unterricht auszuprobieren, obwohl digitale Geräte immer intuitiver und zugänglicher werden. Digitale Möglichkeiten von elektronischen Hilfsmitteln sollten daher nicht mit ihrem gesamten Funktionsspektrum ausgenutzt werden, sondern eine einfache, spielerische Handhabe für alle gestatten.

Im Zuge der Pandemie wurde den veränderten Lehr-/Lernprozessen insofern Rechnung getragen, dass digitale Lernumgebungen und eine digitale Infrastruktur im mAThELIER bereitgestellt wurden. Durch den Einsatz des interaktiven Whiteboards kann einerseits digitale (und hybride) Lehre stattfinden, die es Studierenden ermöglicht, flexibel an Lehrveranstaltungen teilzunehmen. Andererseits wird durch die digitale Erweiterung für Lernumgebungen ein neuer Zugang zu mathematischen Inhalten möglich, der bei angemessener Planung Vorteile hat. Für den Mathematikunterricht der Volksschule wird gefordert, dass digitale Medien zum Einsatz kommen. Es gibt mittlerweile eine Vielzahl von Apps, mit denen Kinder mathematische Inhalte erarbeiten, üben und festigen können. Aber nur ein reflektierter, wohlüberlegter und geplanter Einsatz durch Lehrpersonen schafft es, dass das Potenzial dieser Apps ausgeschöpft wird (vgl. Rink & Walter 2020). Das interaktive Whiteboard bietet hier eine Möglichkeit, Anregungen, wie digitale Medien im Mathematikunterricht sinnvoll eingesetzt werden können, zu zeigen, zu erproben und zu diskutieren.

Zwei weitere Entwicklungsprojekte der PH Wien, digiLU und MINT-MOOC, zeigen Möglichkeiten auf, wie das mAThELIER auch digital genutzt werden kann.

3.1 digiLU

Um die Mathematikmaterialien vom mAThELIER in die digitale Welt zu übertragen, wurden im Rahmen des Projekts digiLU (vgl. Musilek & Stadler 2022) digitale Lernumgebungen (z. B. zum Arbeiten mit [digitalen] Geobrettern, vgl. Abb. 4) und digitale Arbeitsmittel (z. B. zum Arbeiten mit Fünferstreifen oder Zauberdreiecken) geschaffen, die dieser Vorgabe entsprechen sollen.

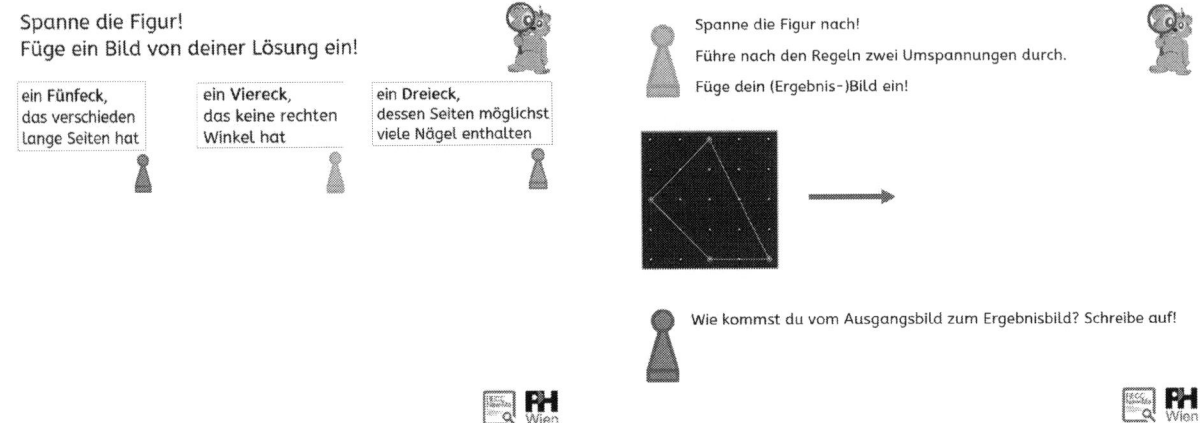

Abb. 4: Aufgabenstellungen für (digitale) Geobretter (Musilek & Stadler 2022, 4)

Mit dem Fokus auf die Bildung von tragfähigen Grundvorstellungen fundamentaler mathematischer Begriffe und dem Verständnis für mathematische Konzepte, Verfahren und Vorschriften sollen bei ihrer Bearbeitung prozessbezogene mathematische Kompetenzen entwickelt werden. Lehrpersonen werden beim Einsatz dieser Arbeitsmaterialien unterstützt, indem die Schüler*innen selbstständig eine Lernerfolgskontrolle erhalten. Außerdem werden bei den Lernumgebungen neben digitalen Werkzeugen auch gegenständliche Materialien berücksichtigt und Möglichkeiten der dynamischen Darstellung und Interaktivität genutzt (vgl. Roth 2019, 240 f.).

3.2 MINT-MOOC

Um Schüler*innen vielseitige Chancen für ihr zukünftiges Leben zu ermöglichen, sind ihnen bereits in der Volksschule Kompetenzen in den MINT-Disziplinen (Mathematik, Informatik, Naturwissenschaft und Technik) zu vermitteln. Als bundesweite Initiative wurde das MINT-Gütesiegel[3] ins Leben gerufen. Mit diesem werden Bildungseinrichtungen ausgezeichnet, die mit verschiedenen Maßnahmen innovatives und begeisterndes Lernen in Mathematik, Informatik, Naturwissenschaft und Technik fördern; mit vielfältigen Zugängen für alle Schüler*innen. Um Lehrpersonen in ihrem Bestreben, MINT-Didaktik im Unterricht zu realisieren, Unterstützung zu bieten, wurde ein Fortbildungskonzept in Form eines MOOC[4] gestaltet. Dieser beinhaltet im Modul Mathematik neben einem theoretischen Input zum Entdeckenden Lernen und Materialpakete für Lehrer*innen zwei Videos, die vom Team des Regionalen Kompetenzzentrums für Naturwissenschaften und Mathematik (RECC NawiMa) konzipiert wurden (vgl. Abb. 5). Ausgangspunkte waren eine arithmetische und eine geometrische Lernumgebung für Volksschulkinder. Für die Erstellung der Videos wurden Mathematikmaterialien aus dem mAThELIER verwendet; Studierende der PH Wien wirkten beim Videodreh mit.

---

3 Nähere Infos: siehe https://www.mintschule.at/ (18.11.2022)

4 Massive Open Online Course, https://onlinecampus.virtuelle-ph.at/course/view.php?id=3090 (18.11.2022)

Abb. 5: Beispiele für (digitale) Lernumgebungen (links arithmetische, rechts geometrische Lernumgebung), Quelle: eigene Darstellung, 2022

4 Resümee

Will man einen zukunftsorientierten Lernraum gestalten, so sind drei Dimensionen wesentlich, die bei der Gestaltung berücksichtig werden sollten: der lernende Mensch, der Raum selbst und die zu gestaltende Zukunft. Mensch und Raum prägen sich dabei wechselseitig (Koeritz, Kolbert & Winde o. J.). Mit dieser Grundeinstellung will das mAThELIER Studierenden der Aus-, Fort- und Weiterbildung die Möglichkeit geben, Mathematikmaterial für Volksschüler*innen kennenzulernen, über diese kritisch zu reflektieren und Einsatzszenarien zu diskutieren. Um die Schönheit der Mathematik sichtbar und (be-)greifbar zu machen, eignen sich mathematische Erlebniswelten, wie es Bildungs- und Lernwerkstätten sind, die von Studierenden als Lehr-/Lernräume genutzt werden.

Das mAThELIER an der PH Wien verfolgt das Ziel, Studierenden und Lehrpersonen vor Ort durch ihr Handeln mit mathematischen Arbeitsmaterialien den reflektierten Einsatz von verstandenen Symbolen in bedeutungsvollen Kontexten zu ermöglichen. Durch die aktive, kreative Auseinandersetzung mit der Mathematik und der Mathematikdidaktik sollen substanzielle Konzepte verstanden und mit in die Schule genommen werden, um dort damit nachhaltiges mathematisches Lernen anbahnen zu können. Lehr-/Lernszenarien können kennengelernt und methodisch erprobt werden, um den Schüler*innen in Zukunft Lernumgebungen zum Entdeckenden (und Forschenden) Lernen anbieten zu können. Neben den Lehrveranstaltungen für Studierende und den Fort- und Weiterbildungsveranstaltungen für Lehrpersonen können im Rahmen von Open House-Terminen die Besucher*innen eigeninitiativ tätig werden, die Mathematikmaterialien kennenlernen und erproben. Die Studierenden erweitern dabei ihr (mathematisches, didaktisches und pädagogisches) Professionswissen. Individuelle Fertig- und Fähigkeiten, Beliefs sowie Einstellungen über Mathematik und über das Mathematiklernen für die jeweilige Unterrichtsgestaltung entwickeln sich in dieser anregenden Umgebung weiter. Für die Lehrenden ergibt sich die Möglichkeit, das mAThELIER als Forschungsraum für die Entwicklung innovativer hochschuldidaktischer Konzepte zu nutzen. Und nicht zuletzt ist das Raumkonzept ideal gelebt, wenn im mAThELIER viele Begegnungen zum gemeinsamen Diskurs über fachdidaktische Mathematikthemen Platz finden.

Abbildungsverzeichnis

Abb. 1: das mAThELIER, Quelle: eigene Aufnahme, 2022

Abb. 2: Fachbibliothek im mAThELIER, Quelle: eigene Aufnahme, 2022

Abb. 3: Mathe-Material im mAThELIER zur Geometrie, Arithmetik und Montessori Material, Quelle: eigene Aufnahme, 2022

Abb. 4: Aufgabenstellungen für (digitale) Geobretter (Musilek & Stadler 2022, 4)

Abb. 5: Arithmetische Lernumgebung, Abrufbar unter: https://www.youtube.com/watch?v=RbfRiZnlULE (14.11.2022)

Abb. 6: Geometrische Lernumgebung, Abrufbar unter: https://www.youtube.com/watch?v=RbfRiZnlULE (14.11.2022)

Literaturverzeichnis

Bartolini, M. G., & Martignone, F. (2014). „Manipulatives in Mathematics Education". In: Lerman, S. (Hrsg.). Encyclopedia of Mathematics Education. (S. 365-372). Dordrecht: Springer Netherlands. https://doi.org/10.1007/978-94-007-4978-8_93

Blömeke, S., Kaiser, G., & Lehmann, R. (Hrsg.). (2010). TEDS-M 2008. Professionelle Kompetenz und Lerngelegenheiten angehender Primärstufenlehrkräfte im internationalen Vergleich. Münster: Waxmann.

Döbeli Honegger, B. (2017). Mehr als 0 und 1: Schule in einer digitalisierten Welt. 2., durchges. Aufl. Bern: hep, der Bildungsverlag.

Holub, B., & Musilek, M. (2018). „Lernräume als Innovation für Forschendes Lernen". In: Forschendes Lernen. The Wider View. (S. 249-252). Münster: WTM-Verlag.

Koeritz, J., Kolbert, L. & Winde, M. (o. J.). „Zehn Leitlinien für zukunftsorientierte Lernräume". Stifterverband. Abrufbar unter: https://www.stifterverband.org/sites/default/files/zehn_leitlinien_fuer_zukunftsorientierte_lernraeume.pdf (18.11.2022)

Müller-Naendrup, B. (2013). „Lernwerkstätten als ‚Dritte Pädagogen'. Räumliche Botschaften von Lernwerkstätten an Hochschulen". In: Coelen, H. & Müller-Naendrup, B. (Hrsg.). Studieren in Lernwerkstätten (S. 193-206). Wiesbaden: Springer Fachmedien Wiesbaden. https://doi.org/10.1007/978-3-658-00315-9_16

Musilek, M. & Stadler, D. (2022). „digi LU: Von der ‚guten Aufgabe' zur digitalen Lernumgebung". R&E-SOURCE. https://doi.org/10.53349/resource.2022.iS23.a1073

Pädagogische Hochschule Wien. (2022). Forschungsschwerpunkte an der PH Wien. Abrufbar unter: https://phwien.ac.at/forschungsschwerpunkte-2/ (18.11.2022)

Rink, R., & Walter, D. (2020). Digitale Medien im Matheunterricht: Ideen für die Grundschule. 1. Aufl. Berlin: Cornelsen.

Roth, J. (2019). „Digitale Werkzeuge im Mathematikunterricht". In: Büchter, A. et al. (Hrsg.), Vielfältige Zugänge zum Mathematikunterricht. Konzepte und Beispiele aus Forschung und Praxis. (S. 233-248). Wiesbaden: Springer.

Stadler-Altmann, U. (2022). „Hochschullernwerkstätten im internationalen Raum". Abrufbar unter: https://lernwerkstatt.info/ (18.11.2022)

Autor*innen

HS-Prof.in Mag.a Dr.in Monika Musilek

Hochschullehrperson im Fachbereich Mathematik (Primarstufe und Sekundarstufe) am Institut für übergreifende Bildungsschwerpunkte, Leiterin des Regionalen Kompetenzzentrums für Naturwissenschaften und Mathematik an der PH Wien

monika.musilek@phwien.ac.at

Mag. David Stadler

Hochschullehrperson im Fachbereich Mathematik und Informatik am Institut für übergreifende Bildungsschwerpunkte

david.stadler@phwien.ac.at

Der Schooltools-Pool
Ein Areal zur Gestaltung von Lehren und Lernen in digitalen Räumen

Jasmin Wallner, Helmut Pecher

Abstract

„Schooltools" als zentrale Drehscheibe dieses Beitrags befasst sich mit digitalen Werkzeugen und der kompetenten Anwendung in Bildungskontexten. Neben einer Vorstellung des Webprojekts, welches der Sammlung digitaler Anwendungen sowie der (didaktischen) Impulsgebung dienen kann, wird mit einem Forschungs- und Entwicklungsprojekt der theoretische Rahmen für eine wissenschaftlich fundierte Weiterentwicklung für die Praxis gelegt. Hierbei wird auch auf mediengestützte Lernräume Bezug genommen.

Die Schooltools-Reise

Digitale Anwendungen rund ums Lehren und Lernen gibt es mittlerweile wie Sand am Meer. Bereits eine kurze Recherche im Netz bringt eine Fülle an Ergebnissen mit unterschiedlichen Programmen, Tools und Apps sowohl für browserbasierte als auch für mobile Anwendungen. Auch Sammlungen und Pinnwände werden bereits in unterschiedlichsten Formen online bereitgestellt und häufen sich zunehmend. Bei näherer Betrachtung kann festgestellt werden, dass diese Toolsammlungen verschiedene Schwerpunkte setzen und damit auch Unterschiede in der Auswahl der digitalen Anwendungen sowie in der inhaltlichen Aufbereitung und (Web-)Darstellung aufweisen. Mit dem Projekt „Schooltools", welches im Herbst 2021 ins Leben gerufen wurde, wird ebenso die Idee verfolgt, einen kuratierten Pool an Tools für Schule, Unterricht und Studium zur Verfügung zu stellen. Der Schwerpunkt der Auswahl und Vorstellung der Applikationen im Rahmen des „Schooltools"-Pool liegt in einer gut sichtbaren Möglichkeit der Einbettung in Bildungskontexte. Mit einem dem Webprojekt angeschlossenen Forschungs- und Entwicklungsprojekt wird im Vergleich zu vielen anderen netzbasierten Sammlungen in einem Theorie-Praxis-Bezug die kompetente Nutzung von digitalen Anwendungen in Unterrichtskontexten untersucht. Auf Basis der Ergebnisse soll eine praktikable und effiziente Weiterentwicklung von „Schooltools" sichergestellt werden. In weiterer Folge dieses Beitrags wird neben einer Beschreibung des Aufbaus sowie der bisherigen Entwicklungen des Webprojekts eine Positionierung von „Schooltools" als Lernraum vorgenommen. Auch das Forschungs- und Entwicklungsprojekt wird vorgestellt. Abschließend werden aufbauend auf dem Status quo ein kurzes Resümee sowie ein Ausblick auf die nächsten Schritte gegeben.

1 Ein Webprojekt zur zentralen Toolsammlung

Schooltools.at bietet eine stetig wachsende Sammlung von digitalen Anwendungen, Webseiten und Programmen für Unterricht, Schule und Studium. Zielgruppen sind neben Lehrpersonen und Eltern auch Studierende sowie Schüler*innen. Die „Schooltools"-Sammlung umfasst mittlerweile einige hunderte Tools. Auf der Startseite werden, wie in Abb. 1 dargestellt, die einzelnen Tool-Beiträge mit Titel, Bild bzw. Screenshot, einer maximal zweizeiligen Kurzbeschreibung sowie den zugeordneten Kategorien und Schlagwörtern vorgestellt. Diese sind nach dem Erstellungsdatum geordnet.

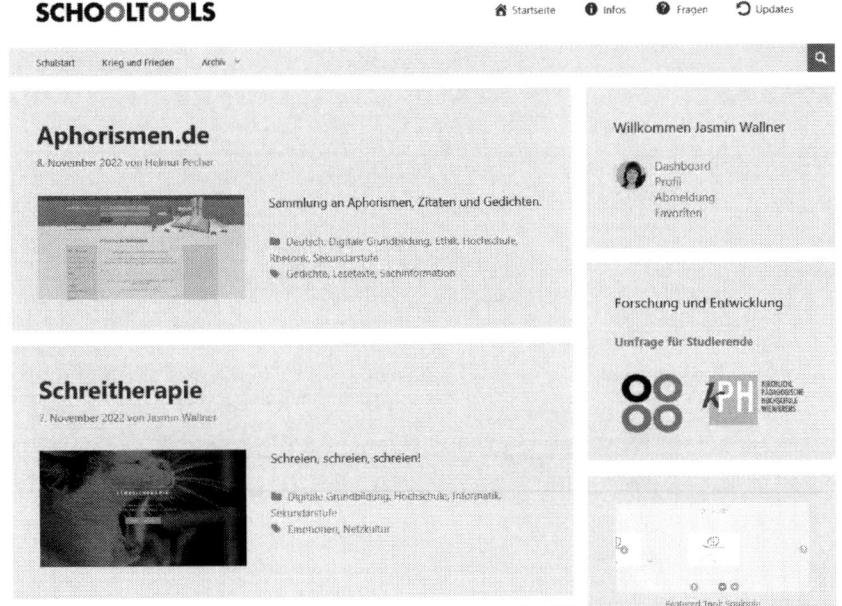

Abb. 1: Screenshot Startseite Schooltools, Quelle: Schooltools, 2022

Der Menüpunkt Infos gibt Einblicke zu Aufbau und Nutzung der Webseite. Wie der Name bereits verrät, gibt es unter Pinnwand die Möglichkeit, Kommentare und Fragen zu hinterlassen. Dafür ist eine Registrierung auf der Webseite notwendig. Das Menü Updates gilt der Dokumentation der laufenden Ereignisse rund um das „Schooltools"-Projekt. Neben diesem Hauptmenü gibt es ein zweites Menü, das für spezielle Themenbeiträge genutzt wird. Abgestimmt auf (jahres-)zeitliche und aktuelle Geschehnisse werden mögliche Inhalte aufgegriffen, passende „Schooltools"-Beiträge herausgepickt und mit Anwendungsimpulsen im Kontext Schule, Unterricht und Studium versehen (z. B. Krieg und Frieden, Ostern). Unter Archiv sind die derzeit nicht aktuellen Themen zu finden. Ein Klick auf das Lupensymbol ermöglicht das Öffnen eines Suchfeldes. Nach Eingabe eines oder mehrerer Suchbegriffe kann nach Beiträgen im „Schooltools"-Pool gesucht werden. In der Sidebar sind Zusatzinformationen, kurze Inhalte sowie weitere Features der Webseite enthalten. Beispielsweise sind hier Registrierungs- bzw. Anmeldemaske, Kurzinformationen zum Forschungs- und Entwicklungsprojekt, die Top Tools sowie die Tool- und aktuelle User*innen-Anzahl, aber auch die auf der Webseite verfügbaren Kategorien und Schlagwörter zu finden. Die „Schooltools"-Sidebar befindet sich in der browserbasierten Version auf der rechten Seite, in der mobilen Anwendung unter der Übersicht der einzelnen Tool-Beiträge und wird je nach Entwicklung und Bedarf angepasst. Im untersten Bereich der Webseite sind noch Informationen und wichtige Webseiteninhalte zu Forschung, Presse und Downloads, Impressum, Datenschutzerklärung, Über uns und Kontakt vorhanden.

1.1 Die Entstehungs- und Entwicklungsgeschichte

Im Herbst 2021 begannen die beiden Autor*innen dieses Beitrags, die für die berufliche Organisation, Administration und Lehre genutzten digitalen Anwendungen aus den diversen eigenen Unterlagen und Ablagen zusammenzusuchen und an einem zentralen Ort abzulegen. Schnell war klar, dass diese Sammlung nicht in einem stillen Kämmerlein gehortet werden soll, sondern öffentlich zugänglich sein muss, um ein unterstützendes Angebot bei der Suche und Auswahl von digitalen Tools im Bildungsbereich zu bieten. Um dies auch wissenschaftlich zu fundieren, wurde nach Onlinestellen der Webseite am 1. 11. 2021 eine dreijährige Begleitstudie erarbeitet, welche im zweiten Kapitel näher erläutert wird. Das Forschungsvorhaben wurde auch bereits am Grazer Grundschulkongress 2022 präsentiert, um Anregungen und konstruktives Feedback aus der Wissenschaftscommunity in das weitere Web-, Forschungs- und Entwicklungsprojekt einzuarbeiten. Im Zuge dessen wurde der Sommer 2022 für die Überarbeitung des Designs sowie den Aufbau der einzelnen Beiträge genutzt.

Der Aufbau eines Tool-Beitrags wird in Abb. 2 ersichtlich.

Abb. 2: Screenshot Pelikan Farbmischer auf Schooltools, Quelle: Schooltools, 2022

Die Informationen aus der Übersicht der einzelnen Toolbeiträge, wie diese zu Beginn des ersten Kapitels dargelegt wurden, werden auch bei Öffnen eines Tools sichtbar. Nach dem Titel kann mit einem ersten Blick auf die Symbole festgestellt werden, in welcher Form das Tool nutzbar ist. Insgesamt wird hier zwischen fünf verschiedenen Symbolen unterschieden (browserbasiert, mobil nutzbar, für Android verfügbar, für Apple verfügbar und downloadbar), die im Menüpunkt Infos erklärt werden. Wie der Abb. 2 entnommen werden kann, ist der Pelikan Farbmischer beispielsweise in allen gängigen Browsern sowie mobil zugänglich. Anschließend befindet sich das Beitragsbild bzw. der Screenshot, welches bzw. welcher auch in der Übersicht zu sehen ist und zum Tool verlinkt. Im weiteren Verlauf folgt die Beschreibung mit den wichtigsten Informationen sowie eine Linkvorschau, die im besten Fall – und das ist nicht bei allen Linkvorschauen gegeben – folgende von der jeweiligen Webseite bereitgestellten Informationen enthält: Bild, Name und inhaltliche Kurzzusammenfassung.

Ergänzt werden die einzelnen Beiträge mit methodisch-didaktischen Impulsen zum Einsatz und der Nutzung der jeweiligen digitalen Applikation in Bildungskontexten sowie einer Übersicht über Kosten, Sprachen und Informationen zu Registrierung bzw. Anmeldung.

Persönliche Tool-Favoriten können mit Klick auf das Stern-Symbol unterhalb der letzten grauen Übersichtsbox favorisiert werden. Bei Registrierung auf „Schooltools" werden diese auf einer eigenen Seite – Favoriten – bereitgehalten. Bei Nichtregistrierung können Favoriten in den Cookies gespeichert werden, die bei Löschung der Cookies allerdings nicht mehr verfügbar sind. Neben der Favoriten-Option besteht auch die Möglichkeit, das Tool in Sozialen Netzwerken zu teilen – aktuell von links nach rechts sind Facebook, WhatsApp, Twitter und LinkedIn verfügbar. Abschließend werden die zugeordneten Kategorien und Schlagwörter, die jeweils angeklickt werden können und zu einer Tool-Liste der jeweiligen Kategorien und Schlagwörter führen, sowie der vorherige und nächste Tool-Beitrag angezeigt.

Die bisherigen Darlegungen geben damit einen Überblick über das Grundgerüst und die Struktur des Webprojekts. Für den Gebrauch der einzelnen Schooltools hingegen gibt es keine allgemeingültige Anleitung, denn grundsätzlich gelten technische und digitale Instrumente als menschliche Handlungswerkzeuge, deren Einsatz und Reflexion in Anbetracht unterschiedlicher Situationen und kontextueller Faktoren erfolgen müssen (Kerres 2018). Demzufolge geschieht die Nutzung von Schooltools im Kontext bzw. im Raum des (individuell) Möglichen und kann als digitale Lernwelt wahrgenommen werden, in der vielschichtige Aneignungsoptionen vorhanden sind, die Lernprozesse anregen können (Iske & Meder 2010).

1.2 „Schooltools" als virtueller und hybrider „Lernraum"?

McLuhan (1964) verortet Menschen in technologischen und medialen Erweiterungen ihrer selbst, die mit Hilfe technischer Mittel und Medien körperliche Zustände verändern können und ihrerseits neue Wege finden, um dadurch Technik und Medien zu verändern. Iske und Meder Klicken oder tippen Sie hier, um Text einzugeben. zufolge ist das Internet nach Anknüpfung an Luhmann ein medialer Lernraum mit einer

> „[...] Menge lose gekoppelter Internetseiten, die über Verlinkung fest verbunden werden können. Dabei entstehen konkrete mediale Gestalten im Internet. Internet als Lernraum kann so als Raum der Auseinandersetzung mit solchen konkreten Gestalten verstanden werden (Erkundung /explorative use) oder als Möglichkeitsraum für eigenes lernendes kreatives Gestalten in diesem Medium (Gestaltung / constructive use)." (Iske & Meder 2010, 35)

Die Definition digitaler Lernangebote als Lernräume ist hilfreich bei der Gestaltung medialer Bildungsangebote. Nichtsdestotrotz ist die Differenzierung zwischen realen und virtuellen Räumen vage: Physikalische, finanzielle oder rechtliche Gegebenheiten, geprägt durch eine tendenzielle Starrheit, sind Kennzeichen realer Räume. Digitale Räume dagegen sind freier gestaltbar, veränderbar und einfach übertragbar (Kerres 2017). Böhme und Herrmann (2011) attestieren physischen Schulgebäuden ein einschließendes Verhalten, welches digitale Lernformen eher verhindert. Wird die Raumvorstellung von Klassenräumen und Hörsälen um virtuelle Räumlichkeiten erweitert, so sind digitale Orte für Lesen und Schreiben, Kommunikation und für Entspannung sowie für Unterhaltung und Wissensüberprüfungen denkbar. Nach dieser Denkart dienen digitale Medien dazu, physische Räume zu ergänzen und zu durchdringen (Škerlak et al. 2014). Kerres (2018) definiert nachfolgende Konvergenzen digitaler Lernorte („seamless learning"):

* Lernen und Lehren ist in dafür konfigurierten Orten überall möglich.
* Mobile Endgeräte ermöglichen ortsunabhängige Zugänge zu digitalen Artefakten.
* Diese können ohne Brüche präsentiert, gemeinsam verarbeitet und weiter genutzt werden.
* Während Veranstaltungsräume somit digitaler werden, wird das Internet sozialer.

Medientoolplattformen wie „Schooltools" bieten darüber hinaus noch einen weiteren, entscheidenden Vorteil: Lehrende wie auch Lernende können jene Werkzeuge selbst auswählen, die sie in ihrer Lernumgebung nutzen möchten. Kerres (ebd.) ergänzt, dass neben einer bloßen Bereitstellung auch unterstützend Coaching oder Mentoring angeboten werden kann, es aber trotzdem in der Verantwortung der Person liegt, wie das Werkzeug genutzt wird. Ansatzweise wird dies bereits auf „Schooltools" durch methodisch-didaktische Anregungen geboten.

Gesamtgesellschaftlich betrachtet, beinhalten mediengestützte Lernarrangements darüber hinaus Implikationen für das Handeln und die Lebensweltkonstruktion von Menschen wie für ihre Lebenswelt selbst. Mediengestützte Lernformen haben zusätzlich auch eine medienerzieherische Wirkung und beeinflussen die Persönlichkeit genauso wie das Zusammenleben der Menschen und die Kultur einer Gesellschaft (Kerres 2022).

2 „Schooltools" als Forschungs- und Entwicklungsprojekt

Die kompetente, lernraumeröffnende Nutzung digitaler Medien inkludiert neben aktuellem Medienwissen und dessen vermittelnder Anwendung ebenso deren kritische Reflexion und Weiterentwicklung. Mit der dem Webprojekt „Schooltools" angeschlossenen Begleitstudie soll das Handlungsrepertoire Lehrender und Lernender bei der Nutzung digitaler Instrumente in unterschiedlichen Unterrichtssettings sichtbar gemacht werden. Zum Einsatz kommen quantitative Forschungsinstrumente wie Onlinebefragungen von Lehrpersonen und Studierenden sowie qualitative Forschungsinstrumente wie Interviews, teilnehmende Beobachtung und Gruppendiskussion. Neben der deskriptiven und inhaltlich strukturierenden Darstellung soll anhand der Ergebnisse eine stetige inhaltliche Weiterentwicklung von „Schooltools" nach methodisch-didaktischen Gesichtspunkten erfolgen. Dies soll Lehrende und Lernende bei binnendifferenziertem Lehren sowie Designen von Lernumgebungen unterstützen.

2.1 Theoretischer Hintergrund

Medienbezogener Kompetenzerwerb umfasst gemäß Baacke (1996, 2007) neben Wissen um aktuelle Medien und deren vermittelnde Anwendung kritische Reflexion und Weiterentwicklung. Spätere Ansätze (Blömeke 2000; Tulodziecki 1997) akzentuieren Medienkompetenzen unterschiedlich, der gemeinsame Nenner aller Modelle bleibt die Notwendigkeit der Vermittlung und Förderung. Blömeke (2000, 2003) siedelt Medienkompetenzen stärker im erziehungstheoretischen Bereich an und definiert fünf Teilkompetenzen:

- die Fähigkeit zur reflektierten Verwendung von Medien und Informationstechnologien in geeigneten Lehr- und Lernformen und deren Weiterentwicklung (mediendidaktische Kompetenz),
- die Fähigkeit, Medienthemen im Sinne pädagogischer Leitideen im Unterricht behandeln zu können (medienerzieherische Kompetenz),
- die Fähigkeit zur konstruktiven Berücksichtigung der Lernvoraussetzungen medienpädagogischen Handelns der Lernenden (sozialisationsbezogene Kompetenz),
- die Fähigkeit zur innovativen Gestaltung der Rahmenbedingungen medienpädagogischen Handelns in der Schule (Schulentwicklungskompetenz im Medienzusammenhang),
- die eigene Medienkompetenz als Basiskompetenz, die vor Studienbeginn in der Schulzeit oder durch außerschulische Aktivitäten erworben wird und die Fähigkeit zu eigenem sachgerechtem, selbstbestimmtem, kreativem und sozialverantwortlichem Handeln mit Medien und Informationstechnologien.

Angekommen im Leitmedienzeitalter der Netzkultur, in dem Digitalisierung und elektronische Medien dominieren, ergeben sich in Bezug auf Kommunikationsmedien systemische Veränderungen (Erdmann & Rückriem 2010). Im Schul- und Bildungswesen bedeutet dies eine Einkehr von transformierenden und inhaltlichen Bewegungen in Sozialisation, veränderten Arbeitsweisen bei Lehr-/Lernformen, -räumen und -werkzeugen, wozu es veränderter Kompetenzprofile bedarf (Döbeli Honegger 2016). Beispielsweise hat sich das 4K-Modell (IQES online 2022) des Lernens mit den vier Förderungskompetenzbereichen Kollaboration, Kommunikation, Kreativität und Kritisches Denken (siehe Abb. 3) auch in der österreichischen Schul- und Unterrichtsentwicklung etabliert und definiert sich selbst als Ergänzung zum im Abb. 4 dargestellten SAMR-Modell (Ersatz, funktionale Erweiterung, Umgestaltung und Redefinition). Damit wird neben digitalen auch auf allgemeine Kompetenzen Bezug genommen. Mit Fokus auf den digitalen Kompetenzrahmen wurden kategorienbasierende digi.komp-Kompetenzmodelle (2019) für die Primar- und Sekundarstufen sowie für Pädagog*innen entwickelt.
Im Nationalen Bildungsbericht (2021) wird die Bedeutung von entsprechenden Medienkompetenzen hervorgehoben. Im Dienst stehende sowie angehende Lehrpersonen sollen die Digitalisierung im Bildungsbereich differenziert und konstruktiv-kritisch begleiten. Dazu sind neben Fachwissen entsprechende Kompetenzen und Diskursfähigkeit auf technischer, pädagogischer, fachdidaktischer und interdisziplinärer Ebene nötig.

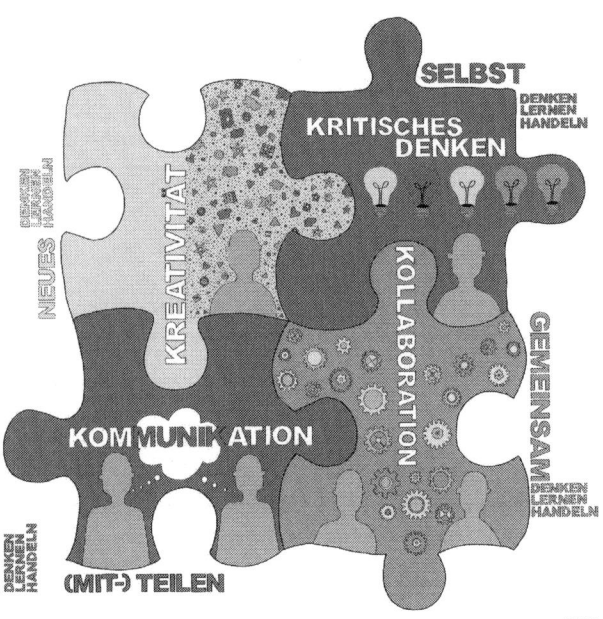

4 Kernkompetenzen für das 21. Jahrhundert   Nicole Steiner | www.iqesonline.net   CCBYSA

Abb. 3: Die vier Kernkompetenzen für das 21. Jahrhundert, Quelle:
Nicole Steiner, IQES online, lizensiert unter CCBYSA

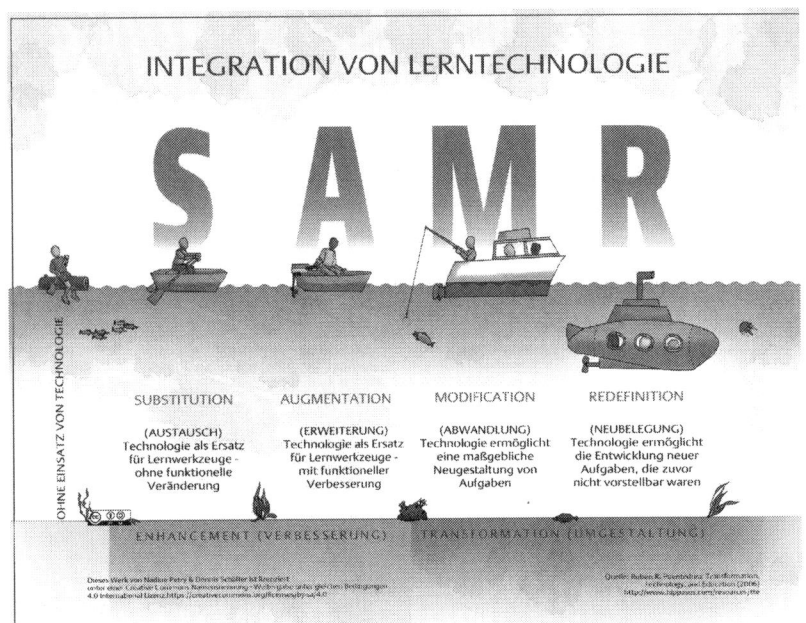

Abb. 4: Das SAMR-Modell, Quelle: Nadine Petry & Dennis Schäffer, 2018, lizensiert
unter CCBYSA

Lerntheoretisch umfassen konstruktivistische Ansätze anwenderorientierte Nutzungen bis hin zu benutzergenerierter und kollaborativ erstellter Inhalte (Dittle 2017; Kergel & Heidkamp-Kergel 2020). Der Ansatz des Konnektivismus unterstreicht dezentrales, selbstgesteuertes Lernen und die Nutzung digitaler Lerngemeinschaften entsprechend den Lernbedürfnissen (Siemens 2007; Kergel & Heidkamp-Kergel 2020). Der Zugang des Pragmatismus kombiniert unterschiedliche lerntheoretische Positionen je nach Präferenzen und Nützlichkeiten und unterstreicht die Beziehungen zwischen einzelnen Wissenselementen aus der Perspektive der betrachtenden Person (Kerres 2018).

Zusammenfassend kann festgehalten werden, dass die medienpädagogischen und medienerzieherischen Kompetenzdefinitionen sowie die diversen Kompetenzmodelle sowohl persönliches Wissen als auch Vermittlungs- und Gestaltungswissen beinhalten.

2.2 Forschungsstand und Erkenntnisinteresse

Die kompetente Nutzung digitaler Medien inkludiert neben aktuellem Medienwissen und dessen vermittelnder Anwendung ebenso deren kritische Reflexion und Weiterentwicklung. Mit der dem Webprojekt „Schooltools" angeschlossenen Begleitstudie soll das Handlungsrepertoire Lehrender bei der Nutzung digitaler Instrumente in unterschiedlichen Unterrichtssettings sichtbar gemacht werden. Gestaltende und gestaltbare hybride, konvergente Lernräume sollen die physischen Gestaltungsräume Lehrender und Lernender um nutzbringende digitale Lernorte erweitern. Dabei sollen Möglichkeiten, Bedingungen, Nutzungsmodelle und Settings untersucht und mit der „Schooltools"-Plattform kontextualisiert werden. Folgende Forschungsfragen ergeben sich aus dem Erkenntnisinteresse:

- Welche didaktischen und methodischen Zugänge sind bei der kompetenzorientierten Nutzung digitaler Tools durch Lehrkräfte erkennbar?
- Welche digitalen Tools werden in welchen Unterrichtsfächern verwendet?
- Welche digitalen Tools werden in fächerübergreifenden und projektorientierten Unterrichtssettings verwendet?
- Welche digitalen Tools werden in welchen methodischen Settings bzw. in welchen Sozial- und Unterrichtsformen verwendet (z. B. Lernstandserhebung, Motivierung, Festigung, Vor- und Nachbereitung)?

2.3 Untersuchungsdesign und Datenerhebung

Das Forschungsprojekt wird durch ein längsschnittartiges Mixed Methods-Design gerahmt. Das parallele Design beinhaltet zwei gleichwertige, qualitative und quantitative, Teilstudien, die parallel zueinander angeordnet sind und im gleichen Zeitraum durchgeführt werden. Am Beginn des Forschungsprojekts wurden die Forschungsfragen theoriegeleitet formuliert. Es ist geplant in der Endphase des Projekts die Ergebnisse der Teilstudien in Form einer Triangulation aufeinander zu beziehen (Creswell & Plano Clark 2018; Kuckartz 2014).
Der quantitative Teil besteht aus Umfragen zu mehreren Erhebungszeitpunkten, der qualitative Teil aus Interviews, Gruppendiskussionen und teilnehmender Beobachtung. Einen Überblick der einzelnen Studienphasen bietet die Abb. 5.

Studienphase	Studienart	Zielgruppe	Zeitraum
Phase 1	Online-Fragebogen	Studierende	Oktober 2022 bis Februar 2023
Phase 2	Online-Fragebogen	Lehrpersonen	Februar bis Juni 2023
Phase 3	Interviews, teilnehmende Beobachtung, Gruppendiskussion	Lehrpersonen und Studierende	Mai und Juni 2023
Phase 4	Online-Fragebogen	Studierende	Oktober 2023 bis Februar 2024
Phase 5	Online-Fragebogen	Lehrpersonen	Februar bis Juni 2023
Phase 6	Interviews, teilnehmende Beobachtung, Gruppendiskussion	Lehrpersonen und Studierende	Mai und Juni 2024
Evaluation, Überarbeitung und methodische Weiterentwicklung der Plattform www.schooltools.at, Publikationen		Oktober 2022 bis Juni 2025	

Abb. 5: Zeitliche Übersicht über die einzelnen Forschungsphasen, Quelle: eigene Darstellung, 2022

Mit einem Online-Fragebogen, der über Unipark umgesetzt wird, sollen Lehrpersonen und Studierende verschiedener Schulstandorte und Schularten zu ihrer Selbsteinschätzung bezüglich ihrer Medienkompetenz befragt werden. Dazu werden eine adaptierte Version des europäischen Fragebogens digitaler Kompetenzen (https://ec.europa.eu/eusurvey/runner/DigCompEdu-AE-DE?language=de) verwendet sowie die „Top 100 Tools for Learning 2022" nach Jane Hart (https://www.toptools4learning.com/) herangezogen. Der Fragebogen inkludiert Bereiche, in denen man sich auf die Nutzung digitaler Medien in Lehr- und Lernkontexten konzentriert.
Fünf Lehrpersonen verschiedener Schulstandorte und Schulstufen nehmen mit einer Klasse freiwillig zu zwei unterschiedlichen Zeitpunkten an einer teilnehmenden Beobachtung teil. Dabei soll vorher die Webplattform

www.schooltools.at vorgestellt und zu deren Nutzung angeregt werden. Die Rolle der Beobachter*innen ist passiv und indirekt, ohne wahrnehmbare Präsenz. Damit sind Wahrnehmungen und Deutungen sowie eine möglichst umfassende Analyse komplexer, strukturierter Handlungskontexte in Unterrichtssituationen möglich (Lamnek & Krell 2016). Dieselben Lehrpersonen werden mittels halbstrukturiertem Interviewleitfaden (Mayring 2015; Witzel 2000) zu zwei Erhebungszeitpunkten (gegen Ende der Schuljahre 2023 und 2024) jeweils vor und nach der teilnehmenden Beobachtung interviewt. Die Fragen vertiefen die Themen des Online-Fragebogens und zielen daher auf Erfahrungen im Umgang mit verschiedenen digitalen Medien und Medientools sowie deren Einsatz in diversen Unterrichtssettings ab. Der Interviewleitfaden wird aus den gewonnenen Erkenntnissen der Online-Umfrage heraus entwickelt, wird aber u. a. die Fragen nach der Nutzung einzelner digitaler Tools in speziellen Settings sowie Unterrichts- und Sozialformen berücksichtigen.

3 Blick in die gegenwärtige „Schooltools"-Zukunft

Nach über einem Jahr des Bestehens von „Schooltools" kann auch eine erste Zwischenbilanz gezogen werden. Das Forschungs- und Entwicklungsprojekt wurde an der KPH Wien/Krems etabliert und hat in der Gestaltung von medienbezogenen Lehrveranstaltungen bereits einen festen Platz. Mit Stand Jänner 2023 umfasst die Toolsammlung bereits über 850 (School-)Tools. Im Rahmen des Forschungsprojekts steht zu diesem Zeitpunkt eine erste Datenerhebungsphase im quantitativen Bereich im Fokus. Eine hohe Anzahl an Umfrageteilnehmer*innen in der quantitativen Teilstudie ermöglicht eine theoretisch fundierte, praxisnahe Weiterentwicklung der Plattform. Deshalb ist eine freiwillige Teilnahme an den Online-Fragebögen der Phasen 1, 2, 4 und 5 auch über www.schooltools.at möglich. Die gesammelten quantitativen Daten werden mit SPSS ausgewertet, und aufbauend auf den daraus resultierenden Ergebnissen erfolgt die (Weiter-)Entwicklung der Forschungsinstrumente zur qualitativen Datenerhebung. Bei Interesse an der qualitativen Teilstudie gibt es ebenso die Möglichkeit der Kontaktaufnahme über die Webseite. Zum Zeitpunkt des Verfassens dieses Beitrags verläuft die Forschung planmäßig.

Parallel zur Forschung werden im Zuge des Entwicklungsprojekts auch laufend neue Ideen entwickelt. Wie die theoretischen Erkenntnisse dieses Beitrags erkennen lassen, zeigen sich für „Schooltools" Potenziale eines Lernraums im Zuge von *seamless learning*. Nach Kerres (2018) wird dies durch überall konfigurierbare Lehr- und Lernorte, Ortsunabhängigkeit bei nahtlosen und kollaborativen Zugängen sowie die Nutzung von digitalen Artefakten und die zunehmende Verschmelzung digitaler und sozialer Räume deutlich. Mit Kerres (2018, 2022) wird weiter verdeutlicht, dass die Auswahl sowie der Gebrauch von (digitalen) Werkzeugen grundsätzlich in der individuellen Verantwortung liegen, mediengestützte Lernangebote aber durchaus Wirkungen auf das Handeln und Leben von Personen und damit auch persönlichen, gesellschaftlichen sowie auch kulturellen und sozialen Einfluss mit sich bringen.

Diese Auffassungen geben Anlass dazu, weitere Überlegungen anzustellen, inwiefern „Schooltools" insgesamt methodisch-didaktische Unterstützung bieten kann. Im Zuge dessen soll in weiteren Schritten das Phänomen eines methodisch-didaktischen Puzzles herangezogen werden und über ein digitales Puzzling in Lernräumen als methodischer Ansatz nachgedacht werden. Außerdem erfolgt im ersten Quartal 2023 als Nebenprojekt auf www.schoolapps.athttp://www.schoolapps.at/ die Etablierung einer Sammlung digitaler H5P-Anwendungen.

Abbildungsverzeichnis

Abb. 1: Screenshot Startseite Schooltools, Quelle: Schooltools, 2022. Abrufbar unter: https://schooltools.at/ (08.11.2022)

Abb. 2: Screenshot Pelikan Farbmischer auf Schooltools, Quelle: Schooltools, 2022. Abrufbar unter: https://schooltools.at/2022/11/07/pelikan-farbmischer/ (14.11.2022)

Abb. 3: Die vier Kernkompetenzen für das 21. Jahrhundert, Quelle: Nicole Steiner, IQES online, lizensiert unter CCBYSA. Abrufbar unter: https://www.iqesonline.net/bildung-digital/digitale-schulentwicklung/modelle-zur-digitalisierung-von-schule-und-unterricht/das-4k-modell/ (17.11.2022)

Abb. 4: Das SAMR-Modell, Quelle: Nadine Petry & Dennis Schäffer, 2018, Lizensiert unter CCBYSA. Abrufbar unter: https://www.dennis-schaeffer.com/2018/02/05/das-samr-modell-eine-visualisierung/ (17.11.2022)

Abb. 5: Zeitliche Übersicht über die einzelnen Forschungsphasen, Quelle: eigene Darstellung, 2022

Literaturverzeichnis

Baacke, D. (1996). „Medienkompetenz – Begrifflichkeit und sozialer Wandel". In: von Rein, A. (Hrsg.). Medienkompetenz als Schlüsselbegriff. Theorie und Praxis der Erwachsenenbildung. (S. 112-124). Bad Heilbrunn: Klinkhardt.

Baacke, D. (2007). Medienpädagogik. Grundlagen der Medienkommunikation. Bd. 1. Berlin: De Gruyter. Abrufbar unter: http://www.degruyter.com/search?f_0=isbnissn&q_0=9783110938043&searchTitles=true (08.11.2022)

Blömeke, S. (2000). Medienpädagogische Kompetenz. Theoretische und empirische Fundierung eines zentralen Elements der Lehrerausbildung. 1. Aufl. München: KoPäd-Verlag.

Blömeke, S. (2003). „Erwerb medienpädagogischer Kompetenz in der Lehrerausbildung". MedienPädagogik. Zeitschrift für Theorie und Praxis der Medienbildung 3 (Jahrbuch Medienpädagogik), S. 231-244. doi:10.21240/mpaed/retro/2017.07.13.X.

Böhme, J. & Herrmann, I. (2011). Schule als pädagogischer Machtraum. Typologie schulischer Raumentwürfe. Wiesbaden: VS Verlag für Sozialwissenschaften. Abrufbar unter: https://ebookcentral.proquest.com/lib/kxp/detail.action?docID=798834 (10.11.2022)

Bundesministerium für Bildung, Wissenschaft und Forschung. (2019). Digi.komp. Digitale Kompetenzen. Informatische Bildung. Abrufbar unter: https://digikomp.at/index.php?id=530 (09.11.2022)

Bundesministerium für Bildung, Wissenschaft und Forschung. (2021). Nationaler Bildungsbericht Österreich 2021. doi:10.17888/nbb2021.

Creswell, J. W. & Plano Clark, V. L. (2018). Designing and conducting mixed methods research. Third edition. Los Angeles, California: Sage.

Dittler, U. (2017). E-Learning 4.0. Mobile learning, Lernen mit Smart Devices und Lernen in sozialen Netzwerken. Berlin: De Gruyter Oldenbourg. Abrufbar unter: http://ebooks.ciando.com/book/index.cfm/bok_id/2280787 (08.11.2022)

Döbeli Honegger, B. (2016). Mehr als 0 und 1. Schule in einer digitalisierten Welt. Bern: hep Verlag.

Erdmann, J. W. & Rückriem, G. (2010). „Lernkultur oder Lernkulturen? Was heißt ‚(Neue) Lernkultur'? Ein Beitrag aus ‚transformationstheoretischer' Sicht". In: Giest, H. & Rückriem, G. (Hrsg.). Tätigkeitstheorie und (Wissens-)Gesellschaft. Berlin: Lehmanns.

IQES online. (2022). „4K Modell. Kompetenzen in der VUCA-Welt des 21. Jahrhunderts". Abrufbar unter: https://www.iqesonline.net/bildung-digital/digitale-schulentwicklung/modelle-zur-digitalisierung-von-schule-und-unterricht/das-4k-modell/ (09.11.2022)

Iske, S. & Meder, N. (2010). „Lernprozesse als Performanz von Bildung in den Neuen Medien". In: Hugger, K.-U. & Walber, M. (Hrsg.). Digitale Lernwelten. (S. 21-38). Wiesbaden: VS Verlag für Sozialwissenschaften.

Kergel, D. & Heidkamp-Kergel, B. (2020). E-Learning, E-Didaktik und digitales Lernen (Springer eBooks Education and social work). Wiesbaden: Springer VS. Abrufbar unter: https://ebookcentral.proquest.com/lib/kxp/detail.action?docID=5946203 (10.11.2022)

Kerres, M. (2017). „Lernprogramm, Lernraum oder Ökosystem? Metaphern in der Mediendidaktik". In: Mayrberger, K., Fromme, J., Grell, P. & Hug, T. (Hrsg.). Jahrbuch Medienpädagogik 13 (S. 15-28). Wiesbaden: Springer Fachmedien Wiesbaden. doi:10.1007/978-3-658-16432-4_2.

Kerres, M. (2018). Mediendidaktik. Konzeption und Entwicklung digitaler Lernangebote (De Gruyter Studium). 5. Aufl. Berlin, Boston: De Gruyter Oldenbourg. Abrufbar unter: http://www.degruyter.com/search?f_0=isbnissn&q_0=9783110456820&searchTitles=true (08.11.2022)

Kerres, M. (2022). „Mediendidaktik". In: Sander, U., von Gross, F. & Hugger, K.-U. (Hrsg.). Handbuch Medienpädagogik (S. 1-10). Wiesbaden: Springer Fachmedien Wiesbaden. doi:10.1007/978-3-658-25090-4_12-1.

Kuckartz, U. (2014). Mixed Methods. Methodologie, Forschungsdesigns und Analyseverfahren. Wiesbaden: Springer VS. doi:10.1007/978-3-531-93267-5.

Lamnek, S. & Krell, C. (2016). Qualitative Sozialforschung. Mit Online-Materialien. 6., überarb. Aufl. Weinheim, Basel: Beltz. Abrufbar unter: http://www.content-select.com/index.php?id=bib_ view&ean=9783621283625 (09.11.2022)

Mayring, P. (2015). Qualitative Inhaltsanalyse. Grundlagen und Techniken. Beltz Pädagogik. 12., überarb. Aufl. Weinheim: Beltz. Verfügbar unter: http://content-select.com/index.php?id=bib_ view&ean=9783407293930 (09.11.2022)

McLuhan, M. (1964). Die magischen Kanäle. Understanding Media. Übers. v. M. Amann. Düsseldorf, Wien, New York, Moskau: Econ Verlag (Econ classics).

Siemens, G. (2007). „Connectivism: Creating a learning ecology in distributed environments". In: Hug, T. (Hrsg.). Didactics of Microlearning. (S. 53-68). Münster, New York, München, Berlin: Waxmann.

Škerlak, T., Kaufmann, H. & Bachmann, G. (Hrsg.) (2014). Lernumgebungen an der Hochschule. Auf dem Weg zum Campus von morgen. Medien in der Wissenschaft. Bd. 66. 1., neue Aufl. Münster: Waxmann. Abrufbar unter: https://elibrary.utb.de/doi/book/10.31244/9783830980568 (10.11.2022)

Tulodziecki, G. (1997). Medien in Erziehung und Bildung. Grundlagen und Beispiele einer handlungs- und entwicklungsorientierten Medienpädagogik. 3., überarb. u. erw. Aufl.). Bad Heilbrunn: Klinkhardt.

Witzel, A. (2000). „Das problemzentrierte Interview". Forum Qualitative Sozialforschung / Forum: Qualitative Social Research, Vol 1, Methodical and Empirical Examples / Vol 1, No 1 (2000): Qualitative Research: National, Disciplinary, Methodical and Empirical Examples. doi:10.17169/FQS-1.1.1132.

Autor*innen

Helmut Pecher, BEd MA

Neben der Tätigkeit als Lehrkraft an Mittelschulen lehrt und forscht Helmut Pecher in den Bereichen Bildungswissenschaften und Medienpädagogik an der Kirchlichen Pädagogischen Hochschule Wien/Krems. Darüber hinaus ist er im Bereich Mentoring tätig und begleitet berufseinsteigende Lehrkräfte in ihrer Induktionsphase.

helmut.pecher@kphvie.ac.at

Jasmin Wallner, MA BA

Nach ihrer beruflichen Tätigkeit im Finanzwesen und ihren Studienabschlüssen Bildungswissenschaft sowie Wissensmanagement lehrt und forscht Jasmin Wallner aktuell im Bereich Medienpädagogik und -didaktik an der Kirchlichen Pädagogischen Hochschule Wien/Krems. Zudem unterstützt sie im Rahmen des Projekts ConnectedKids Schulen rund um den Einsatz digitaler Medien im Unterricht.

jasmin.wallner@kphvie.ac.at

Pädagogisch-reflexive Haltung

Eine systematische Studie zu bildender Erfahrung und Haltung von Lehramtsstudierenden unter Berücksichtigung phänomenologisch-pädagogischer Perspektiven

Gordan Varelija

Abstract

Es gilt der Frage nachzugehen, wie sich bildende Erfahrung in einem Dreieck von Sphären (pädagogischem Denken, pädagogischem Handeln und Studierenden) im Lehramtsstudium für die Primarstufe abbilden kann. In dieser Studie werden aus den Überlegungen zu bildender Erfahrung (vgl. Brinkmann 2015, 124 ff., 2021, 88 ff.) heraus, Möglichkeiten und Grenzen einer pädagogisch-reflexiven Haltung von Studierenden unter Berücksichtigung phänomenologisch-pädagogischer Perspektiven skizziert.

> Kein Ansatz, der sich auf Wissen, auf Training, auf die Annahme irgendeiner Lehre verlässt, kann auf Dauer von Nutzen sein. Haltung ist entscheidend nicht Worte. Carl Ransom Rogers

Lehramtsstudierende für die Primarstufe studieren einerseits bildungswissenschaftliche Theorien und fachdidaktische Ansätze und erproben andererseits erste Unterrichtssequenzen in der Schulpraxis. Begleitend werden sie dazu betreut, Schwerpunkte können von ihnen individuell ausgewählt werden, und wissenschaftliches Arbeiten wird in Grundzügen gemeinsam erarbeitet. In diesen Sphären des Studiums gibt es verschiedene Möglichkeiten und Grenzen für Studierende, pädagogisches Denken und Handeln zu erfahren. Damit sie pädagogisches Denken in ein pädagogisches Handeln überführen können und dabei lernen, eine pädagogische Haltung einzunehmen, braucht es im Zusammenwirken dieser Sphären Bedingungen für die Möglichkeit zu bildender Erfahrung (vgl. zum Begriff der Sphären Sloterdijk 2004, 34 ff.).

Es gilt in dieser Arbeit der Frage nachzugehen, welche Bedingungen es braucht, damit Studierende des Primarstufenlehramts durch bildende Erfahrung Möglichkeiten und Grenzen pädagogischen Denkens und Handelns erkennen und sie in diesem Prozess lernen, eine pädagogisch-reflexive Haltung einzunehmen (vgl. zum pädagogischen Denken und Handeln Gruschka 2013, 25 ff., Reichenbach 2013, 38 ff., 2020, 88 ff.).

In einem ersten Schritt werden aus phänomenologisch-pädagogischen Perspektiven heraus Elemente bildender Erfahrung skizziert (vgl. zum phänomenologischen Ansatz Brinkmann et al. 2015, 124ff.). In einem zweiten Schritt wird dargestellt, wie durch einen Erprobungsauftrag für Studierende aus einem fachdidaktisch-mathematischen Seminar in der Schulpraxis Denken und Handeln zusammengeführt werden konnten. Abschließend wird versucht zu zeigen, wie Studierende durch die Möglichkeiten bildender Erfahrung während ihres Studiums eine pädagogisch-reflexive Haltung entwickeln können.

1 Bildende Erfahrung

Pädagogisches Denken und Handeln werden in dieser Arbeit als Sphären betrachtet, Sphären die Wissen und Können aufzeigen. In der Sphäre des pädagogischen Denkens (Wissen) sind forschungsgeleitete Theorien, empirische Befunde usw. enthalten, die eine eigene, forschungsorientierte Perspektive und Dynamik vorweisen. Das wissenschaftsgeleitete Denken lernen Studierende im Studium, sie betrachten dabei unter verschiedenen Gesichtspunkten kritisch-reflexiv Forschungsergebnisse, versuchen Argumente und Gegenargumente zu finden, eigene Forschungsfragen zu formulieren und eigene erste Arbeiten nach strengen Kriterien zu schreiben. Es entwickelt sich in Folge ein pädagogisches Denken. Diese ersten Schritte im pädagogisch-wissenschaftlichen Denken vernetzen sich zu Beginn noch stark mit autobiografischen Erfahrungen aus der eigenen Schulzeit der Studierenden und lösen sich erst sukzessive davon ab (vgl. zum pädagogischen Denken und Handeln auch Mikhail 2016, 45 ff.).

Die Sphäre des pädagogischen Handelns (Können) zeigt sich erst in der Schulpraxis. Unterricht, Schule als System, wird nun aus der Studierendenperspektive erfahren, d.h., die Schüler*innenrolle transformiert sich in ersten Schritten zur Lehrer*innenrolle. Auch diese Sphäre hat eigene Dynamiken, die aus dem alltäglichen Unterrichten und Erziehen, aus Schwerpunkten der einzelnen Schulen, aus sozialstrukturbedingten Gegebenheiten usw. sich formen und weiterentwickeln.

Beide Sphären sind nicht in sich abgeschlossen, d.h. im wissenschaftlichen Denken in den Lehrveranstaltungen des Studiums fließen praktische Erfahrungen der Lehrenden ebenso ein, wie in der Schulpraxis theoretisches Wissen der Praktiker*innen.

Erst eine bewusst gekennzeichnete dritte Sphäre ermöglicht es, die bildende Erfahrung Studierender näher zu untersuchen, nämlich die der Studierenden selbst. Studierende bringen Vorwissen, eigene Fragestellungen, eigene Vernetzung von Denken und Handeln mit. Die Motivationsgrundlage, um Lehrer*in werden zu wollen, kann unter den Studierenden stark divergieren und hat als Hintergrundfolie teilweise einen Filter für neue Erfahrungen. Diese drei Sphären ergeben sozusagen ein pädagogisches Dreieck, welches als zentrales Dreieck die bildende Erfahrung aufweist. Wodurch zeichnet sich nun diese bildende Erfahrung aus?

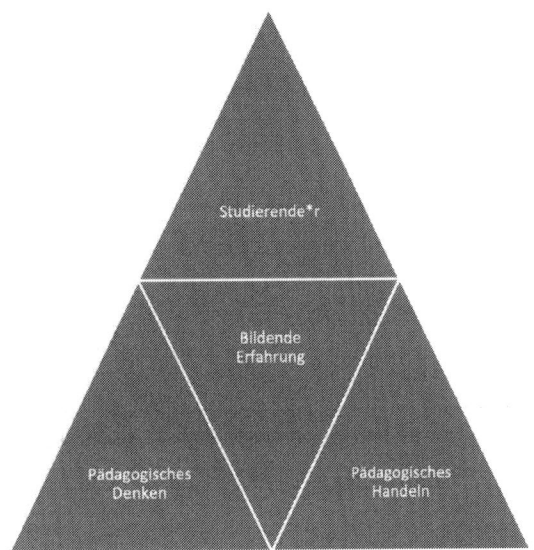

Abb.: Pädagogische Sphären im Lehramtsstudium der Primarstufe, Quelle: eigene Darstellung, 2022

Folgt man phänomenologisch-pädagogischen Perspektiven, wie Malte Brinkmanns Untersuchung zur pädagogischen Übung, kann man Ergebnisse ableiten, wie Studierende im Üben von pädagogischem Denken und Handeln bildende Erfahrung erleben. Brinkmann spricht aus seinem wissenschaftlichen Zugang heraus die Verbindung von Wissen und Können an (Brinkmann 2021, 24):

> „Können entsteht aus der Praxis in einem wiederholenden und intentionalen Tun, d.h. im Üben. [...] Üben ist daher eine Praxis, die zunächst körperlich bzw. leiblich strukturiert ist. Sie ist aber keineswegs nur auf motorische Fertigkeiten beschränkt. Im Üben werden auch geistige, mentale Fähigkeiten ausgeprägt. Im Üben verbinden sich Wissen und Können, Leibliches und Geistiges. Die wiederholende Übung führt zur Ausbildung von Gewohnheit (hexis), Können und Haltung (ethos). Es geht also nicht um Wissen, sondern um Praxis [...] um Erfahrung. [...] Nur im leiblichen Tun können mentale, ästhetische und ethische Fähigkeiten, praktische Fertigkeiten, Haltungen und Einstellungen wiederholend erlernt und kultiviert werden.“

Praxis, Erfahrung sind für Studierende folglich ein entscheidender Lernschritt. Erfahrung kann auch negative Erfahrung sein, die durchaus kreative, wichtige Elemente von Fehlern aufzeigt, die für ein Weiterlernen, ein Umlernen im Studium und in der Praxis Potentiale aufzeigt. Ein Scheitern in der Praxis, ein Scheitern im wissenschaftlichen Nach-denken theoretischer Ansätze als Studierende*r, sind oft entscheidende Momente im Studieren und Unterricht üben. Es braucht dann aber einen reflexiven Umgang mit dieser negativen Erfahrung, um sie zu einer bildenden Erfahrung umzugestalten (vgl. Buck 2019, 65ff.). Ein reflexiver Umgang mit Fehlern im Denken bzw. im praktischen Tun in der Schulpraxis bietet für Studierende die Möglichkeit sich an diesen Fehlern abzuarbeiten, d.h. präziser wissenschaftlich zu argumentieren und pädagogisches Handeln kritisch-reflexiv zu hinterfragen. Wird der reflexive Umgang negativer Erfahrung, also ein erfahrenes Nicht-Wissen oder ein Nicht-Können, in Lehrveranstaltungen nicht nur als moderates Gespräch betrachtet, kann es zu bildender Erfahrung kommen. Im reflexiven Modus braucht es das Zusammenwirken der drei o.g. Sphären, d.h. negative Erfahrung wird nun durch theoretische Impulse, praktische Erfahrung und Fragen Studierender zu einer möglicherweise stimmigen, ganzheitlichen Perspektive für Studierende erweitert. Eine bestimmte pädagogische Situation wird somit unter den Aspekten pädagogischen Denkens und Handelns sowie den Erfahrungen der Studierenden betrachtet (vgl. Agostini 2016, 55 ff., Meyer-Drawe 2008, 19 ff.). Brinkmann weist dieser negativen Erfahrung eine besondere Bedeutung zu, wenn er sagt (Brinkmann 2021, 26):

> „Die Irritationen des eigenen Nicht-Könnens, die Enttäuschung der Intentionen und die Konfrontation mit der Widerständigkeit und Andersheit der Sache in den negativen Erfahrungen können aber auch die produktiven Chancen des Übens verdeutlichen. Die Veränderung von Gewohnheiten und die Reorganisation und Transformation von Sedimentierungen und Habitualisierungen sind ohne die Erfassung, Erfahrung und Inszenierung von Negativität nicht möglich."

Phänomenologisch-pädagogisch gesehen weist die Sphäre der Studierenden im o.g. Dreieck auch die Leiblichkeit im pädagogischen Denken und Handeln der Studierenden auf. Ein Aspekt, der im gegenwärtigen Lehramtsstudium der Primarstufe möglicherweise zu wenig Beachtung findet. Üben Studierende wissenschaftliches Denken und praxisgeleitetes Handeln, so üben sie auch sich selbst. Ein Sich-selbst-Üben im Denken in theoriegeleiteten Lehrveranstaltungen und ein Sich-selbst-Üben im Handeln in der Schulpraxis, indem sie unter realen Bedingungen Schule und Unterricht erfahren. All das wirkt auf und in Studierenden. In diesen Sphären üben sie einerseits, Unterricht zu betrachten und zu gestalten, andererseits üben sie sich selbst auf der Suche nach einer pädagogischen Haltung. Aus phänomenologisch-pädagogischer Perspektiver heraus betrachtet (ebd., 27):

> „Üben ist also nicht nur ein Etwas-üben, sondern immer auch ein Sich-selbst-Üben, bei dem man sich „in Form" bringt und sich eine Form gibt. In dieser formatio gestaltet die oder der Übende ihr oder sein Verhältnis zu sich, zu Anderen und zur Welt. Diese Bildung als cura (Sorge) und cultura (Kultur bzw. Kultivierung) hat eine lange abendländische Tradition."

Bildende Erfahrung von Studierenden ist im Zusammenwirken der o.g. Sphären möglich. Sie wird den Studierenden zugänglich durch pädagogisch-theoretisches Denken, schulpraktisches Üben von Unterricht und im Speziellen durch das kritisch-reflexive Erarbeiten der entsprechenden Erfahrungen im bildungstheoretisch-fachdidaktischen Diskurs mit Studierenden. Für diese ergibt sich somit eine Möglichkeit, bildende Erfahrung zu machen, indem sie eine Lernstruktur vorfinden aus Erfahrung zu lernen und Lernen als Erfahrung wahrzunehmen. Studierende machen folglich Erfahrung, haben dadurch Erfahrung und machen durch eine Reflexion eine Erfahrung über ihre Erfahrung.

Bildende Erfahrung zeigt sich aber auch als ein Sich-selbst-Üben im Lehrer*in-Werden als Studierende*r. Es gilt auch, Bedingungen für ein Sich-selbst-Üben im Denken, im Handeln in der Schulpraxis und im Sich-selbst-Üben mit der eigenen Leiblichkeit und Haltung zu schaffen. Das Sich-selbst-Üben wird manchmal zu einem isolierten Tun für Studierende, außerhalb von Lehrveranstaltungen und Praxis, manchmal direkt im Studieren und Erfahrungsammeln im Unterricht selbst. Die Transformation der Studierenden durch bildende Erfahrung, die eine Veränderung des Verhältnisses von sich zur Welt und im Sich-selbst-Üben impliziert, ist durch die Bedingung des strukturierten Zusammenwirkens der o.g. pädagogischen Sphären konzipiert. Wenn Studierende pädagogisches Denken und Handeln üben, so üben sie etwas ein, üben es aus und üben sich selbst dabei (vgl. Buck 2019, 34 ff.). Denken und Handeln, beides wird im Lernen geübt, das Leibliche und der Geist (vgl. auch zur Vertikalspannung im Lernen und Leiblichkeit, Sloterdijk 2009, 104 ff.).

Um die o.g. Sphären im Lehramtsstudium und somit bildende Erfahrung für Studierende konzeptuell zu berücksichtigen, erscheint es notwendig, für das Lernen von pädagogischem Denken und Handeln die Form von Lehrveranstaltung immer wieder neu zu reflektieren. Möglicherweise können Lehrveranstaltungen neu gedacht werden, indem man versucht, die drei Sphären konstruktiver zu verbinden und Anknüpfungspunkte für pädagogische Erfahrung zu gestalten.

Aus dem/der pädagogischen Denken/Theorie heraus ergeben sich Ansätze/Bildungsaufgaben für die Schulpraxis, die erprobt werden können. Erfahrungen aus der Schulpraxis führen zu Fragen, die wiederum an die Theorie gerichtet sind und dort theoriegeleitet reflektiert werden müssen. Studierende üben sich selbst im Denken und Handeln und werfen dadurch weitere Fragestellungen auf, die es aus der Theorie und der Schulpraxis heraus zu beantworten gilt.

2 Ein Fallbeispiel zur reflexiven Vernetzung von didaktischem Denken und praktischem Handeln

Im Seminar „Forschendes Lernen im Mathematikunterricht" wurden im WS 2017/18 und SS 2018 im Rahmen des Primarstufenlehramtsstudiums an der PH Wien mathematische Lernumgebungen mit 158 Studierenden in sechs Gruppen didaktisch analysiert. Mathematische Lernumgebungen zeichnen sich dadurch aus, dass sie den Lernenden das Entdecken von mathematischen Mustern und Strukturen durch die Konzeption der Aufgabenstellungen ermöglichen. Die Aufgabenstellungen weisen eine Substanz auf, die das unstrukturierte Operieren mit dem Schwerpunkt auf Festigung weit überschreiten. Modellieren, Kommunizieren und Problemlösen sind ebenso entscheidende Faktoren wie das Operieren in den Aufgabenstellungen, d.h. mathematische Bildung soll angeregt werden. Mathematische Lernumgebungen sind von der Struktur her so konzipiert, dass alle Schüler*innen in den Entdeckungsprozess einsteigen können.

Durch die Bearbeitung der Aufgabenstellungen entsteht die Möglichkeit, dass die Schüler*innen sich unterschiedlich tief mit den vorgegebenen Mustern und Strukturen beschäftigen können. Eine didaktische Bedingung dabei ist der Ansatz der Selbstdifferenzierung, d.h. Schüler*innen bestimmen durch ihre Bearbeitung und die eigene Auswahl von weiterführenden Fragen und das Erstellen von Eigenproduktionen, wie tief sie die Aufgabenstellungen erforschen. Die Kommunikation mit der Lehrkraft, aber noch viel mehr mit den Mitschüler*innen ermöglicht es, eigene Denk- und Lösungswege zu erproben, zu vergleichen, auch umzuarbeiten und umzuformulieren, um erste fehlerhafte Versuche zu verbessern. Gemeinsame Reflexionen der Vermutungen, Denkwege, Lösungswege mit Schüler*innen in einer mathematischen Konferenz bilden den Abschluss einer mathematischen Lernumgebung, wodurch längerfristige Lernerfolge ermöglicht werden sollen (vgl. Tretter et al. 2009, 7 ff., Gebert et al. 2011, 12 ff., Varelija & Varelija-Gerber & Musilek 2021, 3 ff., Hengartner et al. 2006, 32 ff.). Diese Lernerfolge sind im Gegensatz dazu in einem kleinschrittigen Unterrichtskonzept, bei dem rezeptartiges Lernen im Vordergrund steht, nicht zu erwarten.

In einem ersten Schritt wurden im Seminar mathematische Lernumgebungen mit den Studierenden erprobt (vgl. Tretter et al. 2009, 7 ff.). Die Studierenden versuchten, die mathematischen Muster und Strukturen zu entdecken, mit Mitstudierenden ihre Denk- und Lösungswege zu besprechen und zum Teil weiterführende Eigenproduktionen zu gestalten.

Danach wurden die durch die Autor*innen der Lernumgebungen vorgegebenen, möglichen didaktisch-methodischen Umsetzungen erarbeitet. Studierende konnten auf diesem Weg den theoretisch-fachdidaktischen Input der Autor*innen in didaktisch-methodischen Wegen mitdenken. Andere Umsetzungsvarianten wurden im Seminar skizziert und nach Möglichkeiten und Grenzen in der Praxis untersucht.

Die Autor*innen der Lernumgebungen haben ihre eigenen in Schulklassen ausprobiert und die Lösungswege der Schüler*innen durch Fotodokumente festgehalten. Im Seminar wurden diese Schüler*innendokumente mit den Studierenden kategorisiert, die Differenzen herauszuarbeiten versucht und die Differenzierungsmöglichkeiten reflektiert.

Ausgewählte Begriffe, die aus fachdidaktischer Perspektive betrachtet für die Arbeit mit Lernumgebungen entscheidend schienen, wurden in einer weiteren Phase diskutiert. Die Beschreibungen in der fachdidaktischen Literatur von substanziellen Aufgaben, strukturierten Rechenübungen, Selbstdifferenzierung, Denkanalyse, Eigenproduktion und Anerkennungskultur standen zur fachdidaktischen Diskussion.

Studierende haben sich danach eine Lernumgebung ausgewählt, die sie in der Schulpraxis durchführen wollten. In der Auswahl haben sie sich vom mathematischen Inhalt, aber auch von der zu unterrichtenden Schulstufe leiten lassen. Nun galt es, die Unterrichtsphase mit der/m Mentor*in in der Schulpraxis zu besprechen und geeignete didaktisch-methodische Wege für die spezielle Lerngruppe durchzudenken. An dieser Stelle wurde ein besonderes Augenmerk auf die jeweiligen Lernvoraussetzungen der Schüler*innen gelegt, d.h. die Altersstufe, die individuellen Schwerpunktsetzungen in den Klassen, der Förder- und Forderbedarf, die sprachliche Heterogenität und die Erfahrungen der Schüler*innen mit entdeckendem Lernen wurden systematisch strukturiert. Ausgehend von den Lernvoraussetzungen der Schüler*innen und den theoretischen Inputs aus dem Seminar, wurden folglich Unterrichtsvorbereitungen für die Schulpraxiserprobungen konzipiert. Dabei haben die Studierenden zuerst Skizzen für den Unterricht unter Berücksichtigung der Lernvoraussetzungen angefertigt und in weiterer Folge mit den Mentor*innen weitergestaltet, um bestmögliche Bedingen für den Unterricht zu schaffen.

Pädagogisches Handeln war in Folge gefragt: So wurden mit den Schüler*innen die Lernumgebungen erarbeitet, Muster und Strukturen gesucht, Kommunikationsphasen wurden eingeleitet und individuelle Denk- und Lösungswege mit den Schüler*innen reflektiert. Des Weiteren wurden die Schüler*innendokumente fotografiert. Mit den Mentor*innen wurde im Anschluss eine erste Reflexion der Unterrichtserprobung durchgeführt. Schlüsselstellen im Unterricht, erfolgreiche wie problematische, wurden reflektiert.

In einer weiteren Phase kamen die Studierenden mit ihren Erfahrungen und Schüler*innendokumenten ins Seminar zurück. Kritisch-reflexiv wurden mit den Seminarleiter*innen Lernerfolge wie auch Probleme im Unterricht analysiert. Durch die Schüler*innendokumente war es möglich, die Potentiale der mathematischen Lernumgebungen aufzuzeigen. Weiterführende Fragen, die sich ergaben, wurden schriftlich festgehalten und für weitere theoriegeleitete Diskurse bereitgehalten.

Diese dreigliedrige Struktur aus Theorieinput – Schulpraxiserprobung – Reflexion im Seminar erscheint als ein Lernsetting, in dem Studierenden bildende Erfahrung ermöglicht werden kann. Diese Struktur einer Lehrveranstaltung skizziert aber nur eine unter vielen, die es noch zu konzipieren gilt. Aus der Sphäre der Schulpraxis ergeben sich möglicherweise weitere Strukturen, wie Erfahrungen aus der Praxis in Seminaren an der Hochschule theoriegeleitet untersucht werden können. Aus der Sphäre der Studierenden erscheinen Strukturen möglich, die es erst zu untersuchen und zu gestalten gilt, bei denen Fragen aus den gemachten Erfahrungen der Studierenden im Zusammenspiel von Theorie und Schulpraxis beantwortet werden können, siehe Abb. 1. Die hier vorgestellte Struktur sollte ein Einüben für Studierende im entdeckenden Lernen ermöglichen, ein Ausüben der Lernumgebung in der Schulpraxis und ein Sich-selbst-Üben als Lehrer*in und somit ein weiterer Schritt, in der Entwicklung ihrer pädagogischen Haltung.

3 Pädagogisch-reflexive Haltung

Eine pädagogisch-reflexive Haltung von Studierenden ist nicht direkt herstellbar. Anders wäre es aus humanistischer Perspektive gesehen fatal, da es dann manipulativ und kontrollierbar wäre. Lehrende an der Hochschule und Praxismentor*innen können nur Wege aufzeigen und die Studierenden auf ihrem Weg zu einer professionellen Haltung begleiten.

Innerhalb dieses Weges erscheint das Zusammenwirken der o.g. Sphären mit konstruktiven Aufgabenstellungen, Fragen und reflexiven Antwortversuchen aus Theorie und Praxis, eine geeignete Struktur zu bilden.

Phänomenologisch-pädagogisch beschreibt Brinkmann (Brinkmann 2021, 194) diese Struktur aus seiner Forschung zur Unterrichtsübung, indem er sagt:

> „Ich gehe also davon aus, dass das Einüben (des Lehrens, des Unterrichtens) der Ausübung (der Praxis des Lehrens und Unterrichtens) bedarf und darin zugleich ein Sich-selbst-Üben stattfindet. Das Ein- und Ausüben zielt somit nicht nur auf ein Können, auf Fähigkeiten und Fertigkeiten, die kultiviert werden sollen. Ein- und Ausüben erfordert Arbeit, Konzentration, Anstrengung, Überwindung und Fehlertoleranz. Zugleich findet mitgängig mit der Kultivierung der Fähigkeiten und Fertigkeiten eine Kultivierung des Selbst statt – eine Formgebung und formatio, in der eine Haltung und ein Stil ausgebildet wird. Dieses Ethos des Lehrens und Unterrichtens wird nur möglich, indem im Ein- und Ausüben ein Selbst-Üben und eine Selbstsorge stattfindet."

Die Entwicklung einer pädagogischen Haltung durch das Ein- und Ausüben von Unterricht, aber auch durch das Sich-selbst-Üben erscheint als entscheidender Hinweis von Brinkmann. Dieser Prozess, in dem eine pädagogisch-reflexive Haltung entwickelt werden kann, wird im Hintergrund des Lehramtsstudiums der Primarstufe mitgedacht, ist aber so deutlich vielleicht nicht in der Konstruktion des Studiums, im Theorie-Praxis-Verhältnis des Studierens, in der Erfahrungswelt der Studierenden im Fokus.

Die Ausbildung der Haltung, eines Stils, ist nicht in Kompetenzrastern darstellbar. Die in dieser Arbeit gekennzeichneten drei Sphären können nur mögliche Bedingungen der Einnahme einer pädagogisch-reflexiven Haltung sein. Pädagogisch wird die Haltung der Studierenden im professionellen Sinn durch die theoriegeleiteten Lehrveranstaltungen, das Handeln in der Schulpraxis und deren Schwerpunkte. Reflexiv wird die Haltung durch das Zusammenspiel von Theorie und Praxis in einer bildenden Erfahrung, d.h. durch reflexiv-begründete Analysen. Sich-selbst-Üben, sich in Form bringen hat in diesem Prozess einer Professionalisierung keine nachrangige Bedeutung, ist kein Prozess, der gleichsam nebenbei mitfließen soll. Erst durch das gesamtheitlich betrachtete Zusammenwirken der einzelnen Sphären ergeben erste Züge einer pädagogisch-reflexiven Haltung von Studierenden Halt. Durch diesen ersten Halt kann sich im Laufe des Studiums die Haltung durch Erfahrung und reflexiv-begründete Analysen immer wieder weiterentwickeln, professionelleren Ansprüchen gerecht werden, ohne dass die individuelle Perspektive der Studierenden in diesem Prozess verlorengeht.

Auf die Frage, warum sich eine so beschriebene Haltung nicht einfach erzeugen lässt und somit auch überprüfbarer wäre, lässt sich aus bildungswissenschaftlicher Sicht durch die Komplexität des Geschehens antworten: Forschungsergebnisse zeigen auf, dass sich noch so gut durchdachte Theorien, Modelle, Konzepte und Methoden eben nicht in einer Art Top-down-Struktur auf die Praxis umsetzen lassen. Die Kausalität von Ursache–Wirkung ist im pädagogischen Denken und Handeln durch die Dynamik, das Eigenleben im Unterricht nur ansatzweise zu erforschen (vgl. Herzog 2011, 123ff.). Zu viele Aspekte aus pädagogischer, psychologischer und soziologischer Sicht bestimmen das Geschehen und können in der Fülle nur jeweils einer Forschungsfrage entsprechend einigermaßen beleuchtet werden. Daraus eine einzige pädagogisch-reflexive Haltung zu konstruieren und diese möglicherweise auch noch in einer Art Stufenmodell, d.h. qualitativ unterzuordnen, bzw. in ein Kompetenzraster zu formen, erscheint einerseits sehr schwierig und andererseits vielleicht sogar kontraproduktiv (vgl. Reichenbach 2013, 48 ff., 2020, 76 ff.).

Um den Studierenden den Weg zu einer pädagogisch-reflexiven Haltung zu erleichtern, braucht es die bildende Erfahrung, wie oben bereits dargelegt. Diese Erfahrungen müssen im Studium gemacht werden können. Günther Buck hat mit seinen Studien zum Erfahrungslernen gezeigt, dass Erfahrung machen auch dann Erfahrung haben bedeutet. Die Erfahrung hat somit auch eine reflexive Struktur, indem Erfahrung über eine Erfahrung, die gemacht wurde, entsteht. Die gemachte Erfahrung wird reflektiert, und der Lernende erhält Erfahrung über seine Erfahrung. Der Lernende lernt folglich aus Erfahrung und aus Erfahrung über seine Erfahrung. Lernen die Studierenden durch das Zusammenwirken der drei Sphären im Studium, Erfahrungen zu machen und eine Erfahrung über ihre Erfahrung zu erleben, so kann die von Buck ausgewiesene Transformation im Lernen stattfinden. In dieser skizzierten Struktur des Studierens entsteht eine Transformation der Studierenden im Studieren durch bildende Erfahrung, durch ein Ein- und Ausüben von Unterricht, ein Sich-selbst-Üben und durch die Einnahme einer pädagogisch-reflexiven Haltung (vgl. Buck 2019, 52ff., vgl. dazu auch Meyer-Drawe 2008, 38 ff.).

Eine pädagogisch-reflexive Haltung zeigen Studierende, wie sich Anderen und der Welt gegenüberstellen. Sie können das auf eine bestimmte Art und Weise tun, aber eben auch auf viel andere Art und Weise. Sie zeigen ihre Haltung im Studium, sei es im Üben des pädagogischen Denkens genauso wie im pädagogischen Handeln in der Schulpraxis. Diese Haltungen der Studierenden weisen Bewertungen auf, die durch Einsichten im Studium entstehen können. Pädagogische Situationen werden in theoriegeleiteten Seminaren und in der Schulpraxis nun bewertet. Bei der Bewertung wird die Frage nach dem Guten in der Entscheidung gestellt und hinterfragt. Studierende kommen durch pädagogisches Denken und Handeln im Studium in Konfrontation mit der pädagogischen Ethik. Handeln die Studierenden vor Schüler*innen, Mentor*innen und Praxisberater*innen, so bewerten sie pädagogische Situationen, und Andere können diese Bewertung wahrnehmen. Die Fähigkeit zu bewerten, gilt es im Studium auszubilden.

Abschließend wird hier noch einmal auf die phänomenologisch-pädagogische Perspektive von Brinkmann (Brinkmann 2021, 212) eingegangen, der die Relativierung des pädagogischen Ethos benennt:

> „Als pädagogisches Ethos ist diese Bildung und Übung von Urteilen mit Blick auf spezifische Domänen pädagogischen Handelns zu entwickeln. Übungen des Ethos zielen nicht auf die Perfektion eines Ethos, die Herausbildung bestimmter Kompetenzen, das Erlernen eines pädagogischen Tugendkatalogs oder die Rationalisierung des Impliziten, sondern auf eine Bildung des Ethos im Sinne der Pluralisierung in der moralischen Entscheidungsfähigkeit sowie der Sensibilisierung für Herausforderungen und Entwicklungspotentiale in Bezug auf ein professionelles Ethos.“

Abbildungsverzeichnis

Abb.:   Pädagogische Sphären im Lehramtsstudium der Primarstufe, Quelle: eigene Darstellung, 2022

Literaturverzeichnis

Agostini, E. (2016). „Lektüre von Vignetten: Reflexive Zugriffe auf Erfahrungsvollzüge des Lernens“. In: Baur, S. & Peterlini, H. K. (Hrsg.). An der Seite des Lernens. (S. 55-62). Wien: Studienverlag.

Brinkmann, M. et al. (2015). Pädagogische Erfahrung. Theoretische und empirische Perspektiven. Berlin: Springer VS.

Brinkmann, M. (2021). Die Wiederkehr des Übens. Praxis und Theorie eines pädagogischen Grundphänomens. Stuttgart: Kohlhammer.

Buck, G. (2019). Lernen und Erfahrung. Wiesbaden: Springer VS.

Gebert, A. et al. (2011). Mathematik ist mehr als Rechnen. Berlin: Senatsverwaltung.

Gruschka, A. (2013). Unterrichten – eine pädagogische Theorie auf empirischer Basis. Berlin: Budrich.

Hengartner, E. et al. (2006). Lernumgebungen für Rechenschwache bis Hochbegabte. Zug: Klett.

Herzog, W. (2011). Eingeklammerte Praxis– ausgeklammerte Profession. In: Bellmann, J. & Müller, T.

(Hrsg.). Wissen, was wirkt. Kritik evidenzbasierter Pädagogik. (S. 123-146). Wiesbaden: Springer VS.

Meyer-Drawe, K. (2008). Diskurse des Lernens. München: Fink.

Mikhail, T. (2016). Pädagogisch Handeln. Paderborn: Schöningh.

Reichenbach, R. (2013). Für die Schule lernen wir. Seelze: Kallmeyer.

Reichenbach, R. (2020). Understanding Institutionalized Education: Towards a Different Philosophy of the School. Cambridge Scholars Publishing.

Sloterdijk, P. (2004). Sphären. Drei Bände. Frankfurt a. M.: Suhrkamp.

Sloterdijk, P. (2009). Du mußt dein Leben ändern. Über Anthropotechnik. Frankfurt a. M.: Suhrkamp.

Tretter, K. et al. (2009). Individuelle Stärken herausfordern. 11 Lernumgebungen für einen differenzierenden kompetenzorientierten Mathematikunterricht von der Schulanfangsphase bis zur 6. Klasse. Berlin: Senatsverwaltung.

Varelija, G., Varelija-Gerber, A., Musilek, M. (2021). „Schöne Muster. Mathematische Lernumgebungen für die Primarstufe". Abrufbar unter: https://www.phwien.ac.at/die-ph-wien/institute/institut-fuer-elementar-und-primarbildung/service (10.6.2021)

Autor

Prof. Dr. Gordan Varelija

Professor an der Pädagogischen Hochschule Wien für Fachdidaktik Mathematik unter besonderer Berücksichtigung bildungstheoretischer Forschungsperspektiven

gordan.varelija@phwien.ac.at

Design-Based Research-Ansatz
– ein Versuch zur Verbindung von Theorie und Praxis in der Bildungsforschung

Christian Rudloff

Abstract

Praktiker bemängeln häufig die mangelnde praktische Nutzung hermeneutischer und empirischer Forschungsergebnisse. Es entsteht oft der Eindruck, dass eine Kluft zwischen Theorie und Praxis besteht. Der mangelnde Transfer von wissenschaftlichen Ergebnissen in praktische Innovationen wird häufig kritisiert. Es gibt viele Modelle, die eine Verbindung zwischen Forschung und Praxis herstellen sollen. Eines dieser Modelle, die Theorie und Praxis miteinander verbinden, ist der Design-Based Research-Ansatz. Ziel dieses Ansatzes ist es, Probleme in der Bildungspraxis zu lösen. Entwicklung und Forschung finden in kontinuierlichen Zyklen von Design, Implementierung, Analyse und Redesign statt. Im Design-Based Research-Ansatz wird zunächst die Ausgangssituation analysiert, eine Intervention entwickelt, beschrieben und getestet und schließlich in iterativen Zyklen evaluiert und modifiziert.

1 Bildungsforschung und -praxis

Erziehungswissenschaftler*innen, Hirnforscher*innen und Neurowissenschaftler*innen legen immer wieder neue Ergebnisse ihrer Studien vor, weisen auf die Prinzipien des Lehrens und Lernens hin und geben Empfehlungen für die Praxisforschung ab. Diese Empfehlungen sind jedoch oft unwirksam, weil sie aufgrund der Komplexität der Unterrichtswirklichkeit nicht alle in der Praxis vorherrschenden Faktoren berücksichtigt haben oder in ihren Aussagen oft widersprüchlich sind. Praktiker*innen können die Ergebnisse der Bildungsforschung kaum für ihren Unterricht nutzen. Oft entsteht der Eindruck, dass Bildungsforschung und Praxis nichts miteinander zu tun haben, dass sie zwei unvereinbare Gegensätze in der Bildung sind (vgl. Euler 2013, 35). Dies liegt daran, dass Erziehungswissenschaft als empirische Grundlagenforschung verstanden wird, was zu einem Auseinanderdriften von Bildungsforschung und Bildungspraxis führt (vgl. Kahlert 2005, 851). Das Hauptziel dieses Beitrags ist es, darzustellen, wie der Design-Based Research-Ansatz Theorie und Praxis in der Forschung verbinden kann. Reinmann und Sesink (2011, 5) teilen die Kritik an der mangelnden praktischen Anwendbarkeit sowohl der hermeneutischen als auch der empirischen Methoden und ihrer Ergebnisse trotz des Ziels, gesellschaftlich relevante Ergebnisse in der Erziehungswissenschaft zu liefern. Damit machen sie deutlich, dass es nicht nur einen tiefgreifenden Unterschied zwischen diesen beiden Ansätzen gibt, sondern auch eine entscheidende Übereinstimmung. Sie besteht darin, dass sowohl empirische als auch hermeneutische Verfahren letztlich an der Vergangenheit orientiert sind.

Nach Kahlert (2005, 851) ist Unterricht weniger eine kontrollierte Anwendung erforschter Handlungs-, Wahrnehmungs- und Lerngesetze als vielmehr so etwas wie ein aufgeklärtes Experimentieren. Hinreichend aussagekräftige Wirkungsannahmen leiten das Handeln, das von der Suche nach Erfolgsindikatoren begleitet sein sollte. In der Lehr- und Lernforschung wird immer wieder auf die Kluft zwischen Forschung und Innovation im Bildungswesen hingewiesen. Die Frage des Transfers neuer Erkenntnisse in praktische Innovationen wird häufig kritisiert. Es ist als Theorie-Praxis-Problem erkannt und mehrfach dokumentiert worden. Dieses Problem zeigt sich nicht nur bei der Umsetzung von Innovationen in der Lehre, sondern auch bei der empirischen Erprobung von innovativen Konzepten durch experimentelle Studien. Die Komplexität von Lehr- und Lernsituationen stellt eine besondere Herausforderung für die Lehr- und Lernforschung dar (vgl. Reinmann 2005, 57).

Die oben beschriebenen Aspekte lassen den*die ratsuchende*n Praktiker*in wahrscheinlich eher verwirrt als aufgeklärt zurück. Je nach Studie erhält der*die Praktiker*in Argumente für oder gegen den Einsatz von handlungorientierten Unterrichtsarrangements zur Entwicklung der untersuchten Kompetenzkonstrukte. Letztlich lassen sich trotz der zahlreichen Studien die Zusammenhänge zwischen den differenzierten methodischen

Grundentscheidungen und der Kompetenzentwicklung weder beweisen noch widerlegen (vgl. Euler 2013, 35). Forschung sollte daher aus der Logik des*der Praktikers*in heraus entwickelt, tatsächlich umgesetzt und verarbeitet werden. Bei praxisrelevantem Wissen geht es darum, ein didaktisch-methodisches Szenario für ein konkretes Problem in der Praxis zu entwickeln, um ein ganz bestimmtes Ziel zu erreichen, etwa die Entwicklung einer ganz bestimmten Kompetenz (vgl. Jahn 2014, 4).

Es gibt viele Modelle, die eine Verbindung zwischen Forschung und Praxis herstellen sollen. Sechs davon wurden von Burkhardt und Schoenfeld (2003, 4) unterschieden und untersucht:

1. Eigeninitiative der Praktiker*innen: Bei diesem Modell wenden die Lehrer*innen die Forschungsergebnisse auf ihre *Unterrichtswirklichkeit* an. Oft können diese Forschungsergebnisse jedoch nicht in die Praxis umgesetzt werden. Daher ist dieses Verfahren nicht weit verbreitet.
2. Zusammenfassende Leitfäden: Forschungsergebnisse von Berufsverbänden werden für die Praxis aufbereitet und den Praktiker*innen zur Verfügung gestellt. Burkhardt und Schoenfeld (ebd.) bezweifeln jedoch, gestützt auf ihre Forschungsergebnisse, die effektive Unterstützung der*des Praktikers*in in diesem Modell.
3. Allgemeine berufliche Entwicklung: Im Rahmen der Lehrerfortbildung werden neue Erkenntnisse aus der Forschung an die relevanten Personen (Praktiker*innen) herangetragen. Die Bildungsverantwortlichen organisieren die Verteilung des Wissens. Im Mittelpunkt des Interesses stehen heute weniger die grundlegenden Strukturreformen und die damit verbundenen Hoffnungen auf radikale Reformen und flächendeckende Innovationen, sondern vielmehr das Handeln der Subjekte, die als Lehrer*innen, Bildungspolitiker*innen und Ausbilder*innen die Bildungsrealität gestalten (vgl. Clement & Lipsmeier 2003, 8).
4. Der politische Weg: Das österreichische Schul- und Universitätssystem wurde in den letzten Jahrzehnten in fast allen Bereichen und auf allen Ebenen reformiert (Altrichter et al. 2005, 6 ff.). Aktuell wird wieder über die geplante Schul- und Hochschulreform in Form der „vollen Autonomie" diskutiert (vgl. Weissengruber 2014, 2 ff.). Die meisten Reformen werden nur aus politisch motivierten Gründen und nicht auf Basis neuer Forschungsergebnisse umgesetzt.
5. Der lange Weg: Nach diesem Modell werden Forschungsergebnisse zu Standards, die nach und nach ihren Weg in die Praxis finden. Diese Entwicklung erstreckt sich in der Regel über einen längeren Zeitraum. Die beiden Autoren weisen darauf hin, dass es in der Realität nur sehr wenige Beispiele für dieses Modell gibt.
6. Designexperimente: Die designorientierte Forschung ist einer der wenigen Forschungsansätze, die auf die Innovationsfunktion der Wissenschaft in der Praxis abzielen. Design-Based Research zeichnet sich durch den Einsatz verschiedener Forschungsmethoden aus. Viele dieser Methoden werden auch in anderen Forschungsansätzen verwendet (vgl. Anderson & Shattuck 2012, 17; vgl. Euler 2013, 39).

Die Kluft zwischen Theorie und Praxis wird in der Lehr- und Lernforschung mit unterschiedlichen Forschungsansätzen immer wieder deutlich. Nach den von Burkhardt und Schoenfeld (2003, 4) unterschiedenen und untersuchten Forschungsmodellen ist der Design-Based Research-Ansatz geeignet, eine Verbindung zwischen Theorie und Praxis herzustellen. Auf diesen Ansatz wird im folgenden Abschnitt näher eingegangen.

2 Design-Based Research-Ansatz

Der Begriff *Design* spielt in verschiedenen Bereichen der Forschung eine wichtige Rolle. Dieser Ansatz ist gekennzeichnet durch planendes, gestaltendes und schaffendes Handeln (vgl. Reinmann 2005, 59). Das Design soll dann in der praktischen Anwendung eine bestimmte Funktion erfüllen. Zum Beispiel sollte es eine bestimmte Lernhandlung unterstützen oder hervorrufen. Entwerfen ist ein komplexer, kreativer und iterativer Gestaltungsprozess zwischen dem*der Entwerfer*in, kontextuell vorherrschenden Restriktionen und einer gewünschten Form eines Artefakts, das eine ganz bestimmte Funktion zur Lösung eines Problems in der Praxis erfüllen soll (vgl. Jahn 2014, 5).
Der Design-Based Research Ansatz (DBR) wird seit Anfang der 1990er Jahre angewendet. Dieser Begriff wird zunehmend in der Lehr- und Lernforschung benutzt. Er wurde vor allem durch das Design-Based Research Collective und den englischsprachigen Raum im Allgemeinen geprägt (vgl. Raatz 2016, 38; vgl. Reinmann 2005, 53). Des Weiteren soll es sich nach Raatz (2016, 38 f.) um einen übergreifenden Begriff von design- und an-

wendungsorientierten *Designexperimenten* (vgl. Brown 1992), *Design Research* (vgl. Collins et al. 2004), *Educational Design Research* (vgl. McKenney & Reeves 2012), *Education Design Studies* (vgl. Shavelson et al. 2003) oder *Developmental Research* (vgl. Akker 1999) handeln. Raatz (2016, 39) fügt noch den deutschsprachigen Raum hinzu, wo die Ansätze ebenfalls unter den Begriff Design-Based Research fallen: etwa der Ansatz der Handlungs- und Praxisforschung von Altrichter und Posch (2011), der Ansatz der entwicklungsorientierten Bildungsforschung von Reinmann und Sesink (2011), der Ansatz einer praxis- und theorieorientierten Entwicklung und empirischen Evaluation von Unterrichtskonzepten von Tulodziecki, Grafe & Herzig (2011), der Ansatz der Designentwicklung von Allerts und Richter (2011) und der Ansatz der Design-Based Research von Euler (2014). Es ist zu erkennen, dass alle Ansätze unter diesem Begriff die gleiche Grundmotivation haben. Diese Forschungsansätze sind auf der Suche nach innovativen Lösungen für die Bildungspraxis. Sie sind auch an der Entwicklung neuer wissenschaftlicher Erkenntnisse interessiert (vgl. Raatz 2016, 39; vgl. Reinmann 2005, 61; vgl. Euler 2014, 16). Das Design-Based Research Collective (2003, 5) erklärt, dass Design-Based Research eine wichtige Methode ist, um zu verstehen, wie, wann und warum erziehungswissenschaftliche Innovationen in der Praxis funktionieren. Die traditionelle Lehr- und Lernforschung wird oft als praxisferne Forschung gekennzeichnet (vgl. Euler 2014, 16; vgl. Reinmann 2005, 55). Reinmann (ebd., 58) kritisiert die klassischen Forschungsmethoden, weil sie keine praktischen Konzepte und Instrumente anbieten, mit denen konkrete Lehr- und Lernprobleme in spezifischen Situationen gelöst werden können.

Bezugnehmend auf diese Kritik argumentiert Collins, dass der Design-Based Research-Ansatz entwickelt wurde, um die folgenden Kernpunkte der Lernforschung zu berücksichtigen:

- „The need to address theoretical questions about the nature of learning in context.
- The need for approaches to the study of learning phenomena in the real world rather than the laboratory.
- The need to go beyond narrow measures of learning.
- The need to derive research findings from formative evaluation." (Collins 2004, 16)

Die Darstellung designorientierter Ansätze zeigt, dass Entwicklung und Forschung im Rahmen des Design-Based Research-Ansatzes in kontinuierlichen Zyklen ablaufen. Erste Schritte sind die Problemanalyse, die Literaturrecherche und der Entwurf, gefolgt von Erprobung, Evaluation, Modifikation des Entwurfs und Ableitung von Gestaltungsprinzipien. Die didaktische Gestaltung erfolgt durch die Einbeziehung von Materialien, Medien und Aufgaben, um die Lehr- und Lernumgebung positiv zu beeinflussen. Bei der Gestaltung des didaktischen Designs sind die Lernenden, Lerninhalte, Lernmedien, Lernaufgaben, Lernumgebungen und die pädagogischen Verfahren einzubeziehen (vgl. Jahn 2014, 5).

> „We suggest that the value of Design-Based Research should be measured by its ability to improve educational practice. We see four areas where Design-Based Research methods provide the most promise: (a) exploring possibilities for creating novel learning and teaching environments, (b) developing theories of learning and instruction that are contextually based, (c) advancing and consolidating design knowledge, and (d) increasing our capacity for educational innovation." (The Design-Based Research Collective 2003, 8).

Durch den zirkulären Ansatz in der designbasierten Forschung kann der Entwurf des Prototyps Schritt für Schritt geändert, verfeinert, verbessert oder sogar verworfen werden. Das Endergebnis ist der praktische Output. Die zu Beginn getroffenen Annahmen können in der tatsächlichen Umsetzung in der Komplexität der konkreten Umgebung überprüft werden. Die Auswirkungen der Wechselwirkungen zwischen Methoden, Medien, Materialien, Lehrenden und Lernenden können besser verstanden werden, was zu einem theoretischen Ergebnis führt (vgl. Cobb et al. 2003, 10). Mit Hilfe des Design-Based Research-Ansatzes sollen innovative Lösungen für die Praxis entwickelt werden, die neue Lösungsansätze erfordern und deren Potenziale untersuchen lassen. Nach diesem Ansatz findet der wiederkehrende Forschungs- und Entwicklungsprozess in einer notwendigen Kooperation zwischen Wissenschaft und Praxis statt. Die Designforschung gliedert sich in drei Hauptphasen: Analyse/Exploration, Design/Konstruktion (Entwicklung) und Evaluation/Reflexion (vgl. McKenney & Reeves 2014, 143).

Der Design-Based Research-Ansatz ist ein Forschungsansatz, der für den Bildungsbereich besonders geeignet ist, da er eine Verbindung zwischen angewandter und wissensorientierter Forschung darstellt (vgl. Reinmann

2005; vgl. Mandl & Kopp 2006; vgl. Design-Based Research Collective 2003). Die Methode des Design-Based Research ist besonders geeignet, die Innovationsleistung der Lehr- und Lernforschung zu erhöhen und Erkenntnisse in einem konkreten Praxisbezug zu diesem Lehr- und Lernprozess zu gewinnen. Der Transfer zwischen Theorie und Praxis wird in besonderem Maße unterstützt, da die grundlegenden Implementierungsmerkmale bereits während der Entwicklung aufgezeigt werden können und die Wirkung der Innovation vor einem lerntheoretischen Hintergrund untersucht wird (vgl. Stark 2004, 268 ff.; vgl. Einsiedler 2010, 59 ff.).

Mit Hilfe des Design-Based Research-Ansatzes können Lernumgebungen in einem praktischen Kontext gestaltet und Lerntheorien erprobt, gestaltet und weiterentwickelt werden (vgl. Einsiedler 2010, 67). Der Forschungsansatz der Design-Based Research kann als anwendungsorientierte Grundlagenforschung betrachtet werden, in der Design als theoriegeleiteter Prozess zur Lösung konkreter praktischer Probleme in der Bildung verstanden wird (vgl. Reinmann 2005, 62 f.).

Dies bestätigt auch Beireiter (2002), indem er schreibt, Design-Based Research könne sowohl in Richtung Grundlagenforschung als auch in Richtung angewandte Forschung und Evaluationsforschung eingesetzt werden. Design-Based Research kann deskriptiv-narrativ sein. Charakteristisch sind nicht die Methoden selbst, sondern ihr interventionsorientierter Einsatz und die Art und Weise, wie sie den Ansatz umsetzen: Entwicklung und Forschung finden in kontinuierlichen Zyklen von Design, Implementierung, Analyse und Redesign statt. Design-Based Research ist vorausschauend und reflektierend. Vorausschauend deshalb, weil Designs vor dem Hintergrund hypothetischer Lernprozesse entworfen und auf der Basis theoretischer Modelle umgesetzt und untersucht werden. Des Weiteren ist sie reflexiv, da die Annahmen im Forschungsprozess analysiert, wiederholt und evaluiert werden können. Untersuchungseinheiten können sowohl von Einzelpersonen und kleinen sozialen Gruppen als auch von Organisationen und regionalen Einheiten genutzt werden (vgl. Reinmann 2011, 10).

Forscher*innen des Design-Based Research-Ansatzes wollen etwas verändern. Sie engagieren sich für die kontinuierliche Verbesserung der pädagogischen Praxis. Ein zentraler Aspekt dabei ist die enge Verbindung von Theorieentwicklung und Optimierung von Gestaltungsprozessen. Der andere zentrale Aspekt ist der einer „potenzialgetriebenen Forschungsgemeinschaft" (Beireiter 2002, 331). Es gibt eine Gemeinschaft von Forschern*innen, die neben dem akademischen *Modusglauben* auch den *Designmodus* realisiert haben. Sie glauben an das Potenzial zur Veränderung (vgl. Reinmann 2015, 10). Die folgende Definition fasst die zentralen Merkmale des Design-Based Research-Ansatzes besonders gut zusammen:

> „Design-Experimente sind erweiterte (iterative), interventionistische (innovative und gestalterische) und theoriegeleitete Unternehmungen, deren ‚Theorien' in praktischen Bildungskontexten echte Arbeit leisten." (Cobb et al. 2003, 13)

Mit Hilfe von Design-Based Research können Lernumgebungen in einem praktischen Kontext gestaltet und Lerntheorien erprobt und weiterentwickelt werden (vgl. Einsiedler 2010, 67). Der Forschungsansatz des Design-Based Research kann als anwendungsorientierte Grundlagenforschung betrachtet werden, in der Design als theoriegeleiteter Prozess zur Lösung konkreter praktischer Probleme in der Bildung verstanden wird (vgl. Reinmann 2005, 62 f.).

3 Phasen des Design-Based Research Ansatzes

Reinmann und Sesink (2011, 10), McKenney und Reeves (2012, 72 ff.) sowie Euler und Sloane (2014, 19) stellten bei ihrer Analyse angloamerikanischer bzw. deutscher Design-Based Research-Ansätze fest, dass der Forschungs- und Entwicklungsprozess dieses Ansatzes mehrheitlich von einer gleichberechtigten Phase bestimmt wird. Obwohl sich die einzelnen Prozessmodelle hinsichtlich der Bezeichnung der einzelnen Phasen, der differenzierten bzw. eher abstrakten Beschreibungen der Aktivitäten innerhalb der Phasen und der Anzahl der Phasen unterscheiden, weisen sie dennoch eine hohe Ähnlichkeit in ihrer Struktur auf. Die designorientierte Forschung zeichnet sich durch eine iterative und zirkuläre Abfolge von Forschungs- und Entwicklungsphasen aus, in denen Problemanalyse, Design, Implementierung, Test und Redesign aufeinander folgen.

Die Übersichtsdarstellung (s. Abb.) zeigt die Grundstruktur der Forschungs- und Entwicklungszyklen eines designorientierten Forschungsprozesses.

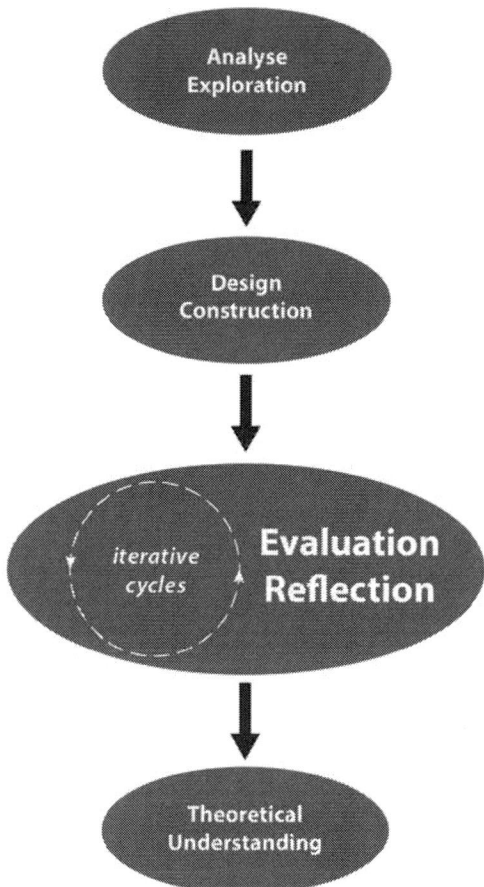

Abb.: Design-Based Research-Ansatz, Quelle: McKenney & Reeves 2014, 143

Jahn (2014, 10) beschreibt den Design-Based Research-Ansatz mit folgenden Phasen:

3.1 Phase – Analyse der Ausgangssituation

Im theoretischen Teil werden die Ziele und die Forschungsfrage formuliert und nach einem ausführlichen Studium der wissenschaftlichen Literatur die notwendigen Begriffe, theoretischen Konzepte und konkreten Handlungsempfehlungen definiert und beschrieben. Mit Hilfe des Design-Based Research-Ansatzes wird der Einsatz eines konkreten didaktischen Designs in einer *ungesteuerten* Realität erforscht. Komplexe Probleme im Praxisfeld des Lehrens und Lernens werden durch innovative Interventionen gelöst, und es können theoretische Schlussfolgerungen gezogen werden (vgl. ebd., 14). Nach Hoadley (2004, 204) zielt der Design-Based Research-Ansatz darauf ab, Defizite in der Lehrforschung zu beseitigen. Der Wissenschaftstransfer soll vor allem durch die Beteiligung von Lehrkräften an der *classroom research* verbessert werden.

„Design-Based Research, therefore, proceeds in a very different manner than experimental research. For one, the research program often involves a tight relationship between researchers and teachers or implementers, blurring the 'objective' researcher–participant distinction. A second distinction is the use of tentative generalization; results are shared without the expectation that universality will hold. Third, although planned comparisons do occur, the design-based researcher frequently follows new revelations where they lead, tweaking both the intervention and the measurement as the research progresses. Fourth and finally, the design-based researcher, to treat enacted interventions as an outcome, often documents what has been designed, the rationale for this design, and the changing understanding over time of both implementers and researchers of how a particular enactment embodies or does not embody the hypothesis that is to be tested." (ebd.)

Neben der Anerkennung der Leistungsfähigkeit der designbasierten Forschung ist auch der theoriegeleitete Forschungscharakter weitgehend unbestritten. Allerdings gibt es widersprüchliche Meinungen über den wissenschaftlichen Anspruch dieses Forschungsansatzes im Hinblick auf verallgemeinerbare Ergebnisse (vgl. Euler 2014, 98). Der besondere Mehrwert ist die Erzeugung von Wissen durch den Designprozess in der speziellen Lehr- und Lernumgebung, in der das Design eingesetzt wird. Das Design und die Artefakte sind bestimmende Faktoren, die in der Hypothese während des Forschungsprozesses formuliert werden. Theorien und Gestaltungsprinzipien können im Forschungsprozess geschaffen werden. Sie zeichnen sich durch ihre Anwendungsorientierung und ihren Bezug zum speziellen Umfeld aus und können daher klar unterschieden werden (vgl. Allert & Richter 2011, 4). Design-Based Research kann interpretiert werden als:

> „[...] the systematic study of designing, developing and evaluating educational interventions (such as programs, teaching-learning strategies and materials, products and systems) as solutions for complex problems in educational practice, which also aims at advancing our knowledge about the characteristics of these interventions and the processes of designing and developing it." (Plomp 2010, 13)

Um eine Intervention für bestehende Probleme in der Praxis kontextbezogen zu gestalten, sind in einem ersten Schritt eine Problemanalyse, eine Bedingungsanalyse und eine Kontextanalyse notwendig (vgl. Reinmann 2014, 65; vgl. Jahn 2012, 43; vgl. Collins et al. 2004, 34). Damit ein kontextsensitives Design für die geplante Intervention realisiert werden kann, ist es wichtig, den jeweiligen Kontext, in dem das Problem gelöst werden soll, genau zu beleuchten und dadurch Restriktionen für die Entwicklung und Umsetzung des Designs aufzuzeigen. Die Entwicklung eines didaktischen Designs erfordert daher eine umfassende Beschreibung des Kontextes, um die Treffsicherheit und Eignung der geplanten Intervention zu erhöhen. Als Instrument kann eine Strukturanalyse der Bedingungsebenen helfen, wichtige Merkmale, die bei der Entwicklung des Designs berücksichtigt werden müssen, zu erfassen und mit der Gestaltung des Prototyps in Beziehung zu setzen. Ebenso müssen Ziele, Inhalte, Methoden und geeignete Medien für die Rahmenbedingungen durchdacht werden. Erst durch eine gründliche Analyse des Forschungsstandes und der Beispiele guter Praxis können erste Ideen entwickelt werden (vgl. Jahn 2014, 7 f.).

Nachdem die Zielproblematik gründlich analysiert wurde und sich erste Ideen für die Gestaltung der Intervention herauskristallisiert haben, können die ersten Forschungsfragen formuliert werden. Die Forschungsfragen ergeben sich aus den Erkenntnissen der Analysephase. In der Regel sind die Fragen übergreifend und beziehen sich sowohl auf die Intervention als auch auf das Produkt. In einem nächsten Schritt werden aus den Forschungsfragen die Ziele formuliert. Diese überprüfbaren Ziele sollen durch die Designforschung erreicht werden. Sie müssen so formuliert sein, dass sie operationalisiert werden können. Es muss möglich sein, den Grad der Verfügbarkeit zu überprüfen. Dies können beispielsweise konkrete Lernziele sein, wie sie in der Regel in den Beschreibungen der verschiedenen Fächer zu finden sind (vgl. ebd., 9).

Eine genaue Formulierung der zu erreichenden Kompetenzen ist von besonderer Bedeutung. Am Ende der Analysephase wird der erste theoretische Rahmen auf der Grundlage von Gestaltungsprinzipien für die Entwicklung eines Prototyps formuliert.

3.2 Phase II – Entwicklung/Beschreibung des Prototyps

In einer zweiten Phase wird die Entwicklung des Prototyps beschrieben und der Prototyp selbst vorgestellt. In ihr wird die konkrete Lehr-Lern-Situation erfasst und die grundlegenden theoriegeleiteten Umsetzungsmerkmale im tatsächlichen Kontext identifiziert. Der Forschungsschwerpunkt bei der Prototypentwicklung liegt im anwendungsorientierten Bereich (vgl. Klees & Tillmann 2015, 93). Der Entwurfsprozess des Prototyps ist stets wissenschaftstheoretisch fundiert. Aus theoretischen, aber eher abstrakten Annahmen können didaktische Handlungsempfehlungen abgeleitet werden. Bei der Entwicklung von Interventionen im Kontext von Lehr-Lern-Situationen sind die Gestaltungsprinzipien auch didaktische Prinzipien. Nach ihnen wird das Design erstellt, z.B. um bestimmte Lernziele zu erreichen. Aus dem Design lassen sich konkretere Handlungsempfehlungen ableiten. Empfehlungen enthalten neben dem Inhalt immer auch eine Handlungskomponente. Dies können z.B. gestaltete Unterrichtsphasen oder eine Handlungsphase sein. Die wissenschaftliche Theorie bestimmt nicht nur die Richtlinien für die Gestaltung, sondern gibt auch Empfehlungen für die Umsetzung. Dies ist besonders wichtig für die Entwicklung des didaktischen Designs für den spezifischen Kontext (vgl. Jahn 2014, 9).

Der Prototyp muss für den spezifischen Kontext entwickelt werden. Erfahrene Praktiker*innen und Wissenschaftler*innen sollten bei der Entwicklung des Prototyps zusammenarbeiten, sowohl bei seiner theoretischen Konzeption als auch bei seiner konkreten Gestaltung.

3.3 Phase III – Zyklen der Erprobung, Bewertung und Änderung (Redesign)

Diese Phase ist durch iterative Zyklen der Prüfung, Bewertung und Änderung des Prototyps gekennzeichnet. Nach jeder Änderung wird eine neue Testphase eingeleitet. So kann beispielsweise der erste Evaluierungszyklus von verschiedenen Experten*innen durchgeführt werden, die den Prototyp bewerten. In manchen Fällen ist es sinnvoll, dass Personen aus verschiedenen Disziplinen und Hierarchieebenen den Prototyp aus unterschiedlichen Perspektiven testen. Das Testen des Prototyps beinhaltet sowohl die Differenzierung der Gestaltungsrichtlinien als auch die Überarbeitung des Prototyps. Das didaktische Design wird unter den natürlichen Bedingungen des Lehrens und Lernens schrittweise verbessert, indem es in mehreren Iterationen in der Praxis getestet wird. Der Prototyp wird mit Hilfe der gewonnenen Erkenntnisse modifiziert. Diese Zyklen des Testens, Evaluierens und Modifizierens werden so lange fortgesetzt, bis alle identifizierten Schwierigkeiten beseitigt und die gewünschten Ziele erfolgreich erreicht sind (vgl. ebd., 10). Dem wissenschaftlich-methodischen Ansatz sind dabei keine grundsätzlichen Grenzen gesetzt. Der Prototyp wird durch ein methodisch vielfältiges und geeignetes Vorgehen getestet. Im Sinne der Triangulation sollten alle Methoden der qualitativen und quantitativen Sozialforschung eingesetzt werden. Je nach vorhandenem Untersuchungsgegenstand und den damit verbundenen Restriktionen wählt der*die Designforscher*in die Methoden aus (vgl. ebd., 11).

3.4 Phase IV: Berichterstattung

Nachdem die Interventionen in mehreren Iterationen in der Praxis durchgeführt wurden, werden die Ergebnisse analysiert, diskutiert, zusammengefasst und mit den beschriebenen theoretischen Grundlagen verglichen, um schließlich Empfehlungen für die praktische Entwicklung und Umsetzung der Intervention oder ähnlicher Interventionen zu geben.

4 Schlussfolgerung

Die Forderung nach Forschungsergebnissen, die dem*der Praktiker*in dienen, ist nicht zu übersehen. Die Kluft zwischen Theorie und Praxis wird oft kritisiert. Es gibt viele Modelle, die versuchen, die Verbindung zwischen Theorie und Praxis herzustellen. Burkhardt und Schoenfeld (2003, 4) nennen sechs Modelle des Gestaltungsexperiments. Die designorientierte Forschung ist einer der wenigen Forschungsansätze, die auf die Innovationsfunktion der Wissenschaft in der Praxis abzielen. Da es viele Begriffe für design- und anwendungsorientierte Forschung gibt, soll der Design-Based Research-Ansatz als übergreifender Begriff dienen. Ein genauerer Blick auf diese Begriffe zeigt, dass sie alle die gleiche Grundmotivation haben. Sie alle suchen nach innovativen Lösungen für die Bildungspraxis und sind auch an der Entwicklung neuer wissenschaftlicher Erkenntnisse interessiert. Traditionelle Forschungsansätze werden oft kritisiert, weil sie keine praxisnahen Konzepte und Instrumente bieten, mit denen konkrete Lehr- und Lernprobleme in konkreten Situationen gelöst werden können. Mit dem Design-Based Research-Ansatz kann eine Lernumgebung in einem praktischen Kontext entworfen und weiterentwickelt werden, in dem Lerntheorien getestet werden können. Es kann gezeigt werden, dass Designexperimente erweiterte (iterative), interventionistische (innovative und designorientierte) und theorieorientierte Interventionen sind, deren *Theorien* in praktischen Bildungskontexten reale Arbeit leisten. Der Design-Based Research-Ansatz kann eine Methode sein, die das Theorie-Praxis-Problem in der Forschung löst.
Es wurde festgestellt, dass die Mehrzahl aller Design-Based Research-Ansätze durch gleiche Phasen im Forschungs- und Entwicklungsprozess gekennzeichnet sind. Die designorientierte Forschung zeichnet sich durch eine iterative und zirkuläre Abfolge von Forschungs- und Entwicklungsphasen aus, in denen Problemanalyse, Design, Implementierung, Test und Redesign aufeinander folgen. Es gibt keine grundsätzlichen Einschränkungen der Forschungsmethoden. Es sollten alle Methoden der qualitativen und quantitativen Sozialforschung eingesetzt werden.

Neben den positiven Aspekten sind aber auch die Stolpersteine dieses Design-Based Research-Ansatzes zu beachten. Dieser Forschungsansatz stellt sehr hohe Anforderungen an die Forscher*innen. Collins et al. (2004, 30) gehen davon aus, dass dieser Ansatz viel mehr Aufwand erfordert, als ein einzelner Mensch leisten kann.

Abbildungsverzeichnis

Abb.: Design-Based Research-Ansatz, Quelle: McKenney & Reeves 2014, 143

Literaturverzeichnis

Collins, A., Joseph, D. & Bielaczyc, K. (2004). Design Research: Theoretical and Methodological Issues. Abrufbar unter: http://treeves.coe.uga.edu/EDIT9990/Collins2004.pdf. (12.08.2018)

Beireiter, C. (2002). „Design Research for Sustained Inovation". *Cognitive Studies. Bulletin of the Japanese Cognitive Science Society* 9. S. 321-327.

Design-Based Research Collective (2003). „Design-Based Research – An emerging paradigm for education inquiry". *Educational Researcher* 32 (1), S. 5-8.

Euler, D. & Sloane, P. F. E. (Hrsg.) (2014). „Design-Based Research". *Zeitschrift für Berufs- und Wirtschaftspädagogik.* Beiheft 27.

Einsiedler, W. (2010). „Didaktische Entwicklungsforschung als Transferförderung". *Zeitschrift für Erziehungswissenschaft* 13 (1), S. 59-81. doi:10.1007/s11618-010-0106-y

Euler, E. (2013). „Unterschiedliche Forschungszugänge in der Berufsbildung: eine feindliche Koexistenz?". In: Severing, E. & Weiß, R. (Hrsg.). „Qualitätsentwicklung in der Berufsbildungsforschung". *Schriftenreihe des Bundesinstituts für Berufsbildung Bonn.* Bd. 12. (S. 29–46). Bielefeld: Bertelsmann.

Klees, G. & Tillmann, A. (2015). „Design-Based Research als Forschungsansatz in der Fachdidaktik Biologie – Entwicklung, Implementierung und Wirkung einer multimedialen Lernumgebung im Biologieunterricht zur Optimierung von Lernprozessen im Schülerlabor". *Journal für Didaktik der Biowissenschaften* 6, S. 91-110.

Allert, H. & Richter, C. (2011). Designentwicklung. Anregungen aus Designtheorie und Designforschung. In: Ebner, M. & Schön, S. (Hrsg.). Lehrbuch für Lernen und Lehren mit Technologien (S. 1-14). E-Book: L3T.

Altrichter, H., Brüsemeister, T. & Heinrich, M. (2005). „Merkmale und Fragen einer Governance-Reform am Beispiel des österreichischen Schulwesens". ÖZS (Österreichische Zeitschrift für Soziologie) 30 (4), S. 6-28. doi:10.1007/s11614-006-0063-0

Burkhardt, H. & Schoenfeld, A. (2003). „Improving Educational Research: Toward a More Useful, More Influential, and Better-Funded Enterprise". *Educational Researcher* 32 (9), S. 3-14.

Mandl, H. & Kopp, B. (2006). „Blended Learning: Forschungsfragen und Perspektiven". Forschungsbericht Nr. 182. München: Ludwig-Maximilians-Universität.

Hoadley, Ch. (2004): „Methodological Alignment in Design-Based Research". *Educational Psychologist* 39 (4), S. 203-212.

Jahn, D. (2014). „Durch das praktische Gestalten von didaktischen Designs nützliche Erkenntnisse gewinnen: Eine Einführung in die Gestaltungsforschung". *Wirtschaft & Erziehung* 1/2014, S. 3-15.

Kahlert, J. (2005). „Zwischen den Stühlen zweier Referenzsysteme. Zum Umgang mit heterogenen Erwartungen bei der Evaluation schulnaher Disziplinen in Lehramtsstudiengängen". *Zeitschrift für Pädagogik* 51 (6), S. 840-855.

Cobb, P., Confrey, J., di Sessa, A., Lehrer, R. & Schauble, L. (2003). „Design Experiments in Educational Research". *Educational Researcher* 32 (1), S. 9-13.

Plomp T. (2007). „Educational Design Research: an Introduction". In: Plomp T. & Nieveen, N. (Hrsg.): In Introduction to Educational Design Research. (S. 9-36). Enschede: SLO.

Raatz, S. (2016). Entwicklung von Einstellungen gegenüber verantwortungsvoller Führung. Eine Design-based Research-Studie in der Executive Education. 1. Aufl. Wiesbaden: Springer VS.

Reinmann, G. (2005). „Innovation ohne Forschung? Ein Plädoyer für den Design-Based Research-Ansatz in der Lehr-Lernforschung". *Unterrichtswissenschaft – Zeitschrift für Lernforschung* Vol. 33 (1), S. 52-69.

Reinmann, G. & Sesink, W. (2011). Entwicklungsorientierte Bildungsforschung. Universität Leipzig. Abrufbar unter: http://gabi-reinmann.de/wp-content/uploads/2011/11/Sesink-Reinmann_Entwicklungsforschung_v05_20_11_2011.pdf (02.02.2023)

McKenney, S. & Reeves, T. C. (2014). „Educational Design Research". In: Spector, J. M. et al. (Hrsg.). Handbook of Research on Educational Communications and Technology. 4th ed. (S. 131-170). Dordrecht: Springer.

Stark, R. (2004). Eine integrative Forschungsstrategie zur anwendungsbezogenen Generierung relevanten wissenschaftlichen Wissens in der Lehr-Lern-Forschung. Unterrichtswissenschaft: *Zeitschrift für Lernforschung* (3), S. 257-273.

Anderson, T. & Shattuck, J. (2012). „Design-Based Research. A Decade of Progress in Education Research?". *Educational Researcher* 41 (1), S. 16-25. doi:10.3102/0013189X11428813

Clement, U. & Lipsmeier, A. (2003). „Einleitung". *Zeitschrift für Berufs- und Wirtschaftspädagogik*. Beiheft 17, S. 7-8.

Weissengruber, W. (2014). „Stellungnahme" (18/SN-67/ME). Abrufbar unter: https://www.parlament.gv.at/PAKT/VHG/XXV/SNME/SNME_01950/index.shtml (02.02.2023)

Autor

Prof. Dipl.-Päd. Dipl. Oec. Dr. Christian Rudloff, MA MBA BEd

Institutsleiter des Institutes für Elementar- und Primarbildung an der PH Wien

christian.rudloff@phwien.ac.at

Quereinstieg in die Elementarpädagogik
Warum vielfältige Ausbildungsmodelle das Berufsfeld bereichern

Natascha J. Taslimi

Abstract

Mit dem Hochschullehrgängen Elementarpädagogik und Quereinstieg Elementarpädagogik erweitern die Pädagogischen Hochschulen das Ausbildungsangebot im Bereich Elementarpädagogik. Gleichzeitig wird die Akademisierung im Berufsfeld forciert. Die Anforderungen an Elementarpädagog*innen sowie die Erwartungen an elementare Bildungseinrichtungen werden zunehmend komplexer und vielfältiger, was höher ein qualifiziertes und vielseitig ausgebildetes pädagogisches Personal verlangt.

Einleitung
Neue Wege in der Ausbildung und internationale Anschlussfähigkeit

Die Ausbildung von Elementarpädagog*innen ist in Österreich, anders als in den meisten EU- Ländern, noch kein grundständiges Studium,. Damit Österreich im EU-Vergleich anschlussfähig wird, braucht es einen Stufenplan der Implementierung an den Pädagogischen Hochschulen (PH). Auf die Absolventen*innen der Bildungsanstalten für Elementarpädagogik (BAfEP) können wir dennoch nicht verzichten, weil wir unterschiedliche pädagogische Fachkräfte in den elementaren Bildungseinrichtungen brauchen, um multiprofessionelle Teams hervorzubringen.

1 Ausbildungen und berufliche Rollen
in der elementarpädagogischen Praxis

Elementarpädagog*innen gestalten eine anregende Lern- und Erfahrungsumwelt für Kinder, beraten Familien, kooperieren mit Fachexpert*innen sowie mit anderen Bildungseinrichtungen (vgl. Tietze & Viernickel 2016, 31 ff.) und entwickeln die pädagogische Qualität in der Zusammenarbeit im Team weiter (Weltzien 2020, 549 f.). Die folgenden Ausführungen über die Rollen und Berufsbezeichnungen der Elementarpädagog*innen orientieren sich an den gängigsten Formen.

Elementare Bildungseinrichtungen unterliegen in Österreich Landesgesetzen, wodurch die Bedingungen, Anstellungserfordernisse, Berufsbezeichnungen und Entlohnung in den Bundesländern variieren. In Österreich gibt es zurzeit vier Möglichkeiten, die Ausbildung zum*zur Elementarpädagog*in zu absolvieren: zahlenmäßig die meisten Absolvent*innen an den Bildungsanstalten für Elementarpädagogik (BAfEP) – mit der fünfjährigen Form nach der achten Schulstufe; die Erwachsenenbildung an den Kollegs; gefolgt vom Hochschullehrgang (HLG) Elementarpädagogik an den Pädagogischen Hochschulen (PH) und BABE+ Bachelor of Arts | Bildung und Erziehung, das von der privaten Trägerorganisation Kinder in Wien (KIWI) in Kooperation mit der Hochschule Koblenz abgehalten wird (vgl. Pölzl-Stefanec 2017, 22). Der HLG Quereinstieg Elementarpädagogik sei an dieser Stelle der Vollständigkeit halber angeführt, der u.a. an der PH Wien im Studienjahr 2023/24 zum ersten Mal starten wird.

Die vielseitigen Rollen in elementaren Bildungseinrichtungen seien kurz erwähnt, um die Aufgabengebiete abzugrenzen und zu verdeutlichen. Führungskräfte an elementarpädagogischen Bildungseinrichtungen sichern die pädagogische Qualität und entwickeln sie weiter, Personalentwicklung und administrative Tätigkeiten zählen u.a. zu ihrem Aufgabenbereich. Eine verpflichtende Managementausbildung (in Wien 19 ECTS) ist zu absolvieren, und je nach Trägerorganisation ist die Freistellung vom Kinderdienst ab einer Anzahl von z.B. vier Gruppen vorgesehen.

Das Bachelorstudium Elementarbildung Inklusion und Leadership an den PH (Verbund NORD/OST) bzw. Elementarpädagogik (alle anderen Verbünde) sowie das an der Fachhochschule (FH) Campus Wien angesiedelte

Bachelorstudium Sozialmanagement in der Elementarpädagogik professionalisieren Führungskräfte in ihrer Tätigkeit, Bedingung für die Managementtätigkeit ist es jedoch nicht. Inklusive Elementarpädagog*innen (vormals Sonderkindergartenpädagog*innen) begleiten Kinder mit erhöhtem Unterstützungsbedarf und fördern Kinder in ihrer individuellen Lernentwicklung. Die Ausbildung ist seit 2022/23 zur Gänze an den PH in Österreich, davor war die Ausbildung an den BAfEP ein dreijähriger Lehrgang, der nicht in allen Bundesländern angeboten wurde. Die Ausbildung zum*zur Assistenzpädagog*in, mit dem Schuljahr 2019/20 eingeführt, (vgl. Eichen & Krenn-Wache 2020, 272) ist eine dreijährige Fachausbildung für pädagogische Assistenzkräfte an elementaren Bildungseinrichtungen. Sie unterstützen die pädagogische Fachkraft in bestimmten Situationen im Bildungsalltag und sind wichtige Bezugspersonen für Kinder. Planstellen bestehen derzeit nur in den städtischen Einrichtungen in Wien, privaten Trägerorganisationen ist es aufgrund der Finanzierbarkeit kaum möglich, solche anzubieten. In einigen Bundesländern, so auch in Wien, ist die unterstützende Tätigkeit eines*einer Assistent*in oder Betreuer*in mit keiner verpflichtenden Ausbildung verbunden, zudem hauswirtschaftliche Tätigkeiten auch in deren Aufgabenbereich fallen.

Sprachförderkräfte, Pädagogische Fachberatungen, Entwicklungspycholog*innen und Supervisor*innen sind weitere Funktionen in der elementarpädagogischen Praxis, die vom Träger angestellt und an allen Standorten nach Bedarf eingesetzt werden.

1.1 Ausbildung an den Bildungsanstalten für Elementarpädagogik

Die Ausbildung zum*zur Elementarpädagog*in wurde 1985/86 neu strukturiert und aus der vierjährigen Ausbildungsform eine Berufsbildende Höhere Schule (BHS), also bereits über dreißig Jahre her (vgl. Lex-Nalis & Rösler 2019, 163 ff.). Zu erwähnen ist die Zulassung von Schülern seit 1980, und erst seitdem wurde diese Ausbildungsform für Jugendliche beider Geschlechter konzipiert, vielleicht auch eine Erklärung für die geringe Anzahl an Schülern in der fünfjährigen BAfEP?

Die Erwachsenenbildung in der Elementarpädagogik hat 1980 auf postsekundärem Niveau begonnen, bevor 1994/95 die Kollegs für Elementarpädagogik eingeführt wurden (ebd.), das Kolleg BAfEP 8 ist davon eines der ersten in Österreich.

Aus meiner beruflichen Erfahrung in der Lehrtätigkeit an der BAfEP 8 sowohl in der fünfjährigen Ausbildungsform als auch im Kolleg muss ich feststellen, dass die Erwachsenenbildung geeignetere Voraussetzungen für das Berufsfeld birgt. Die Konzentration auf berufsbildende Unterrichtsgegenstände und die persönliche Reife erlauben eine fundiertere Auseinandersetzung mit Inhalten und Themen. Die Bereitschaft und das Vermögen, sich auf kindliche Bedürfnisse einzulassen, sind nach Abschluss der Adoleszenz stärker ausgeprägt (vgl. Pölzl-Stefanec 2017, 126 f.). Dennoch sollte die fünfjährige Ausbildung unbedingt erhalten bleiben, denn keine andere Schulform bietet eine derart persönlichkeitsbildende Begleitung von Schüler*innen an. Matura, kombiniert mit Berufsbildung, ist zu befürworten, aber nicht mit der Verantwortung, eine Kindergartengruppe zu führen, denn diese Qualifikation sollte im Anschluss an einer Pädagogischen Hochschule erworben werden.

1.2 Ausbildung an den Pädagogischen Hochschulen

Im Studienjahr 2021/22 hat der HLG Elementarpädagogik u.a. im Entwicklungsverbund NORD/OST zum ersten Mal gestartet. Das Interesse an diesem ersten Hochschullehrgang, der zum*zur Elementarpädagog*in qualifizierт, war an der PH Wien enorm, aber durch die beschränkten Zulassungsvoraussetzungen – Bachelor Bildungswissenschaft/Primarstufe/Sonderschullehramt – war die Anzahl der Studierenden auf eine Kohorte eingegrenzt. Mehr als die Hälfte der Studierenden der ersten Kohorte brachte Erfahrungen im Berufsfeld Elementarpädagogik mit bzw. war bereits in einer anderen Funktion in einem Kindergarten beschäftigt. Beste Voraussetzungen, um in zwei Semestern für die elementarpädagogische Praxis vorbereitet zu sein. Der begleitende Berufseinstieg nach Abschluss des HLG bietet durch das Fortbildungsangebot Reflexion und Coaching, Fachdidaktik – das Kind unter drei Jahren und Kreative Bildung eine wertvolle Unterstützung in der Rolle des*der Elementarpädagog*in im Berufsfeld. Mit Spannung erwarten wir den Start des HLGs Quereinstieg Elementarpädagogik im Oktober 2023.

Dann wird sich zeigen, ob die Bereitschaft für einen viersemestrigen HLG gegeben und wie attraktiv der Beruf Elementarpädagog*in bei Akademiker*innen weiterhin ist. Eine Konkurrenz zu den Kollegs an den BAfEP ist dieser HLG jedoch nicht. Die Interessent*innen haben die Wahl zwischen täglichem Unterricht und der Möglichkeit einer finanziellen Unterstützung durch den Wiener Arbeitnehmer*innen Förderungsfond (WAFF) an den Kollegs und der Lehre an zwei Tagen (oder an zwei Abenden und einem Tag, je nachdem wie die Organisation an der jeweiligen Hochschule angelegt ist) an den Pädagogischen Hochschulen. Eine engere Kooperation zwischen diesen Bildungseinrichtungen wäre österreichweit sehr zu begrüßen, wie z.B. die Einbindung in Forschungsvorhaben und Publikationen sowie ein strukturierter Austausch der Lehrenden, wie es derzeit an der PH Wien mit BAfEP 8 und BAfEP 10 praktiziert wird. Eine „verstärkte Kooperation zwischen der Ausbildung an den Bildungsanstalten und den PH" ist ebenso im Entwicklungsplan der Pädagogischen Hochschulen angeführt (BMBWF, Die Pädagogischen Hochschulen – Entwicklungsplan 2021–2026).

1.3 Anforderungen an elementare Bildungseinrichtungen und Herausforderungen

Internationale empirische Untersuchungen zeigen, dass sich die Qualität elementarer Bildungseinrichtungen auf die kindliche Entwicklung auswirkt (Mischo 2017, 91 f.). Neben der Orientierungsqualität, der Ausrichtung der Werte und Überzeugungen sind die Prozess- und Strukturqualität u.a. an die Aus-, Fort und Weiterbildung von pädagogischen Fachkräften sowie Assistenzpersonal gebunden (vgl. ebd., 94 f.).

> „Die Aufgabe von Kindertageseinrichtungen haben in den vergangenen Jahren eine zunehmende Komplexität und Reichweite erfahren. Damit verbunden sind hohe Erwartungen an die Professionalität der Kita Teams: [...]" (Weltzien 2020, 549).

Vielfältige biografische und berufliche Hintergründe sowie Multiperspektivität und -disziplinarität in einem Team können gewinnbringend sein (vgl. ebd., 551). Das spricht für multiprofessionelle Teams, sowohl in ihren Funktionen in der Praxis als auch in der Ausbildung. Die Akademisierung ist nur ein Teil der Professionalisierung (vgl. Koch 2020, 11), womit unterschiedliche Bildungsabschlüsse ihre Berechtigung haben, jene an den BAfEP und den PH. Dennoch ist ein grundständiges Studium Elementarpädagogik an den PH in Österreich das Ziel, das die Ausbildung des*der Inklusiven Elementarpädagog*in miteinbezieht, um im EU-Vergleich und in Zeiten höherer/stärkerer Mobilität anschlussfähig zu sein sowie Vielfalt im Team elementarer Bildungseinrichtungen zu attraktivieren.

Der*die gruppenführende Elementarpädagog*in ist im EU-Vergleich überwiegend akademisch ausgebildet, das entspricht dem Niveau 6 des Nationalen Qualifikationsrahmens, das Diplom einer BAfEP liegt bei Niveau 5 (NQR, o.J.). Für hohe pädagogische Qualität (Tietze et al. 1998; Fthenakis 2003; NICHD 2002) brauchen wir mehr pädagogische Fachkräfte in den elementaren Bildungseinrichtungen – für stabile Beziehungen zu den Kindern und um den beruflichen Herausforderungen gerecht zu werden (vgl. Meyer & Walter-Laager 2012, 181). Gut ausgebildetes Assistenzpersonal ist eine Bereicherung der pädagogischen Arbeit und wertvolle Unterstützung, wenn dieses nicht zur Abdeckung von Ausfällen von Elementarpädagogen*innen herangezogen wird.
Inklusion braucht spezifisches Wissen und Können, weshalb wir Inklusive Elementarpädagog*innen – zumindest eine*n an jedem Standort – brauchen (vgl. Weltzien 2020, 553).

Mit der Einführung des bundesländerübergreifenden BildungsRahmenPlans für elementare Bildungseinrichtungen in Österreich (Charlotte-Bühler-Institut 2009) hat sich der Kindergarten/die Kindergruppe von der Betreuungseinrichtung zur Bildungseinrichtung verändert, und gleichzeitig steigen die Bildungserwartungen von Gesellschaft und Eltern. Der frühe Zugang zu bestmöglicher Bildung und Betreuung eröffnet Chancen für die Bildungslaufbahn von Kindern – in den ersten Lebensjahren werden immerhin die Grundlagen für eine erfolgreiche Entwicklung gelegt (vgl. Roos & Roux 2020, 13). Für „Elementar! Die beste Bildung aller Zeiten" (NeBÖ 2022) brauchen wir die besten Pädagog*innen und einheitliche Rahmenbedingungen in ganz Österreich. Diese Rahmenbedingungen sind in einem Folder und auch als Poster zusammengefasst.

Abb.: Elementar! Die beste Bildung aller Zeiten, Quelle: Werschitz für NeBÖ, 2022

Bereits im Kindergarten haben Kinder eine Ahnung von Mehrheitsentscheidungen und können ein Gefühl dafür bekommen, was es bedeutet, eine Minderheitenmeinung zu vertreten, und ob eine Person permanent im Vordergrund steht und ihre Interessen durchsetzen kann (vgl. Koch 2017, 69). Die Politik wird den Forderungen nach besseren Rahmenbedingungen nicht ohne Grund nachkommen. Daher müssen sich alle Berufsgruppen in der Elementarpädagogik, Familien, Interessenvertretungen der Elementarpädagogik, Gewerkschaften und Aus, Fort- und Weiterbildungseinrichtungen zusammenschließen, vereint und beharrlich Veränderungen in den elementaren Bildungseinrichtungen einfordern und eine unüberhörbare Stimme für bessere Bildungschancen unserer Kinder sein. Let's get loud!

Abbildungsverzeichnis

Abb.: Elementar! Die beste Bildung aller Zeiten, Quelle: Werschitz für NeBÖ, 2022. Abrufbar unter: https://www.elementarbildung.at/elementar-diebestebildungallerzeiten/ (08.11.2022)

Literaturverzeichnis

BMBWF (2019). Der Pädagogische Hochschulen – Entwicklungsplan PHEP (2021–2016). Abrufbar unter: https://www.bmbwf.gv.at/dam/jcr:1a4baa01-0b58-4af7-9e90-ae137b8c50be/190904_Brosch%C3%BCre_PH_Entwicklungsplan_A4_BF%20ew.pdf (08.11.2022)

Charlotte-Bühler-Institut. (2009). Bundesländerübergreifender BildungsRahmenPlan für elementare Bildungseinrichtungen in Österreich. Abrufbar unter: https://www.bmbwf.gv.at/Themen/schule/bef/sb/bildungsrahmenplan.html (08.11.2022)

Eichen, L. & Krenn-Wache, M. (2020). „Qualifizierung an Bildungsanstalten für Elementarpädagogik". In: Hover-Reisner, N., Paschon, A. & Smidt, W. (Hrsg[in].). Elementarpädagogik im Aufbruch. Einblicke und Ausblicke. (S. 265-285). Münster: Waxmann.

Fthenakis, W. E. (Hrsg.) (2003). Elementarpädagogik nach PISA. Wie aus Kindertagesstätten Bildungseinrichtungen werden können. Freiburg.

Gräsl, C. & Trempler, K. (Hrsg.[in]) (2017). Entwicklung von Professionalität pädagogischen Personals. Interdisziplinäre Betrachtungen, Befunde und Perspektiven. Wiesbaden: Springer VS.

Koch, B. (2020). Das Bachelorstudium Elementarpädagogik an Österreichs Hochschulen. Bestandsaufnahme und Entwicklungsmöglichkeiten. Wien: LIT Verlag.

Koch, B. (2017). Kindergarten und Demokratie in einer Zeit der Unsicherheit. Aspekte elementarer und politischer Bildung. Wien, Münster: LIT Verlag.

Lex-Nalis, H. & Rösler, K. (2019). Geschichte der Elementarpädagogik in Österreich. Weinheim, Basel: Beltz Juventa Verlag.

Meyer, H. & Walter-Laager, C. (2012). Leitfaden für Lehrende in der Elementarpädagogik. Berlin: Cornelsen Verlag.

Mischo, C. (2017). „Professionalisierung kindheitspädagogischer Fachkräfte: das Projekt ‚Ausbildung und Verlauf von Erzieherinnen- Merkmalen (AVE)'". In: Gräsl, C. & Trempler, K. (Hrsg.[in]). Entwicklung von Professionalität pädagogischen Personals. Interdisziplinäre Betrachtungen, Befunde und Perspektiven. (S. 93-112). Wiesbaden: Springer VS.

NeBÖ – Netzwerk elementare Bildung Österreich (2022). Elementar! Die beste Bildung aller Zeiten. Abrufbar unter: https://www.elementarbildung.at/elementar-diebestebildungallerzeiten/ (08.11.2022)

OeAD (o.J.). Koordinierungsstelle für den Nationalen Qualifikationsregister Österreich. Abrufbar unter: https://www.qualifikationsregister.at/nqr-register/nqr-zuordnungen/ (08.11.2022)

Pölzl-Stefanec, E. (2017). Anforderungen an die Ausbildung von PädagogInnen in Kinderkrippen. Ein Plädoyer für eine grundlegende Reform. Opladen – Berlin – Toronto: Budrich UniPress.

Tietze, W. (Hrsg.) (1998). Wie gut sind unsere Kindergärten? Eine Untersuchung zur pädagogischen Qualität in deutschen Kindergärten. Neuwied u.a.: Luchterhand.

Tietze, W. & Viernickel, S. (Hrsg.[in]) (2016). Pädagogische Qualität in Tageseinrichtungen für Kinder. Ein nationaler Kriterienkatalog. Weimar: verlag das netz.

Weltzien, D. (2020). „Multiprofessionelle Teams und Teamarbeit". In: Roos, J. & Roux, S. (Hrsg[in].). Das große Handbuch Frühe Bildung in der Kita. Wissenschaftliche Erkenntnisse für die Praxis. (S. 549-558). Hürth: Wolters Kluwer.

Autorin

Natascha J. Taslimi, Bakka. phil. MSc

Gesamtkoordination Elementarbildung am Institut für Elementar- und Primarbildung PH Wien und Vorsitzende NeBÖ – Netzwerk elementare Bildung Österreich
www.neboe.at

natascha.taslimi@phwien.ac.at

FSC® C083411

Zeitfracht Medien GmbH
Ferdinand-Jühlke-Straße 7
99095 Erfurt, Deutschland
produktsicherheit@kolibri360.de